管理的价值维度

王阳明的管理思想与实践

张钢 著

ZHEJIANG UNIVERSITY PRESS
浙江大学出版社

目　录

引言:共同价值与管理 ………………………………………………… 1

上篇　自我管理:王阳明的内圣之道

第一章　立志 …………………………………………………… 19

第二章　修诚 …………………………………………………… 46

第三章　格物 …………………………………………………… 73

第四章　凡与圣 ………………………………………………… 103

下篇　组织管理:王阳明的外王之路

第五章　明德 …………………………………………………… 135

第六章　尽责 …………………………………………………… 169

第七章　求善 …………………………………………………… 201

第八章　奇与正 ………………………………………………… 237

结语:社会角色与决策 …………………………………………… 267

参考文献 ………………………………………………………… 282

引言:共同价值与管理

　　王阳明,本名王守仁,字伯安,号阳明子,明宪宗成化八年九月三十日
(1472 年 10 月 31 日)出生在浙江余姚,明世宗嘉靖七年十一月二十九日(1529
年 1 月 9 日)病逝于江西南安。王阳明既是著名的思想家、哲学家、教育家、军
事家、文学家、书法家,更是一位把儒家管理之道付诸实践的伟大管理者。

　　儒家管理之道在于"为政以德",其中,"德"既指个人私德,更指职业公德,
尤其强调"仁爱"与"智慧"的统一,即"中庸之德"。基于此,儒家管理之道致力
于打通管理者之"心"与被管理者之"心",通过"道之以德""齐之以礼",达致
"有耻且格"①。儒家管理之道在王阳明身上得到了集中体现。

　　王阳明 12 岁便立志"成圣",而儒家的"成圣",对于一个人的要求,不仅在
其思想,更在其实践。"圣人"是通过经世致用的管理实践,来实现"止于至
善"②的终极目标的人。儒家的"圣人"即伟大的管理者。王阳明自 28 岁中进
士后正式踏上职业管理之路,到 57 岁去世时,还担任着南京兵部尚书兼左都
御史,总制两广、江西、湖广军务。在近 30 年的职业生涯中,王阳明做管理达
到了"三不朽"③境界,成为由"内圣"开出"外王"④的儒家管理者的杰出典范。

---

　　①　张钢:《论语的管理精义》,机械工业出版社 2015 年版,第Ⅸ页。
　　②　"善"是会意字,在金文中,由上面的"羊"和下面的两个"言"字组合而成,意指大家都认为"好"
或"有利",也即"共同利益"。本质上说,管理就是通过包容和协调各方利益差异以达致共同利益这个
组织之"善"的活动。"至善",指的是更广大且长远的共同利益,而儒家讲"止于至善",则意味着,做管
理的终极目标是追求更广大且长远的共同利益。进一步说明参见张钢:《大学·中庸的管理释义》,机
械工业出版社 2017 年版,第 4—5 页。
　　③　三不朽:出自《左传》,原文是:"大上有立德,其次有立功,其次有立言。虽久不废,此之谓不
朽。"详见杨伯峻编著:《春秋左传注》,中华书局 2018 年版,第 939 页。
　　④　内圣外王:最早见于《庄子·天下篇》,原文为:"是故内圣外王之道,暗而不明,郁而不发,天下
之人各为其所欲焉以自为方。"后来"内圣外王"成为历史上管理者所致力追求的理想境界。详见陈鼓
应注译:《庄子今注今译》(下),中华书局 2016 年版,第 853—861 页。

王阳明不仅系统总结和发展了儒家"为政以德"管理之道,创立"心学"体系,而且,作为一名管理者,他更是身体力行地实践着儒家管理之道,真正做到了"知行合一"。极而言之,即便是王阳明的哲学思想以及后人给予他的教育家、军事家、文学家等称号,也都与他的管理实践活动密不可分。

王阳明做管理,不只着力于管理的手段选择和效果达成,更关注管理的终极目标及其来源——"心"和"理"的问题。当然,王阳明所关注的"心"和"理",并非今天心理学意义上的"心理",而是具有更为广泛的文化内涵,其中蕴含着超越于个体和小群体之上的历史和社会的共同价值。王阳明 37 岁担任贵州龙场驿驿丞时,领悟了儒家管理之道的真谛,便开始阐发和践行"心即理""知行合一";48 岁平定"宁王之乱",又全力倡导"致良知",都是要将共同价值融入管理之中,以管理的价值维度统摄工具维度,最终实现组织和社会更广大且长远的共同利益,即"至善"。这同德鲁克所期望的"让管理成为整合人类价值与行为、整合社会秩序与求取知识的一种训练"[①]异曲同工,均强调共同价值与管理的一体化关系。

管理就是决策,决策离不开前提。决策前提包括价值前提和事实前提。价值前提与目标相关,事实前提则与手段联系在一起。每项决策都由目标选择及与目标实现相关的手段构成,该目标可能又是实现另一个更长远目标的中间目标,如此递进,直至终极目标。正是终极目标赋予了其他层次的目标及实现目标的手段以价值,这便是决策的价值前提,而那些用以实现目标的手段,便构成决策的事实前提。[②]

价值总是与目标联系在一起。当人们追问组织目标是什么的时候,管理的价值问题便产生了。即便对于企业组织而言,目标也不仅仅意味着盈利或赚钱,目标更关乎企业存在和发展的价值基础问题。没有盈利,企业也许无法存在和发展;但盈利也不过是企业实现终极目标的手段。这便涉及组织目标的层次性。

组织目标至少包括三个层次,即终极目标、战略目标、运作目标。其中,运

---

① [美]杰克·贝蒂著,李田树译:《大师的轨迹——探索德鲁克的世界》,机械工业出版社 2006 年版,第 13 页。

② [美]赫伯特·A. 西蒙著,詹正茂译:《管理行为》,机械工业出版社 2007 年版,第 4 页。

作目标服务于战略目标,战略目标服务于终极目标;反过来,终极目标赋予战略目标以理由和意义,并决定着战略目标,而战略目标又赋予运作目标以理由和意义,并决定着运作目标。在这三个层次目标中,运作目标可以被看作实现战略目标的手段,而战略目标和运作目标都可以被视为实现终极目标的手段。只有终极目标不能再作为手段,是组织最终的事业价值定位。正是终极目标,派生出组织的信念和第一价值观,并决定着组织认为什么有价值,什么值得做,也成为衡量一切组织活动的合法性的底线标准。以此为基础,组织才能建立起一整套的价值观和行为规范,即组织文化;而终极目标,则是组织文化的源泉。

亚里士多德早已指出:"如果在我们活动的目的中有的是因其自身之故而被当做目的的,我们以别的事物为目的都是为了它,如果我们并非选择所有的事物都为着某一别的事物(这显然将陷入无限,因而对目的欲求也就成了空洞的),那么显然就存在着善或最高善。"①西塞罗也认为:"如果我们确定了事物的终极目的,知道终极的善和终极的恶,就找到了生活的地图,一切职责的示意图,因而就找到了每一种行为参照的标准,由此也就能找到并建构众人所渴求的幸福的法则。"②

罗素曾论证道:"如果某种东西是有用的,那么它之所以有用,必然是因为它可以达到一种目的。如果我们不断地推究下去,那么目的就必定是以其自身的缘故而有价值的,绝不单单是因为某种其他的目的而有用的。因此,我们对于什么是有用的这个问题所下的一切判断,就取决于我们对于什么是以其自身的缘故而有价值的这个问题所下的判断。……这样的判断,至少有一部分是直接的并且是先验的。"③

罗素这里所说的"先验的",指的是自明且自足的,而"先验判断",则是那种不需要借助其他前提而独立存在的自明且自足的前提假设,它是一个体系中其他判断或命题得以推导出来的逻辑前提。对于一个组织的目标和价值体系来说,终极目标就扮演着这样的"先验判断"或逻辑前提的角色。

---

① [古希腊]亚里士多德著,廖申白译注:《尼各马可伦理学》,商务印书馆 2010 年版,第 5 页。
② [古罗马]西塞罗著,石敏敏译:《论至善和至恶》,中国社会科学出版社 2017 年版,第 148—149 页。
③ [美]贝特兰·罗素著,何兆武译:《哲学问题》,商务印书馆 2019 年版,第 61 页。

　　基于组织目标的层次性,不难理解,即便企业组织的所谓盈利或"利润最大化"也只不过是一种运作层次上的目标,是组织实现战略目标和终极目标的手段而已。严格来说,盈利只是在获取资源,而获取资源本身,并不能完全体现组织的价值追求;只有在使用资源所做的事业上,才能发现组织到底认同怎样的价值。这就好像仅凭赚钱的行为,很难判断一个人的偏好一样。毕竟人不是为了赚钱而赚钱,只有通过一个人用钱的对象和方式,才能了解其偏好,进而推断其信念和品位。

　　但是,组织本身不是封闭的,也不是孤立的,组织的终极目标和价值追求并非在真空中产生,而是无不打上特定社会情境和文化传统的烙印。因此,只有在社会情境和文化传统这个更大的体系中,组织的终极目标才能获得真正不竭的源泉,也才能找到真正牢固的前提。

　　爱因斯坦曾明确指出:"有关是(is)什么的知识并不直接打开通向应该是(should be)什么之门。人们可以对是什么有最清楚完整的认识,可还是不能从中推论出我们人类渴望的目标是什么。客观知识为我们实现某些目标提供了强有力的工具,但是终极目标本身及对实现它的热望必须来自另一个源泉。我们的存在和行为只有通过确立这样的目标及相应的价值才能实现其意义。"①

　　马奇也说:"决策预先对意义进行假定,这里的意义就是指对事物现在的存在方式及将来可能的存在方式的理解,是指与别人讨论未来和历史的基础。这些意义通常是对命运和自然的解释,但它们是人类构建的,而决策过程就是这种构建赖以发生的场景之一。"②

　　从这个意义上说,组织的目标和价值,既体现在自身面向市场和社会的行为模式中,又表现在组织对市场和社会的实际贡献上,而市场和社会对这种贡献的回报或"利润",不过是让组织更好地创造价值的手段而已。若组织错把这种手段当成终极目标,则会大大限制其可持续发展的空间和可能。这或许

---

　　① 〔美〕阿尔伯特·爱因斯坦著,方在庆译:《我的世界观》,中信出版集团2018年版,第27页。
　　② 〔美〕詹姆斯·G.马奇著,王元格、章爱民译:《决策是如何产生的》,机械工业出版社2007年版,第187页。

正是德鲁克为什么要说"企业的宗旨必须存在于企业自身之外"①的深刻原因。

组织不能没有目标和价值。管理作为组织赖以运行的基础功能,其存在的意义就在于实现目标、创造价值。价值是管理的灵魂。价值之于管理,正如根系之于树木。如果说管理就是决策,而决策意味着选择,那么,选择就不能没有标准,而选择的标准在组织中同样具有层次性。

组织中最高层次的标准,是由终极目标派生出来的第一价值观及相应的文化标准。这是管理活动的终极标准,也是为大多数组织的利益相关者所认可和接受的原则性标准;它直接决定了组织中权利的界定、资源的分配和权力的使用,并体现着组织中管理正义或公正。

以此为基础,才会有第二层次的管理行为标准,即限制组织中权力分工及其运用方式的一系列管理岗位的责权利界定,例如,组织结构的设计、岗位职责的安排及相应的规则体系。

基于这种管理行为标准,才能制订出更为具体的任务执行标准,例如,特定的技术标准、质量标准、反馈和控制标准等。这些不同性质的具体标准,总是与特定任务领域联系在一起,可以称之为任务操作标准。

组织的三层次标准体系,要与组织的三层次目标体系相匹配。其中,终极目标直接决定最高层次的文化规范标准,它是组织中管理正义或公正的集中体现;战略目标则决定着以组织结构为代表的正式规则体系,这也是一种管理行为标准,是管理权力得以合法运用的依据;运作目标又规定了任务操作标准的选择,并成为组织中具体任务得以完成的根本保证。

立足于组织目标的层次性及其相应的标准体系的层次性,便不难理解管理的工具维度和价值维度及其相互关系。管理的工具维度意味着,依据任务操作标准和管理行为标准来配置资源,完成任务,履行职责,实现运作目标乃至战略目标;而管理的价值维度则体现在,遵循正义或公正的文化规范标准,使组织结构设计、岗位职责履行和组织任务完成,持续导向终极目标,以实现组织的利益相关者和社会的共同利益。

---

① 〔美〕彼得·德鲁克著,王永贵译:《管理:使命、责任、实务》(使命篇),机械工业出版社2008年版,第62页。

当然，管理的工具维度和价值维度不可能截然分开，也不存在脱离工具维度的抽象价值维度。没有管理的工具维度，离开任务操作标准和管理行为标准的运用及组织资源的配置和各项任务的完成，就不可能有真正的价值追求和共同的利益创造；反过来，若没有渗透在工具维度中的价值维度的规范和引导，纯粹意义上的工具维度，也难以保证组织一以贯之地追求终极目标和共同价值，最终反而可能会危害组织可持续发展的根基。正如德鲁克早已明确指出的那样，"人员的职位安排和工资报酬、晋升、降职和离职，都必须能够表明组织的价值观念和信念"①。

管理的价值维度虽然是无形的，却总是渗透在有形的工具维度之中。那些能够真正持续有效发挥作用的管理工具，都必然蕴藏着管理价值；而具有引导和规范功能的管理价值，又一定会体现在具体的管理工具中。完整的管理，必定是价值维度和工具维度的有机结合；否则，便是单维度、不完整乃至畸形的管理。所谓畸形的管理，指的是工具维度与价值维度不匹配，甚至是打着一种价值维度的旗号，却做着另一类价值维度的事情。这种在价值维度上的扭曲，甚至是"挂羊头卖狗肉"，会使工具维度失去准绳、约束乃至底线，以至于在终极目标上迷失，甚至将短期运作目标错置为终极目标，在工具选择上不择手段，最终必将导致毁灭性结果。扭曲的价值维度，比价值维度的缺失或价值维度与工具维度的割裂更可怕。

管理的价值维度渗透于工具维度，在很大程度上是通过管理者自由裁量权的使用来实现的。管理者虽然必须在组织的规则体系下运用权力，做出决策，但是，由于规则本身的局限性及组织内外部的不确定性和例外的普遍存在，管理者在执行规则时总是拥有相当大的自由裁量空间，尤其是在迅速变化的环境中，规则执行时的权变，更是日常管理的常态。只要涉及管理中自由裁量权的使用，管理者所信奉的价值原则就会发挥作用。

管理者所信奉的价值原则，不同于组织的各类具体规则和标准。价值原则具有抽象性和一般性，不仅涵盖更广的范围，而且稳定性也更强，不像那些

---

① ［美］彼得·德鲁克著，王永贵译：《管理：使命、责任、实务》（实务篇），机械工业出版社 2008 年版，第 88 页。

针对具体岗位、事例、任务等的规则和标准,其可能会随着环境的突发事件和例外变化而失效。这种价值原则往往成为管理者面对各种变化情况做出抉择时的重要内在准则,也即心中的一定之规。人们常说的管理中原则性与灵活性相统一,实际上指的就是这类抽象性和一般性价值原则在自由裁量权使用上的具体体现。管理者在使用自由裁量权的时候,关键在于是否具备经由组织终极目标内化而来的价值原则。有了这种价值原则,即便没有具体的规则和标准可循,管理决策也会有内在的一定之规,管理的合法性和组织的共同利益追求也能得到保证。

管理者的内在价值原则来自对组织目标的承诺。管理者之所以能够被授权,组织的授权者或利益相关者之所以能够对管理者的决策行为做出评判,很大程度上是因为管理者所做的目标承诺。管理者首先要对组织的终极目标进行承诺,这也是管理者和特定组织实现双向选择的根本依据,正所谓"道不同,不相为谋"①。管理者只有对组织的终极目标做出承诺,认同了组织的信念和第一价值观,才能建立起符合组织终极目标需要的内在价值原则,并在管理中恰当运用自由裁量权。

管理者只是对组织的终极目标做出承诺还不够,必须同时对组织的战略目标和运作目标做出承诺。这意味着管理者还要做出任期内的贡献承诺,也即任期目标承诺。一方面,这种任期目标承诺必须服务于组织的终极目标,成为组织得以持续朝向终极目标发展的必要环节和有效工具;另一方面,这种任期目标承诺所包含的具体内容,又必须具有自身的合理性和可行性,能够为组织的利益相关者和社会做出明确的贡献。前一个方面是管理者任期目标承诺的合法性,体现的是任期目标与终极目标的关系;而后一个方面则是管理者任期目标承诺的合理性,体现的是任期目标的可实现性及其所能贡献出的价值。只有当管理者的任期目标满足了合法性和合理性这两方面要求后,管理者才有可能被组织的授权者和利益相关者所接受,获得管理授权;而与此同时,管理者必须承担的管理责任也会如影随形地产生。

管理者必须承担两方面责任:一是文化责任,二是绩效责任。文化责任源

---

① 张钢:《论语的管理精义》,机械工业出版社 2015 年版,第 467—468 页。

自管理者对组织终极目标的承诺,而绩效责任则直接体现在管理者兑现任期目标承诺上。如果说管理者通过履行绩效责任,能够让管理的工具维度得以充分体现的话,那么,只有当管理者真正履行了文化责任,并用文化责任统领绩效责任的履行时,才有可能让管理的价值维度得以充分展示。管理者履行文化责任,一方面就是要运用内在的价值原则来行使管理的自由裁量权;另一方面则是通过自己在组织中以身作则、率先垂范,来昭示组织的终极目标和价值观,进而正向影响组织成员、培养"组织人",以实现组织的可持续发展。

相对于刚性的绩效责任,具有一定柔性的文化责任常常被忽视。但是,正像管理的价值维度决定工具维度一样,管理者的文化责任也从根本上决定着绩效责任。因为正是管理者对组织终极目标的承诺,赋予了任期目标以合法性,并让各种具体的任期绩效指标有了共同的价值指向和最终的衡量标准;更重要的是,管理者对组织终极目标的承诺和践行,有助于营造一种文化氛围,提高士气,凝心聚力,共创价值。德鲁克曾强调指出:"士气并不意味着'说教'。如果说精神有什么意义的话,那就是一种行动准则。它绝不能是教训、说教或良好的愿望,必须是实践。"①德鲁克这里所说的"实践",首先是管理者切实履行文化责任的实践,也即管理者将内在的价值原则真正付诸管理实践,尤其是那些自由裁量权运用的实践之中。

正是因为担负着文化责任,要求管理者在做管理过程中不能只关心结果,尤其是不能只关心短期绩效指标完成所带来的结果,必须时刻关注组织的终极目标和共同价值所具有的意义,特别是对履行绩效责任的过程及分配利益的方式的合法性和合理性的规范意义。管理不仅关乎利益创造,更关乎创造什么利益、为谁创造利益及如何分配利益。管理者履行文化责任,也就意味着管理者必须深刻思考这些更为根本的问题,并切实让组织的终极目标和共同价值融入管理实践之中。这样一来,管理的价值维度才能经由管理者的日常管理行为渗透到管理的工具维度中,并主导工具维度的运用方式和效果。离开了拥有内在价值原则的管理者,管理的价值维度便失去了存在的根基,更谈

---

① 〔美〕彼得·德鲁克著,王永贵译:《管理:使命、责任、实务》(实务篇),机械工业出版社 2008 年版,第 88 页。

不上主导工具维度了。

　　概言之，管理的价值维度来源于组织的终极目标，深深扎根在社会情境和文化传统之中，尤其是关于"人性"理解所达成的文化共识之中，而"人性"就是人之为人、区别于物的根本规定性或独特性。这恰是组织的终极目标和管理的共同价值赖以形成的真正源泉。管理的价值维度总是植根于"人性"，以人"心"的法则为基础，努力追求超越于个体及小群体之上的组织和社会的共同利益，即"善"，并由此派生出一系列共同目标和共享价值，进而赋予物或资源以意义，主导着管理的工具维度的合法、合理、有效运用。

　　尽管在今天的全球化背景下，飞速发展的技术、愈加激烈的竞争、频繁更替的时尚，似乎在强化着管理的工具维度的重要性；但是，日益匮乏的资源、不断退化的环境、时常曝出的丑闻，无疑更昭示着管理价值维度的基础性。正是在这种两极张力的情境中，回望和反思儒家管理之道及其代表人物王阳明的管理思想和实践，才有了更为紧迫的现实意义。

　　"为政以德"的管理之道，即儒家管理的价值维度。它是儒家管理的宗旨，也是儒家管理思想体系的最高原则。《大学》开篇对之做了全面阐述："大学之道，在明明德，在亲民，在止于至善。"①其中，"明明德"，讲的是"人性"的德性前提；"亲民"，是管理的内容和方式；而"止于至善"，则是终极目标。德性前提是终极目标的源泉，而终极目标则是德性前提的升华；德性前提和终极目标共同融入管理模式之中，并通过管理者素质体现出来。

　　儒家的德性前提包括四方面内涵，即"仁义礼智四端"。孟子指出："恻隐之心，仁之端也；羞恶之心，义之端也；辞让之心，礼之端也；是非之心，智之端也。"②在孟子看来，这"四端"对"人性"而言，具有源头或起点的作用，是人"心"（即思维）中自明且自足的前提，是人之为人所具有的"先验的良知"，即"人之所不学而能者，其良能也。所不虑而知者，其良知也"。③

　　正是"仁义礼智"这四方面为人所固有的"良知"，给人"心"或思维的运用确立了边界，并直接决定着人的言语和行为。这就像孟子所指出的那样，"君

---

　　① 张钢：《大学·中庸的管理释义》，机械工业出版社2017年版，第4—5页。
　　② 张钢：《孟子的管理解析》，机械工业出版社2019年版，第110—114页。
　　③ 张钢：《孟子的管理解析》，机械工业出版社2019年版，第483—484页。

子所性,仁、义、礼、智根于心。其生色也,睟然见于面、盎于背、施于四体,四体不言而喻"。① 更重要的是,"人性"乃德性与社会性的统一,以"仁义礼智四端"为核心的德性中,天然内秉着追求共同利益或"善"的倾向性,这便是"人性本善"的意义所在;而且,正是"仁义礼智四端"及其向善的倾向性,打通了"明明德"与"止于至善"。正如孟子所言:"至于心,独无所同然乎? 心之所同然者何也? 谓理也,义也。圣人先得我心之所同然耳。故理、义之悦我心,犹刍豢之悦我口。"②这恰是王阳明倡导和践行"心即理""知行合一""致良知"的思想源头。

王阳明在自己的管理实践中,始终恪守德性,将德性转化为德行,真正做到"致良知",也即"明明德";进而通过自己的"知行合一",潜移默化地正向激发和影响他人,也即"亲民";从而持续追求和创造更广大且长远的共同利益,也即"止于至善"。正因为如此,王阳明才被认为是由"内圣"开出"外王"的儒家管理者的杰出典范。

"内圣外王"是儒家"为政以德"管理之道的必然要求,也是在管理者拥有很大的自由裁量权情况下,对管理者的选择和管理体系运行的合法性和合理性的根本保证;同时,还是儒家关于管理中平等原则的不懈追求,"人皆可以为尧、舜"③,在"圣"或"成圣"面前,人人平等,由此,儒家便在不平等的社会现实里,找到了一种建立平等意识的可能性,让管理者在加强自我修养的同时,尊重每一位被管理者,使每个人都有发展成"圣人"的机会。

因此,儒家的"内圣外王",绝不是一个宣传口号,更不是一种包装策略,而是管理者自由裁量权的约束机制和管理者平等意识的深层来源,更是管理的价值维度在管理者及其管理实践上的集中体现。王阳明的管理思想和实践,让儒家的"内圣外王"之路变得越发清晰明确起来。

但稍显遗憾的是,今天当人们回望和探究王阳明的思想时,好像忘记了他近 30 年职业生涯中的管理者身份,只着眼于他的"心学",似乎他是一名纯粹

---

① 张钢:《孟子的管理解析》,机械工业出版社 2019 年版,第 493－494 页。
② 张钢:《孟子的管理解析》,机械工业出版社 2019 年版,第 390－393 页。
③ 张钢:《孟子的管理解析》,机械工业出版社 2019 年版,第 421－423 页。

的学者，甚至用现代人的眼光给他戴上哲学家的桂冠。如果说朱熹①更像一名现代意义上的学者，其理学著作等身，做管理不过是偶尔为之的副业，还算情有可原。正如当代儒学家彭林教授在为《四书集注》新整理本撰写的导读前言中所作的评论："朱熹平生主要是一位学者，他的主要精力是在教学和学术研究上。"②但是，王阳明则不同，他的"心学"思想源于管理实践，他曾说："某于'良知'之说，从百死千难中得来，非是容易见得到此。"③即便陆九渊④早已提出"心即理"，王阳明也不是在书斋里从前人的著述中演绎出自己的"心学"体系，而是在担任贵州龙场驿驿丞这个最基层管理职位时，在那种极端特殊的环境下亲身实证出"心即理"。

今天，当人们热衷于论说王阳明的"龙场悟道"时，又好像只关心他是如何接续古人思想传统而开悟的个人经历，基本上不去考虑龙场驿的功能定位、环境特点，以及驿丞这个最基层管理岗位的性质。王阳明在边陲蛮荒之地做最基层的管理者，如果不是向内心寻求价值准则，又能到哪里去寻找赖以做出决策的依据？即使身处最基层的管理岗位，王阳明也没有忘记自己的管理职责，仍从内心的价值准则和国家共同利益的角度去考虑问题，恰到好处地处理与当地不同层级管理者之间的关系。这不正是一位卓越管理者的行为表现吗？在王阳明的管理职业生涯中，这样的例子不胜枚举。虽然不能否认王阳明是一位伟大的思想家，但同样不应忘记的是，王阳明的思想与他一生丰富多彩的管理实践密不可分，王阳明的思想毋宁说是一种管理思想更恰当；而且，王阳明的管理思想和实践，正是继承和发扬了从孔子到孟子那种做管理既要从自我做起，又要观念先行，以观念统摄利益，将思想融入实践的独特儒家风范。

---

①　朱熹（1130—1200），字元晦，又字仲晦，号晦庵，晚称晦翁，别称紫阳，谥号"文"，世称"朱文公"，祖籍江西婺源，出生于福建尤溪，绍兴十八年（1148）考中进士，曾任泉州同安县主簿、知南康军、漳州知府、秘阁修撰、焕章阁待制等。朱熹是程颢、程颐的三传弟子李侗的学生，其学说与"二程"合称"程朱理学"，在元、明、清时期影响巨大，被定为官方学说。

②　［宋］朱熹注，王浩整理：《四书集注》，凤凰出版社2005年版，前言第4页。

③　［明］王守仁撰，吴光、钱明、董平、姚延福编校：《王阳明全集》，上海古籍出版社2011年版，卷三十二，第1290页。

④　陆九渊（1139—1193），字子静，江西金溪人，因讲学于象山书院，也被称为"象山先生"，乾道八年（1172）进士，曾任靖安主簿、国子正、知荆门军等。陆九渊是宋明时期"心学"的开创者，首倡"心即理""发明本心""大做一个人""践履工夫"等观点。

　　儒家做管理,历来强调的是超越眼前事功,要用"立德""立功""立言"三重标准来衡量管理者的成功。这种"三不朽"的高要求,像灯塔一样照耀着儒家管理者的职业发展道路。如果说"立功"标准体现的是管理的物质层面、工具维度的话,那么,"立德""立言"标准则体现的是管理的精神层面、价值维度,也是做管理的终极目标和价值追求。若离开了终极目标和价值,纯粹意义上的眼前事功反而会失去真正的判别标准,很可能导致南辕北辙、缘木求鱼,乃至助纣为虐。

　　儒家以"三不朽"标准来要求管理者,并非不切实际,而正是要提醒管理者时刻不能忘记管理的价值维度,更不能用工具维度损害甚至代替价值维度。管理者必须让工具维度服务于价值维度,真正做到用价值维度统摄工具维度。王阳明便是达到"三不朽"标准的儒家管理者的典型代表,但令人遗憾的是,人们往往把思想家王阳明和管理者王阳明割裂开来,阐发他的思想时,多回避他的事功;而讲论他的事功时,又赋予太多传奇色彩,一切有如神助,好像与他的思想无关。创设出两个完全不同的王阳明的根本原因,恰在于将思想与实践、管理的价值维度与工具维度区隔开来,做成了"两截"来分别看待和分析。

　　要想认识和理解那个思想与实践一体的完整王阳明,就必须从他一生所从事的职业入手。王阳明既非纯粹意义上的学者或思想家,也非只知做事的管理者或实干家,而是一位有思想的管理实践者。当把王阳明的思想与实践融入他一生所从事的管理事业中来审视时,便不难发现,王阳明的思想总是有着鲜明的对象,是对象化思想,而这个对象就是管理实践;同时,王阳明的思想又深深地扎根在从孔子到孟子这个开创时期的儒家思想传统之中,无论是孔子还是孟子,都时刻关切着经世致用的管理实践,离开管理实践,便很难理解孔子和孟子的思想。正如孔子和孟子的思想都可以理解为管理思想一样,王阳明的思想首先也是一种管理思想,是儒家管理思想的集中体现和结合时代特点的发扬光大。离开了王阳明一生丰富多彩而又惊心动魄的管理实践,去抽象地谈论王阳明的思想,恐怕难得要领。甚至可以这样说,探索王阳明管理思想与实践之间的关系,可能恰是理解"阳明心学"的真谛及其现代意义的一个非常重要而又被忽视的切入点。

　　王阳明管理思想与实践的最大特点,无疑体现在管理的价值维度上。这也是儒家做管理的根本入手处,即《大学》所说的"致知在格物"。① 正是终极目标和第一价值观这个根本入手处,将自我管理与组织管理、组织治理与组织管理联结在一起,并融合成一个完整体系。从终极目标和第一价值观入手,也就是用管理的价值维度统御工具维度。管理既要面向人,又要面对物或资源;但是,当管理面向人时,绝不能把人变成物或资源,因为人永远是目标而不能是手段,这就要求管理者必须首先确立起恰当的面向人的目标和价值追求,并坚守住,这也就是"立德",即确立起"人性"的德性前提或"明明德";然后用为人们所理解和认可的语言及行为,表达出这种目标和价值,让人们心悦诚服地承诺和践行这种目标和价值追求,这便是广义的"立言",也即"亲民";最终才有可能和人们一起追求并创造更广大且长远的共同利益,那便是"立功",也即"止于至善"。

实际上,"立德""立言""立功"三重管理评价标准,也正是儒家管理之道"明明德""亲民""止于至善"的具体体现。在儒家管理中,人永远是第一位的,管理首先要面向人,而要面向人,就不能没有目标和价值追求,就不能忘记管理的价值维度;当然,做管理同样离不开物或资源,也离不开人与物或资源的结合,这就不能没有具体的流程、方法和技巧,这便是管理的工具维度。但问题是,物或资源永远是为人服务的,管理的工具维度绝不能代替管理的价值维度。严格来说,人们之所以会选择特定的物或资源,并设计和运用特定的流程、方法和技巧,背后起着主导作用的正是目标和价值,即认为什么有价值、什么没有价值的一种观念。若管理者没有一种发自内心的一以贯之的目标和价值观念,那就不可能赋予物或资源以价值和意义,最多也不过是出于生物性本能去向外追求物或资源。如此一来,变目标为手段,让人为物或资源服务就变得不可避免了。

儒家做管理,一定是目标和价值观念先行,以管理的价值维度来统摄工具维度。管理的价值维度与工具维度之间的关系,也就是儒家常说的"道"或"理"与"术"或"艺"之间的关系。值得注意的是,儒家的"道"与"术"的关系,绝不意味着两个外物之间的关系,而是强调"道"不能脱离人而存在,正所谓"人

---

① 张钢:《大学・中庸的管理释义》,机械工业出版社 2017 年版,第 12—16 页。

能弘道,非道弘人"①。"道"不能脱离人,但"术"或工具则不然,它们完全可以外在于人而存在。也就是说,"道"与"术"是两种不同性质的存在,"道"只能因人而存在,"术"则可以像物或资源一样离开人而存在。例如,某种具体的流程和方法,离开了人照样能发挥作用,完全可以通过机器来实现,流程和方法并不一定非要存在于人的"心"或思维中;相反,真正意义上的"道"不是写在纸面上,也不是喊在口头上,更不能变成算法、写成代码,而只能是从人的内"心"或思维中产生并融入行为和言语,用以"立人"。这便是王阳明倡导"心即理""知行合一"的原因。知"道"和行"道"本为一体。若做到了以"道"立人,那么,由有"道"之人再来学习"术"和应用"术",其效果便完全不同。通常所讲的"以道御术",绝不意味着还有个非"道"非"术"之人,想要拿着"道"去运用"术"。这种外在于人的"道"是不存在的。"修道"乃以"道"立人,将"道"与人合二为一。因此,更恰当的表述应该是"道以御术",而不是"以道御术"。

同样,只有融入人"心"或思维之中的目标和价值,才是有意义的。离开了人,也就无所谓目标和价值,而一旦让目标和价值与人融为一体,那么,人也就成了真正的目标而非手段。这不仅让目标和价值变得有意义,也让人真正成为人,从而超越了手段。这时再来设计流程和方法,运用工具和技巧,那便是真正拥有目标和价值的人来设计流程和方法,运用工具和技巧,而不是把人变成手段或工具。这样一来,便自然而然地实现了以管理的价值维度来统摄管理的工具维度。由此则可以更深刻地理解儒家做管理的一个非常重要的核心理念:管理就是教育。这就像《中庸》所言,"其人亡,则其政息"②。离开了人,管理便失去了依托和意义。

当王阳明说"破山中贼易,破心中贼难"③的时候,恰是要从管理的价值维度和管理的教育意义上去考虑问题。即便是在战事中,王阳明首先想到的也不是如何消灭敌人,谋求事功,而是考虑如何改变对方,导人向善,实现儒家的管理理想。王阳明将儒家管理之道和管理模式完全融入自己的管理实践之

① 张钢:《论语的管理精义》,机械工业出版社 2015 年版,第 458—459 页。

② 张钢:《大学·中庸的管理释义》,机械工业出版社 2017 年版,第 134—142 页。

③ [明]王守仁撰,吴光、钱明、董平、姚延福编校:《王阳明全集》,上海古籍出版社 2011 年版,卷四,第 188 页。

中,他的管理思想和实践是理解儒家管理之道和管理模式的最好案例。

王阳明像孔子、孟子一样,也是集管理的研究者、教育者和实践者于一身的儒家伟大管理者。必须再次强调指出的是,儒家意义上的"学者"和"学问",如孔子讲"古之学者为己,今之学者为人"①,孟子说"学问之道无他,求其放心而已矣"②,还有子夏那句耳熟能详的话"仕而优则学,学而优则仕"③,都并非指当今意义上的职业研究者或一般学习者,而是专指学习管理之道并身体力行去实践的人,也就是"知行合一"的管理者。正是从这个意义上说,王阳明就是将儒家管理研究、教育、实践融会贯通的典型代表。因此,以王阳明的管理思想和实践为案例,便能够更加全面而又准确地理解儒家管理之道和管理模式的真谛。也许更为重要的是,王阳明的管理思想和实践,可以让今天的管理者通过补上"心学"这一课,深刻认识管理的价值维度在管理中的基础作用,切实学会从自身做起,内求本心,进入他心,将心比心,真正领悟"人同此心,心同此理"的管理意义。

---

① 张钢:《论语的管理精义》,机械工业出版社 2015 年版,第 408—409 页。
② 张钢:《孟子的管理解析》,机械工业出版社 2019 年版,第 401—403 页。
③ 张钢:《论语的管理精义》,机械工业出版社 2015 年版,第 538—539 页。

上 篇

自我管理：王阳明的内圣之道

第一章 立 志

做管理，从哪里开始？儒家给出的答案是，做管理，必须从自我管理开始。难以想象的是，一个连自我都无法有效管理的人，却能有效管理一个组织。既然自我管理是组织管理的前提，那么，自我管理又该从哪里开始？

无论是自我管理还是组织管理，都离不开目标。没有了目标，管理就会失去准绳，不仅没有方向，也不可能进行评价，甚至连衡量的标准都无从谈起。在不同层次的目标中，终极目标的确立最为重要。终极目标是其他各层次目标的终极价值和意义源泉，也是一切行为活动的根本宗旨。因此，自我管理的起点，便在于确立个人的终极目标，那就是立志。

"志"字原来是由"之"和"心"上下组合而成，其中，"之"表示去、往，与"心"组合，指的是心意所向；后来，"之"字讹写作"士"，字形遂变为"志"①，但含义并没有改变，仍表示"心"所要去往的地方。在《四书集注》中，朱熹对"志"字的注解，也是"心之所之谓之志"②。

孟子明确提出"心之官则思"③。也就是说，"心"是思维的载体。但是，思维要得以有效运用，并形成一以贯之的系统思维，则必须建立起自足且自明的逻辑前提或"先验判断"，那便是终极目标，也即"心"之归宿或家园。给思维确立逻辑前提或终极目标，或者说为"心"建立归宿或家园，也就是立志。这是自我管理的真正起点。

儒家历来强调管理者立志的首要性，尤其强调管理者要"志于道"。④ 这里

---

① 《古代汉语词典》编写组：《古代汉语词典》，商务印书馆 2005 年版，第 1056 页。
② ［宋］朱熹注，王浩整理：《四书集注》，凤凰出版社 2005 年版，第 56 页。
③ 张钢：《孟子的管理解析》，机械工业出版社 2019 年版，第 408 页。
④ 张钢：《论语的管理精义》，机械工业出版社 2015 年版，第 178－179 页。

的"道",便是儒家的管理之道,即立足于德性前提("明明德")来追求更广大且长远的共同利益("止于至善")。当孔子说"吾十有五而志于学,三十而立,四十而不惑,五十而知天命,六十而耳顺,七十而从心所欲,不逾矩"①的时候,一方面说明,孔子十五岁便立志追求"道",孔子这里所说的"志于学",也就是"志于学道"的意思,即确立起追求儒家管理之道的终极目标;另一方面也说明,一旦确立起终极目标,人生道路便有了明确的方向,就能矢志不渝地进行自我管理和自我修炼,并在人生的不同阶段达到不同的境界,而不会虚度光阴,浪费精力,更不会有意去做损害他人和社会的事。

儒家的"志于道",不仅在于建立起一个理想世界或愿景,让人得以超越现实世界,而且更重要的是,还要将理想世界和现实世界联系在一起,追求理想,关切现实,以理想为参照,来审视和改进现实。孔子之所以能做到"饭疏食饮水,曲肱而枕之,乐亦在其中矣""其为人也,发愤忘食,乐以忘忧,不知老之将至云尔",甚至于"朝闻道,夕死可矣"②,关键在于他的志和理想世界既不封闭,也不孤单。不封闭,是因为孔子的理想世界时刻连接着现实世界,并为现实世界中的管理明确了改进的方向,同时又借助来自现实世界的反馈,不断推动着理想世界的发展和完善;不孤单,是因为孔子的理想世界里有像周公那样跨时空的志同道合者,这让孔子在追求理想的过程中每时每刻都有历史上的"圣人"或伟大管理者相伴。因而,后世的儒者,典型如王阳明,一旦立志,就是要成为与儒家理想世界中的"圣人"或伟大管理者为伍的人,也即立志"成圣"。

"成圣"不仅意味着要将理想融入现实,做经世致用的管理者,而且更意味着要以儒家理想世界中的"圣人"为榜样,做一名践行儒家管理之道的伟大管理者。王阳明12岁便立志"成圣"。

11岁时,王阳明随祖父王伦来到京城,与在京为官的父亲王华一起居住。王华在前一年,即成化十七年(1481)高中状元,被任命为翰林院修撰。王华安排王阳明在京城读书。

12岁那年,有一天,王阳明问老师:"何为第一等事?"

---

① 张钢:《论语的管理精义》,机械工业出版社2015年版,第28—30页。
② 张钢:《论语的管理精义》,机械工业出版社2015年版,第88—89,188,191页。

老师说："惟读书登第耳。"

王阳明却说："登第恐未为第一等事，或读书学圣贤耳。"

父亲王华听说后，笑着对王阳明说："汝欲做圣贤耶！"①

这番话看似少儿戏言，实则王阳明立志的誓言，就如同孔子"十有五而志于学"一样。立志后的少年王阳明，不仅执着地探求儒家管理之道，而且还为做一名经世致用的伟大管理者而努力学习各种知识和技能。

刚满 14 岁，王阳明就深深感到，当时的儒生及文官或一般组织的管理者，存在一个非常大的缺点，那便是不懂兵法，没有武艺，只会舞文弄墨，缺少担当大任之勇；当时的武官或军队组织的管理者，又没有思想和知识修养，只会耍刀玩枪，缺乏统帅三军之才；而真正的儒家伟大管理者，应该文武双全，"可以托六尺之孤，可以寄百里之命，临大节而不可夺也"②。为此，王阳明开始学习骑射，研读兵法。③ 尤其是在射箭技艺上，王阳明由此打下了扎实的基本功，即便是到了 48 岁平定"宁王之乱"后兼任江西巡抚时，与京城来的军队将领比试射箭，仍能百步穿杨，三发三中，京军上下无不叹服。这也是京军撤走，刚遭战火和水旱灾害打击的南昌城得以尽早摆脱兵扰的原因之一。

试想，若不是少年时曾练就硬本领，面对突发事件，临到用时，又如何能轻松应对？还有，谁又能想到，年少时训练的技能，到 30 多年后会派上用场？如果王阳明当时读书只为考科举，以便将来谋个一官半职，而不是要成为儒家"圣贤"意义上的伟大管理者，那么，王阳明断不会针对当时的社会现状和管理问题，留心"武事"，潜心研读兵法、学习骑射。关于兵法，王阳明后来到 26 岁时，还有一段全力投入研究和模拟演练的时光。

成化二十二年（1486），北方少数民族侵扰边界，朝廷因此极为关注边关问题。15 岁的王阳明曾前往居庸三关，对边疆少数民族进行过实地调查，"慨然有经略四方之志"④。其间有一天，王阳明梦见自己去拜谒东汉名将马援的伏

---

① ［明］王守仁撰，吴光、钱明、董平、姚延福编校：《王阳明全集》，上海古籍出版社 2011 年版，卷三十三，第 1346—1347 页。

② 张钢：《论语的管理精义》，机械工业出版社 2015 年版，第 218—219 页。

③ ［日］冈田武彦著，杨田译：《王阳明大传》（上），重庆出版社 2015 年版，第 63 页。

④ ［明］王守仁撰，吴光、钱明、董平、姚延福编校：《王阳明全集》，上海古籍出版社 2011 年版，卷三十三，第 1347 页。

波祠,还写了一首七言绝句:

> 卷甲归来马伏波,早年兵法鬓毛皤。
>
> 雪埋铜柱雷轰折,六字题诗尚不磨。①

马援是东汉光武帝刘秀时期的著名将领,受封伏波将军,曾屡立战功,晚年出征南方,病逝沙场。马援带兵平定交趾叛乱时,曾在国境立一铜柱,上题六个字:"铜柱折交趾灭。"王阳明诗中讲的"卷甲归来""雪埋铜柱""六字题诗",便是指马援平定交趾叛乱这件事。② 由此或可推断,少年王阳明日思夜想的问题及崇拜的偶像,与同龄人竟有这么大的不同。这不能不说与他的立志密切相关。

也是在王阳明15岁这年,各地天灾不断,盗贼四起,特别是京城周边的石英、王勇之乱,影响较大,曾一度让官府束手无策。为此,少年王阳明几欲上书朝廷,请缨上阵,但均被父亲王华力阻。

据当代历史学家束景南教授考证,王明阳15岁这年,发生了影响深远的"格竹"③事件。这时的王阳明早已开始认真研读儒学经典,特别是对于理学代表人物朱熹的著作,更是无所不读。朱熹曾给《大学》增补了一段关于"格物致知"的文字,具体内容是:

> 所谓致知在格物者,言欲致吾之知,在即物而穷其理也。盖人心之灵莫不有知,而天下之物莫不有理,惟于理有未穷,故其知有不尽也。是以大学始教,必使学者即凡天下之物,莫不因其已知之理而益穷之,以求致乎其极。至于用力之久,而一旦豁然贯通焉,则众物之表里精粗无不到,而吾心之全体大用无不明矣。此谓物格,此谓知之至也。④

正是为了亲身检验朱熹的"格物致知"之说,15岁的王阳明才去"格"父亲官署庭院里的竹子。王阳明后来回忆道:"众人只说格物要依晦翁(即朱熹),

---

① 〔明〕王守仁撰,吴光、钱明、董平、姚延福编校:《王阳明全集》,上海古籍出版社2011年版,卷二十,第877页。

② 〔日〕冈田武彦著,杨田译:《王阳明大传》(上),重庆出版社2015年版,第65页。

③ 束景南:《王阳明年谱长编》,上海古籍出版社2017年版,第57—59页。

④ 〔宋〕朱熹注,王浩整理:《四书集注》,凤凰出版社2005年版,第8页。

何曾把他的说去用？我着实曾用来。初年与钱友同论做圣贤要格天下之物，如今安得这等大的力量？因指亭前竹子，令去格看。钱子早夜去穷格竹子的道理，竭其心思，至于三日，便致劳神成疾。当初说他这是精力不足，某因自去穷格。早夜不得其理，到七日，亦以劳思致疾。"①

去庭院中"格"竹子，好像有点天真，但更体现出少年王阳明的认真，尤其是对自己的"成圣"之志的认真。这里需要略做说明的是，儒家意义上的"理"或"天理"，并非今天所说的自然规律，而是指德性的"仁义礼智四端"及由此派生出来的社会规范，类似于今天所讲的"伦理"。这早在孟子论述"理""义"与"心"的关系时②，已经说得很清楚了。因而，朱熹对"格物"中的"物"的解释是"物，犹事也"。③ 这意味着，当朱熹讲"物理"时，更多指的是由人参与的"事之理"，而非纯粹自然的"物之理"；他讲"天下之物莫不有理"时，实际上也是在说，凡是与人有关的事，无不蕴含着"仁义礼智四端"及其所派生出来的社会规范或社会之"理"。

虽然朱熹是用"物"来指"事"的，但是，一方面，"物"与"事"的混用，极易产生误解，尤其容易混淆自然界的规律和人世间的道理，以至于像少年王阳明和他的好朋友钱子那样，竟然想从竹子那里"穷格"儒家之"理"；另一方面，无论是"物"还是"事"，都容易让人联想到那是在人"心"之外，因而，当朱熹说"即物而穷其理"时，便不可避免地有一种向人"心"之外去"穷其理"的嫌疑。这恰是朱熹"格物致知"之说有违孟子关于"理"与"心"关系思想的根本所在，也是王阳明后来"龙场悟道"所要纠朱熹之偏的地方。

当然，若是从今天的视角，回头看少年王阳明"格竹"失败这件事，至少还可以从这样两个方面来进一步反思其失败的原因。第一，若王阳明真想要去"穷格"竹子自身的"理"，也即作为自然物存在的竹子的生长规律，那就必须遵从正确的程序和方法，也就是今天植物学的理论和方法，像一名植物学专业的学生或早期博物学家那样去研究竹子，这样才有可能发现竹子这种植物自身

---

① ［明］王守仁撰，吴光、钱明、董平、姚延福编校：《王阳明全集》，上海古籍出版社 2011 年版，卷三，第 136 页。

② 张钢：《孟子的管理解析》，机械工业出版社 2019 年版，第 390－393 页。

③ ［宋］朱熹注，王浩整理：《四书集注》，凤凰出版社 2005 年版，第 5 页。

所具有的"理"或规律。这也许能够表明，王阳明"格竹"失败，错在不得法。

第二，若王阳明不是要研究竹子自身的"理"，而是要借竹子来"穷"儒家之"理"，那么，竹子对王阳明来说，不过只是一种手段或隐喻对象，竹子本身的规律或自然之"理"并不重要，重要的是，要借竹子及其与环境的关系，来联想和类比人的气节和行为表现。果真如此，王阳明大可不必坐在竹子前"格竹"，而只需将前人吟咏竹子高风亮节的文字，与庭前竹子在寒暑雨雪不同环境中的状态做对比，从而展开丰富想象即可。这或许可以说明，王阳明"格竹"失败，错在未明理。

这种分析虽是对少年王阳明的苛求，也不太符合历史，但是，一方面，借助这种分析，或可更加清晰地理解儒家学说的定位。儒家并不是要建立一个关于自然、社会及人本身的无所不包的综合性学说体系，而只是聚焦于人和社会，致力于解决其中的管理问题。尤其是先秦以孔子和孟子为代表的儒家，不过是诸子百家之一，其学说定位，更是在于经世致用，努力培养管理者，解决当时普遍存在的管理问题，根本没有想要去探究和揭示自然本身的规律，也没有将人和社会看成一种如同自然界本身一样的研究对象，要寻找其背后像自然界一样的规律。那种关于现象背后规律的探索，并不是儒家要做的工作。任何学说都有自己的侧重点和边界，想要求儒家学说能够解决包括自然、社会和人本身在内的一切问题，那是不现实的，也是对儒家思想的曲解。因此，回归儒家学说的定位，便容易理解，在儒家思想传统浸润下要立志成为伟大管理者的少年王阳明，不可能使用今天意义上的科学方法，像一位自然科学家那样去研究竹子，揭示竹子这种植物的规律。恰是这样的分析，让我们更能清楚地认识到，将中国近代科学技术没有得到充分发展归咎于儒家学说，是非常不恰当的。这就像一位同学的数学课成绩不好，却要归咎于语文课老师教得太好一样。

另一方面，借助这种分析，也许能够愈加清楚地表明，朱熹"格物致知"之说的确有很大的误导性。朱熹用"物"来指代"事"，又以"物理"或"天理"替换了孔子常用的"道"，这就容易导致割裂内外，过于强调向外求"理"，忘记了儒家所关注的本质上是内在的人"心"问题，以及由此引发出来的组织和社会中的管理问题，而不是外在的"物理"问题，更不是关于自然规律的探寻问题。朱熹"格物致知"之说所具有的这种割裂内外、分离"心""理"的倾向,不仅容易在学理上产生误导,让当时的儒者只是向外求"理",甚至向故纸堆里讨生活,而忘记了儒家学说是要从自我入手,在经世致用的管理实践中追求儒家之"理";更重要的是,还极易在现实中演变成一种管理上严重的形式主义,人们学习儒家学说不过是为了科举考试,因此只需记背词句,应付考试即可,而一旦科考中第,担任了管理者,在实际的管理工作中又只会做官样文章,全无解决实际问题的真才实学,更遑论将儒家管理之道真正付诸实践。

由此可见,朱熹的"格物致知"之说,即便是给认真践行自己的"成圣"之志的少年王阳明,都带来了如此大的困扰,更不要说当时那些已号称是儒家管理者的成年人了,除非他们压根儿就没有认真思考和真心实践儒家管理之道。这就像孟子所言:"有天爵者,有人爵者。仁、义、忠、信,乐善不倦,此天爵也。公卿大夫,此人爵也。古之人修其天爵,而人爵从之。今之人修其天爵,以要人爵;既得人爵,而弃其天爵,则惑之甚者也,终亦必亡而已矣。"[1]

经历了这次"格竹"事件,15 岁的王阳明需要更加深入地反思儒家之"理",也需要进一步明确自己的"成圣"之志。这就为后来王阳明借探索佛家、道家这两块他山之石,以更深入地理解儒家管理之道的真谛,从而摆脱当时占主流的朱熹"格物致知"之说的影响,埋下了伏笔。

弘治元年(1488)七月,17 岁的王阳明到南昌与诸氏成婚。王阳明的新婚妻子诸氏,乃时任江西布政司左参议诸让之女。诸让,字养和,号介庵,成化十一年(1475)进士,历任南京吏部文选司主事、吏部员外郎、吏部郎中,江西布政司左参议,山东布政司左参政等。[2] 诸让也是浙江余姚人,还是王阳明的外舅。王阳明与诸氏完婚后,在南昌居住了一年多。这期间,王阳明苦练书法,竟把岳父官署内存放的几箱纸全部用光,可见所下功夫之深。后人称王阳明为著名书法家,而他的书法功底与这一年多的苦练应该不无关系。

这里需要补充说明的是,在当时的历史条件下,书法并不单纯是一门艺术,更是一项重要的技能,尤其对立志做管理的人来说,毋宁说是一项极其重

---

[1] 张钢:《孟子的管理解析》,机械工业出版社 2019 年版,第 410—412 页。
[2] 束景南:《王阳明年谱长编》,上海古籍出版社 2017 年版,第 49 页。

要的管理技能。且不说要考科举,答卷时的书法很关键;即便是通过了科举考试,做了管理者,更是事事处处都离不开书法,而且,时人还会通过书法来判断一个人,正所谓"字如其人"。

另外,一个人形成自己独特的书法风格的过程,蕴含着太多复杂难言的东西,这也是为什么说练字即修"心"。王阳明后来讲到自己当年练书法的经历时,曾说:"吾始学书,对模古帖,止得字形。后举笔不轻落纸,凝思静虑,拟形于心,久之始通其法。既后读明道(即程颢①)先生书曰:'吾作字甚敬,非是要字好,只此是学。'既非要字好,又何学也?乃知古人随时随事只在心上学,此心精明,字好亦在其中矣。"②王阳明的书法被认为"骨挺神骏,有鹰击长空之态"③,与他的思想和实践交相辉映,不能不说是他矢志不渝的典型写照。

弘治二年(1489)十二月,18岁的王阳明携妻子离开南昌回余姚,途经江西广信时,专程拜访了当时著名大儒娄谅④。这次拜访对王阳明坚定"成圣"之志,意义重大。作为当世名儒,娄谅对王阳明"成圣"之志的认同和鼓励,无疑具有巨大的激励作用。据记载,娄谅不仅肯定了王阳明的志向追求,而且明确告诉王阳明"圣人必可学而至"⑤。

回到余姚老家后,王阳明开始准备科举考试,以便一步步实现自己成为一名经世致用的伟大管理者的理想。在当时的历史条件下,科举与"成圣"不仅不矛盾,甚至可以说是通往"圣贤"或伟大管理者的必由之路。王阳明后来曾明确指出:"求禄仕而不工举业,却是不尽人事而徒责天命,无是理矣。但能立志坚定,随事尽道,不以得失动念,则虽勉习举业,亦自无妨圣贤之学。若是原无求为圣贤之志,虽不业举,日谈道德,亦只成就得务外好高之病而已。此昔

---

① 程颢(1032—1085),字伯淳,号明道,人称"明道先生",河南洛阳人,嘉祐二年(1057)进士,历任鄠县主簿、上元县主簿、泽州晋城令、太子中允、监察御史、监汝州酒税、镇宁军节度判官等,与其弟程颐并称"二程",同为北宋理学的奠基者,他们的学说由朱熹继承并发展,后世称"程朱理学"。

② [明]王守仁撰,吴光、钱明、董平、姚延福编校:《王阳明全集》,上海古籍出版社2011年版,卷三十三,第1347—1348页。

③ [日]冈田武彦著,杨田译:《王阳明大传》(上),重庆出版社2015年版,第80—83页。

④ 娄谅(1422—1491),字克贞,别号一斋,江西广信上饶人,少年即有志于成圣的学问,曾四处求学,但发现当时大多数所谓学者,不过是在教授科举应试之学,而非"身心之学",深感遗憾,后追随吴与弼专攻程朱理学,成为明代著名理学家。

⑤ [明]王守仁撰,吴光、钱明、董平、姚延福编校:《王阳明全集》,上海古籍出版社2011年版,卷三十三,第1348页。

人所以有'不患妨功,惟患夺志'之说也。夫谓之夺志,则已有志可夺;倘若未有可夺之志,却又不可以不深思疑省而早图之。"①

王阳明在反驳当时流行的将"圣人"之学与准备科举考试对立起来的观点时,也说:"世俗之见,岂足与论?君子惟求其是而已。'仕非为贫也,而有时乎为贫',古之人皆用之,吾何为独不然?然谓举业与圣人之学相戾者,非也。程子云:'心苟不忘,则虽应接俗事,莫非实学,无非道也。'而况于举业乎?谓举业与圣人之学不相戾者,亦非也。程子云:'心苟忘之,则虽终身由之,只是俗事。'而况于举业乎?忘与不忘之间,不能以发,要在深思默识所指谓不忘者果何事耶,知此则知学矣。"②

王阳明这里引用的"仕非为贫也,而有时乎为贫"这句话,语出《孟子》,讲的是:即便儒家管理者万不得已,为了摆脱贫困而做管理,也必须时刻不忘管理之道;关键不在于是否做管理,而在于以什么为宗旨、如何做管理。③ 更何况,儒家思想原本就是融入经世致用的管理实践之中的管理思想,离开了现实的管理实践,又如何能真正追求"成圣"之志?

王阳明并没有将自己的"成圣"之志与科举考试对立起来,而是在认真准备科举考试的同时,又能做到不忘"成圣"之志,其典型表现或许是王阳明对待两次会试落第的态度。

弘治五年(1492)八月,21岁的王阳明在乡试中,以第六名的成绩考中举人,取得了第二年进京参加会试的资格。但遗憾的是,王阳明在来年的会试中落第。据记载,王阳明考试失利后,很多人都前来探望并安慰他,甚至当朝宰辅李东阳④还说:"汝今岁不第,来科必为状元,试作来科状元赋。"王阳明当场提笔作文,一挥而就,令在场人士无不连声感叹"天才!天才!"⑤由此或可领略

① [明]王守仁撰,吴光、钱明、董平、姚延福编校:《王阳明全集》,上海古籍出版社2011年版,卷四,第189页。

② [明]王守仁撰,吴光、钱明、董平、姚延福编校:《王阳明全集》,上海古籍出版社2011年版,卷四,第189—190页。

③ 张钢:《孟子的管理解析》,机械工业出版社2019年版,第363—365页。

④ 李东阳(1447—1516),字宾之,号西涯,祖籍湖广茶陵(今湖南茶陵),出生于北京,天顺八年(1464)进士,被选为庶吉士,后历任侍讲学士、礼部右侍郎、吏部尚书、内阁首辅等。

⑤ [明]王守仁撰,吴光、钱明、董平、姚延福编校:《王阳明全集》,上海古籍出版社2011年版,卷三十三,第1349页。

王阳明对于会试落第的潇洒态度。

会试每三年才举行一次。三年之后,弘治九年(1496)二月,25岁的王阳明第二次参加会试,结果仍未考中进士。有和王阳明一起参加考试,也未考中的同伴,因为落第而感到耻辱,王阳明则宽慰他们道:"世以不得第为耻,吾以不得第动心为耻。"①

王阳明之所以能做到对再次落第"不动心",原因恰在于他有更高层次的追求。正是"成圣"之志,让他早已抛却了读书就是为了科举及第的想法。从根本上说,王阳明对科举落第"不动心",与当年孟子对可能做齐国的卿相"不动心"一脉相承。

公孙丑曾问孟子:"夫子加齐之卿相,得行道焉,虽由此霸王,不异矣。如此,则动心否乎?"

孟子斩钉截铁地回答:"否。吾四十不动心。"②

表面上看,王阳明和孟子两人"不动心"的对象正好相反,王阳明是对科举落第、有可能做不了管理而"不动心",孟子则是对可能被任命为齐国卿相、有机会做管理而"不动心",但是,他们之所以都能做到"不动心",其内在原因却是一致的,那便是他们都有"志",而且都是儒家的"志于道",并真正做到了"以志帅气""我善养吾浩然之气"。正是因为王阳明和孟子都时刻不忘"志于道",才能对各种外在的功名利禄"不动心",真正做到荣辱不惊。这恰是立志对于一个人的真正意义。

两次落第之后的王阳明,既没有放弃由科举而做管理之路,也没有为准备第三次会试而费尽心思,患得患失。在接下来又一个三年的备考时间里,王阳明在诗词歌赋上花了不少时间和精力,还在家乡余姚与友人共结诗社,相互唱酬切磋,大大提升了自己的诗文水平。

在当时的历史条件下,对于管理者而言,作文赋诗不仅体现的是个人素养,更是一种重要的管理沟通技能。这不单单是说正式管理沟通中的奏章公文离不开这种技能,即便是同僚之间的非正式沟通和业余交往,也往往是以诗

---

① 　[明]王守仁撰,吴光、钱明、董平、姚延福编校:《王阳明全集》,上海古籍出版社2011年版,卷三十三,第1349页。

② 　张钢:《孟子的管理解析》,机械工业出版社2019年版,第89—102页。

词歌赋相酬答。况且,练习诗文并不必然妨碍实现自己的"成圣"之志,关键看如何将两者有机融合。王阳明后来就曾说过,"作文字亦无妨工夫,如'诗言志',只看尔意向如何,意得处自不能不发之于言,但不必在词语上驰骋。言不可以伪为"①。从《王阳明全集》中所收录的奏章公文和诗词歌赋,便能感受到王阳明在诗文上所下的功夫,以及其所达到的融思想性与艺术性为一体的造诣。这也让他无愧于著名文学家的称号。

另外,在这三年时光中,王阳明再次花功夫深究兵法之精髓,让自己的军事知识和技能得到进一步提升,为后来在军事管理上取得巨大成功打下雄厚基础。弘治十年(1497)五月,北方少数民族再度来犯,边关将领阵亡,朝中缺乏可用武将,只能启用年过七旬的王越总制甘、凉各边,兼任巡抚,出征御敌。王越的临危受命,让王阳明再次认识到文武兼备的重要性和紧迫性,便开始遍寻兵家著作,精心研读;而且,他还经常用果核等物品模拟排兵布阵,推演阵法,表现出对军事指挥的浓厚兴趣。②

王越(1426—1499)是景泰二年(1451)进士,曾任兵部尚书,文武全才,身经十余战,尤其是1480年雪夜袭击威宁海,大败鞑靼,被封为威宁伯。明代文官因军功封爵只有三人,第一位是王骥(1378—1460),明永乐四年(1406)进士,曾任兵部尚书,1442年因平定反叛有功,受封靖远伯。第二位便是王越,而第三位则是王阳明。王越晚年这次出征,又立下卓越功勋,但不幸的是第二年即弘治十一年十二月一日(1499年1月12日)在甘州去世,享年73岁。王越是王阳明崇敬的前辈。若按照公历,就在王越去世的同一年(1499),王阳明考中进士,并被派到工部实习,而他在工部接到的第一项任务,就是到王越的家乡河南浚县负责督造威宁伯王越墓。③ 这虽是一种巧合,却也好像在冥冥之中预示着什么。

尤其需要特别说明的是,在三年备考期间,王阳明还极其洒脱地精研了道

---

① 〔明〕王守仁撰,吴光、钱明、董平、姚延福编校:《王阳明全集》,上海古籍出版社2011年版,卷三十二,第1299页。

② 〔明〕王守仁撰,吴光、钱明、董平、姚延福编校:《王阳明全集》,上海古籍出版社2011年版,卷三十三,第1249页。

③ 〔日〕冈田武彦著,杨田译:《王阳明大传》(上),重庆出版社2015年版,第112—117页。

家、佛家学说,借横向比较,更加深化了对儒家学说的理解。据当代历史学家束景南教授考证,弘治九年(1496)九月,第二次科举考试失利的王阳明,由北京返回家乡余姚,途经南京时,拜访了朝天宫全真道士尹真人,并向他学习"真空炼形法"①。此后,王阳明在道家学说的研修上达到很高水平。不仅如此,王阳明也深研佛典,并在禅宗上造诣极高。这让王阳明可以从不同的视角来反思自己的儒家信念,并借助儒、释、道这三家当时普遍流行的信念体系的参照比较,不仅愈加坚定自己的"成圣"之志,而且还可以深刻理解儒家信念与释、道两家信念的本质区别,进而能够更有针对性地弘扬儒家学说。正如后来王阳明在比较儒、释、道时所讲的那样:"仙家说虚,从养生上来;佛氏说无,从出离生死苦海上来;却于本体上加却这些子意思在,便不是他虚无的本色了,便于本体有障碍。圣人只是还他良知的本色,更不着些子意在。"②

王阳明在专论儒家与佛家的区别时,又说:"佛氏不着相,其实着了相。吾儒着相,其实不着相。佛怕父子累,却逃了父子;怕君臣累,却逃了君臣;怕夫妇累,却逃了夫妇:都是为个君臣、父子、夫妇着了相,便须逃避。如吾儒有个父子,还他以仁;有个君臣,还他以义;有个夫妇,还他以别:何曾着父子、君臣、夫妇的相?"③

其实,王阳明精研佛、道,并以儒家学说为立足点,来分析佛、道两家的不足,正像战国时期孟子所做的工作一样,都是为了更深刻地理解、实践和发扬儒家管理之道。当年人们称孟子好辩,孟子回答说:"岂好辩哉?予不得已也。能言距杨、墨者,圣人之徒也。"当时杨朱、墨翟的学说流行甚广,用孟子的话说"天下之言,不归杨,则归墨"④。在这种涉及"志"或信念的激烈竞争中,若孟子不精研杨、墨的信念体系,又如何能深入剖析儒家与杨、墨两家的本质区别,从而更加坚定儒家信念、弘扬儒家学说呢?王阳明立足儒家,精研佛、道,不正是孟子精神的传承吗?弘治十六年(1503)三月发生的一件事,便很能说明问题。

---

① 束景南:《王阳明年谱长编》,上海古籍出版社2017年版,第111—122。

② [明]王守仁撰,吴光、钱明、董平、姚延福编校:《王阳明全集》,上海古籍出版社2011年版,卷三,第121页。

③ [明]王守仁撰,吴光、钱明、董平、姚延福编校:《王阳明全集》,上海古籍出版社2011年版,卷三,第112页。

④ 张钢:《孟子的管理解析》,机械工业出版社2019年版,第202—207页。

那年王阳明因病在杭州休养。有一天,王阳明来到虎跑寺,听说有位禅僧已经坐关三年,不言不视。王阳明来到禅僧近前,大喝一声:"这和尚终日口巴巴说甚么？终日眼睁睁看甚么？"

那禅僧受惊起身,恭敬地问道:"小僧不言不视已有三年。为什么说我口巴巴说甚么？眼睁睁看甚么？"

王阳明没有直接回答,反问道:"你是哪里人？离家几年了？"

禅僧回答说:"河南人,离家十余年了。"

王阳明问:"家中亲族还有何人？"

禅僧答道:"只有老母,不知是否还在。"

王阳明问:"还想起老母吗？"

禅僧说:"不能不想啊。"

王阳明接着说:"既然不能不想,虽终日不言,心中已自说着;虽终日不视,心中已自看着了。"

禅僧听闻这番话,合掌向王阳明请教说:"还望开示！"

王阳明说:"父母天性,岂能断灭？你不能不想起老母,便是真性发现。虽终日呆坐,徒乱心曲。俗语云:'爹娘便是灵山佛,不敬爹娘敬甚人。'"

王阳明话音刚落,禅僧便不禁大哭起来,对王阳明说:"小僧这就归家省吾老母。"①

表面上看,王阳明是以禅机喝醒禅僧,大有以其人之道还治其人之身的意味,但实际上,这是两种不同的"志"或两种不同的信念之间的较量。儒家立足于"人性"的德性前提,追求"至善"的终极目标,这便是儒家之"理"或"道"的核心内涵,也是王阳明之"志"的根本所在。儒家德性前提之第一要义便是"仁",而"仁"的直观或不证自明的体现便是"孝",正如《中庸》所言:"仁者,人也,亲亲为大。"②正是"仁",让人成为真正意义上大写的人,其直接体现便是"亲亲",而"亲亲"首先在于"孝"。这也是俗话说"百善孝为先"的原因,这更是儒家和佛家的根本区别。王阳明曾说过,"佛怕父子累,却逃了父子,……如吾儒有个

---

① ［日］冈田武彦著,杨田译:《王阳明大传》(上),重庆出版社 2015 年版,第 150—151 页。

② 张钢:《大学·中庸的管理释义》,机械工业出版社 2017 年版,第 134—142 页。

父子,还他以仁"①。从根本上说,王阳明正是通过让禅僧深切体验到那种无法割断的母子亲情,使禅僧幡然醒悟。这显然是一场儒家信念与佛家信念的深层次对话。

王阳明在 12 岁立志之后,花了很多时间和精力去练习骑射、书法,研习兵法,工于辞章,究心佛、道。这些看似"不务正业"的表现,曾引起时人和后人的误解乃至诟病。典型如王阳明的挚友湛若水,在给王阳明"盖棺定论"的墓志铭中写道:"初溺于任侠之习;再溺于骑射之习;三溺于辞章之习;四溺于神仙之习;五溺于佛氏之习。正德丙寅(1506),始归正于圣贤之学。"②此后,关于早年王阳明的所谓"五溺"之说便流行开来,几成定论。

但是,若从管理的视角去审视王阳明的所谓"五溺",便不难发现其与王阳明所确立的儒家"成圣"之志的内在联系。从孔子开始,儒家学说便从未离开过经世致用的管理实践。儒家思想本质上是管理思想,而儒家意义上的"圣人"则是追求"至善"终极目标的伟大管理者。王阳明既立儒家"成圣"之志,那么,若不学习各种与当时组织管理实践密切相关的知识和技能,特别是关乎当时国家安危的军事知识和技能,作为一名管理者,王阳明又如何能真正做到经邦济世、解危济困?若只是天天从纸面上学习和讲论儒家先辈的典籍,恐怕也只能做那种"无事袖手谈心性,临危一死报君王"③的腐儒式管理者。更要紧的是,若不精研当时与儒家具有直接竞争关系的佛、道两家学说,王阳明又如何能做到由内而外地正向影响和引导更多的人,去追求和创造更广大且长远的共同利益?若只是闭目塞听,无视佛、道的存在,或许只能听凭"佛、道之言盈天下。天下之言,不归佛,则归道",而作为管理者却无能为力,甚至是表面上靠儒家学说考科举、当管理者,实际上却成为佛、道的拥趸也未可知。

既然王阳明要立志成为儒家"圣人"那样的伟大管理者,那么,他的志本身

---

①　[明]王守仁撰,吴光、钱明、董平、姚延福编校:《王阳明全集》,上海古籍出版社 2011 年版,卷三,第 112 页。

②　[明]王守仁撰,吴光、钱明、董平、姚延福编校:《王阳明全集》,上海古籍出版社 2011 年版,卷三十八,第 1538—1539 页。

③　这是明末清初教育家颜元(1635—1704)抨击宋明理学家的名言,原文是:"宋、元来儒者却习成妇女态,甚可羞。无事袖手谈心性,临危一死报君王,即为上品矣。岂若真学一复,户有经济,使乾坤中永享治安之泽乎!"详见《颜元集》(上),中华书局 2009 年版,第 51 页。

就不仅内秉着对儒家做管理的终极目标和价值观的坚定信念,而且还必然包括为实现这样的终极目标、践行这样的价值观所必须具备的强大思维能力及适应当时做管理需要的知识和技能。儒家管理之道历来要求信奉者必须将个人信念与职业信念融为一体,从自我管理走向组织管理。这就意味着,王阳明12岁所立的"成圣"之志,不仅是个人理想,要终身修养,以达到更高人生境界;更加是职业理想,要持续努力,才能成为一名经邦济世的伟大管理者。如果只是前者,确实与佛、道理想难以区分,而若联系着后者,则必须通过更全面的思维训练、掌握更广泛的知识和技能,才能实现。

曾经有人问王阳明:"释氏亦务养心,然要之不可以治天下,何也?"

王阳明回答说:"吾儒养心,未尝离却事物,只顺其天则自然,就是功夫。释氏却要尽绝事物,把心看做幻相,渐入虚寂去了。与世间若无些子交涉,所以不可治天下。"①

儒家要做事,尤其要"治天下",做管理之事,当然要有"工夫",而这"工夫"不是凭空就有的,更不是天上掉下来的;若不结合时势需要,进行广泛学习和训练,又怎么能行? 理解了这一点,也就不难明白,所谓王阳明的"五溺",实际上都是实现儒家伟大的个人理想和职业理想的过程中所不可或缺的环节而已。

当人们说王阳明的"五溺"是不务儒家之正业时,其实隐含了一个前提,那就是:只要"悟道",一切都会迎刃而解,其他什么都不用再学了。当时占主流的理学,的确隐含着这种前提。且不说这已经违背了孔子培养管理者既要"志于道",又要"游于艺"②的要求;就是从当时的现实出发,人们终日去"悟"儒家管理之道,真能培养出经世致用的管理人才吗? 往深层次说,即便按照这种方式真能"悟道",恐怕这样悟出来的"道"也已经不再是儒家的管理之道,而真成了佛家或道家之"道"了。难怪宋、明时期很多经科举而入管理之途的人,表面上靠儒家做管理,实际上信奉的却是佛家、道家。

与佛、道两家不同,儒家要实现自己的终极目标和理想,一定要切实行动,

---

① [明]王守仁撰,吴光、钱明、董平、姚延福编校:《王阳明全集》,上海古籍出版社2011年版,卷三,第121页。

② 张钢:《论语的管理精义》,机械工业出版社2015年版,第178—179页。

踏踏实实地担负起那份世间责任,既要以天下为己任,同时又要从自我做起,一步一个脚印,由自我管理走向组织管理,进而"平治天下"。这就是《大学》所清楚阐明的儒家管理者的成长发展之路,即"古之欲明明德于天下者,先治其国;欲治其国者,先齐其家;欲齐其家者,先修其身;欲修其身者,先正其心;欲正其心者,先诚其意;欲诚其意者,先致其知;致知在格物。物格而后知至,知至而后意诚,意诚而后心正,心正而后身修,身修而后家齐,家齐而后国治,国治而后天下平"①。

儒家之"道"是管理之道。儒家必须通过管理这个职业来实现"至善"的终极目标。儒家管理的最大特点,在于打通了自我管理、家庭管理、组织管理和天下管理,而管理就是责任,儒家管理者要担当起这份责任,就必须具备适应特定时代和组织需要的不同专业领域中的知识和技能。即便在孔子和孟子那个时代,立志追求儒家管理之道的人,也不是只需要做好自我管理或独善其身就够了,而是还必须学习六经和六艺,即那个时代做管理的基本知识和技能。到了王阳明所处的时代,若要在政府组织中做一名管理者,同样也不能只是立志追求儒家管理之道就行了。虽然立志是儒家做管理的重要根基,但仅有立志,并不足以担当起各类管理职责;要担责,就必须通过学习去掌握相应的知识和技能,而立志则让这样的学习有了更明确的目标指向和内部动机,变得更加自觉、主动、有效。

王阳明只有精研佛、道,才能从根本上理解和把握儒、释、道三家的异同,这不仅有利于他坚定自己的儒家"成圣"之志,更有助于他传承和发扬儒家学说,纠偏除弊,建立"心学"体系。王阳明研习兵法,练习骑射,学习书法和诗文,这些无一不是当时历史条件下做管理所应该具备的专业知识和技能。假设王阳明在这些知识和技能上没有达到那样的高度,他还能有机会做管理吗?更别说后来取得巨大成功了。孔子说:"人能弘道,非道弘人。"②但是,人又凭什么去"弘道"呢?只凭远大理想、良好愿望、一腔热血就够了吗?不夸张地说,王阳明若不经历"五溺",恐怕难以做出后来那些伟大管理功业,让儒家管

---

① 张钢:《大学·中庸的管理释义》,机械工业出版社 2017 年版,第 12—16 页。
② 张钢:《论语的管理精义》,机械工业出版社 2015 年版,第 458—459 页。

理之道得到弘扬;或许更难以开创"心学",让儒家思想发扬光大。

当代阳明学家董平教授也曾明确指出:"阳明自十二岁立志做圣人,以之为人生'第一等事',虽然中间经历过任侠、骑射、文辞、老释的泛观博览以及多重的生活与思想经验,看似其圣人之志有所移易,而实则全然未改。"①

王阳明 12 岁立志之后,经历了信念、思维、知识和技能的全方位求索和磨砺,已经为做一名真正的儒家管理者,一步步实现"成圣"理想做好了充分准备。万事俱备,只欠东风。这个"东风",在王阳明 28 岁时终于来了。

弘治十二年(1499)二月,28 岁的王阳明第三次参加会试,进士及第。据当代历史学家束景南教授考证,王阳明当年是二甲第六名进士。② 自此,王阳明正式踏上组织管理之路。

一入仕途,世事繁杂,加之环境影响,"成圣"之志将如何坚守?是否会因其太过理想化,以及个体普遍存在的意志无力而逐渐淡化乃至消失?中进士后正式开始做管理,可能是对王阳明"成圣"之志的莫大考验,也是一种挑战。王阳明曾经说过:"人在仕途,比之退处山林时,其工夫之难十倍,非得良友时时警发砥砺,则其平日之所志向,鲜有不潜移默夺,弛然日就于颓靡者。"③

王阳明这里说得很清楚,解决之法便在于寻找志同道合者,结成团队,共同追求和践行儒家管理之道。这便是曾子所说的"君子以文会友,以友辅仁"④,也是孟子所讲的"一乡之善士,斯友一乡之善士;一国之善士,斯友一国之善士;天下之善士,斯友天下之善士。以友天下之善士为未足,又尚论古之人。颂其诗,读其书,不知其人,可乎?是以论其世也,是尚友也"⑤。

儒家意义上的志同道合者,不仅限于"一乡""一国"乃至"天下",而且还跨越时空,包括古人在内。也就是说,对儒家终极目标的追求,完全超越了时间和空间的限制,当代管理者与历史上的"圣人"或伟大管理者,共同构成了追求"至善"终极目标的"友"或团队。这就是王阳明立"成圣"之志总是要与历史上

---

① 董平:《王阳明的生活世界》,商务印书馆 2018 年版,第 23 页。
② 束景南:《王阳明年谱长编》,上海古籍出版社 2017 年版,第 145 页。
③ [明]王守仁撰,吴光、钱明、董平、姚延福编校:《王阳明全集》,上海古籍出版社 2011 年版,卷六,第 244 页。
④ 张钢:《论语的管理精义》,机械工业出版社 2015 年版,第 346 页。
⑤ 张钢:《孟子的管理解析》,机械工业出版社 2019 年版,第 371—372 页。

所有伟大管理者为伍的原因。

弘治十八年(1505)十月,王阳明与当年新科进士、翰林院庶吉士湛若水相识,两人一见如故,相互欣赏,成为终身挚友。湛若水对人称赞王阳明说:"泛观四方,未见此人。"而王阳明则对人称赞湛若水说:"予求友于天下,三十年来未见此人。"[①]相识的第二年,两人又针对当时朝廷上下普遍存在着将儒学当成科举的敲门砖,完全形式化、教条化,而"不复知有身心之学"[②]的现状,共同约定回归从孔子到孟子的"圣学"宗旨,真正将儒家管理之道付诸实践,解决当下管理中存在的现实问题。

湛若水(1466—1560),字元明,号甘泉,弘治十八年(1505)进士,曾先后担任翰林院庶吉士、编修、侍读,南京国子监祭酒,南京礼部尚书、吏部尚书、兵部尚书,追赠太子少保。湛若水和王明阳都反对当时占主流的朱熹理学追随者们一味地讲读经典的做法,大力倡导"圣学"乃"身心之学",以切实体认为宗旨。湛若水还提出了以"随处体认天理"为核心要义的学说体系,形成"甘泉学派",与"阳明学派"在当时被并称为"王湛之学",影响巨大。[③] 湛若水的思想虽然与王阳明并不完全相同,但他们都深刻认识到当时明朝管理思想和实践的流弊所在,相约共倡"圣学",践行儒家管理之道。正如王阳明所言:"得友于甘泉湛子,而后吾之志益坚,毅然若不可遏,则予之资于甘泉多矣。甘泉之学,务求自得者也。……吾与甘泉友,意之所在,不言而会;论之所及,不约而同;期于斯道,毙而后已者。"[④]

王阳明追求儒家"成圣"之志的过程,不仅有像湛若水这样的同道好友相互勉励加持,还有志同道合的弟子们一路相伴。王阳明的第一位弟子是徐爱。据当代历史学家束景南教授考证,王阳明与徐爱相识于弘治十七年(1504),正德元年(1506),徐爱进京随王阳明读书问学差不多一年时间,但还没有正式执

---

① 束景南:《王阳明年谱长编》,上海古籍出版社 2017 年版,第 368 页。

② 〔明〕王守仁撰,吴光、钱明、董平、姚延福编校:《王阳明全集》,上海古籍出版社 2011 年版,卷三十三,第 1352 页。

③ 〔日〕冈田武彦著,杨田、袁斌、孙逢明译:《王阳明大传》(上),重庆出版社 2015 年版,第 191—193 页;下卷第 131—134 页。

④ 〔明〕王守仁撰,吴光、钱明、董平、姚延福编校:《王阳明全集》,上海古籍出版社 2011 年版,卷七,第 257—258 页。

弟子礼,到了正德二年(1507),徐爱陪同王阳明回家乡,始正式执弟子礼,成为王阳明的第一位弟子。①

徐爱(1487—1517),字曰仁,正德三年(1508)进士,曾任南京工部员外郎、南京兵部郎中,也是王阳明的妹婿,但不幸英年早逝。作为王阳明的大弟子,徐爱不仅对王阳明的思想心领神会,还开始有意识地搜集并编辑王阳明的言论,命名为"传习录",后来其他弟子进一步编辑王阳明的书信和讲学问答时,仍沿用了由徐爱所定书名。

正德二年(1508)七月,经徐爱引荐,蔡宗兖和朱节正式拜王阳明为师,和徐爱一起成为王阳明早期的三位弟子。蔡宗兖(生卒年不详),字希颜,是正德十二年(1517)进士,曾任太学助教、南京考功郎、四川督学佥事。朱节(1475—1523),字守忠,是正德九年(1514)进士,曾以御史巡按山东,操劳过度,病逝于任上。王阳明对这三位早期弟子寄予厚望,赞赏有加,在三位弟子同去京城参加会试之际,还曾专门做过一篇《别三子序》相赠:

> 自程、朱诸大儒没而师友之道遂亡。"六经"分裂于训诂,支离芜蔓于辞章业举之习,圣学几于息矣。有志之士思起而兴之,然卒徘徊咨嗟,逡巡而不振;因弛然自废者,亦志之弗立,弗讲于师友之道也。夫一人为之,二人从而翼之,已而翼之者益众焉,虽有难为之事,其弗成者鲜矣。一人为之,二人从而危之,已而危之者益众焉,虽有易成之功,其克济者亦鲜矣。故凡有志之士,必求助于师友。无师友之助者,志之弗立弗求者也。自予始知学,即求师于天下,而莫予诲也;求友于天下,而与予者寡矣;又求同志之士,二三子之外,邈乎其寥寥也。殆予之志有未立邪?盖自近年而又得蔡希颜、朱守忠于山阴之白洋,得徐曰仁于余姚之马堰。曰仁,予妹婿也。希颜之深潜,守忠之明敏,曰仁之温恭,皆予所不逮。三子者,徒以一日之长视予以先辈,予亦居之而弗辞。非能有加也,姑欲假三子者而为之证,遂忘其非有也。而三子者,亦姑欲假予而存师友之饩羊②,不谓其

---

① 束景南:《王阳明年谱长编》,上海古籍出版社2017年版,第402页。

② 饩羊:出典于《论语》第三篇第17章:"子贡欲去告朔之饩羊。子曰:'赐也! 尔爱其羊,我爱其礼。'"饩羊,原指诸侯国接受周天子颁朔时祭祀用的羊,后引申为礼仪的意思,这里即指"师友之礼"。参见张钢:《论语的管理精义》,机械工业出版社2015年版,第69—71页。

不可也。当是之时，其相与也，亦渺乎难哉！①

在这篇赠言的最后，王阳明还不忘叮嘱去京城参加会试的三位弟子："增城湛原明宦于京师，吾之同道友也，三子往见焉，犹吾见也已。"由此不难体会出，王阳明与三位弟子以及湛若水的关系，亦师亦友，是共同追求、实践和倡导"圣学"的志同道合者。

后来，王阳明的弟子日众，甚至他在吏部任验封司时的上司，时任吏部郎中的方献夫，也执弟子礼，正式成为他的弟子。方献夫（1485—1544），字叔贤，二十岁便中进士，曾先后在吏部任员外郎、郎中、尚书，官至太子太保、武英殿大学士，入阁辅政。提到方献夫当年拜他为师这件事，王阳明写道："予始与叔贤为僚，叔贤以郎中故事位吾上。及其学之每变，而礼予日恭，卒乃自称门生而待予以先觉。此非脱去世俗之见，超然于无我者，不能也。"②

也正因为有了这样志同道合的团队，王阳明追求"成圣"之志的过程，便不再是一个人孤独的自我奋斗，而变成志同道合者的共享信念和共同事业。这也恰是孔子说"德不孤，必有邻"③的意义所在。

在儒家看来，学管理、做管理，都必须超越管理事务本身，致力于追求管理之道，"君子谋道不谋食"④。这样才能在学管理、做管理中有根基和一定之规，同时也有内部动机和内在动力。王阳明亲身实证了立志对于一个人的日常生活、学习和工作中"做人"、为学、做管理的重要意义。王阳明也痛感当时将儒学教条化、割裂儒家"成圣"之志与管理实践的巨大危害，因此，他极力强调立志对于"做人"和做管理的首要性，并把立志作为儒家管理者必须学习的第一课。

正德三年（1508），王阳明在任贵州龙场驿驿丞时，曾创立龙冈书院，并为书院诸生写了一篇《教条示龙场诸生》，定下四条"学规"，其中第一条便是"立志"。

---

① ［明］王守仁撰，吴光、钱明、董平、姚延福编校：《王阳明全集》，上海古籍出版社 2011 年版，卷七，第 252—253 页。

② ［明］王守仁撰，吴光、钱明、董平、姚延福编校：《王阳明全集》，上海古籍出版社 2011 年版，卷七，第 258 页。

③ 张钢：《论语的管理精义》，机械工业出版社 2015 年版，第 106—107 页。

④ 张钢：《论语的管理精义》，机械工业出版社 2015 年版，第 460—461 页。

　　诸生相从于此,甚盛。恐无能为助也,以四事相规,聊以答诸生之意:一曰立志;二曰勤学;三曰改过;四曰责善。其慎听毋忽!

　　志不立,天下无可成之事,虽百工技艺,未有不本于志者。今学者旷废隳惰,玩岁愒时,而百无所成,皆由于志之未立耳。故立志而圣,则圣矣;立志而贤,则贤矣。志不立,如无舵之舟,无衔之马,漂荡奔逸,终亦何所底乎? 昔人有言,使为善而父母怒之,兄弟怨之,宗族乡党贱恶之,如此而不为善可也;为善则父母爱之,兄弟悦之,宗族乡党敬信之,何苦而不为善为君子? 使为恶而父母爱之,兄弟悦之,宗族乡党敬信之,如此而为恶可也;为恶则父母怒之,兄弟怨之,宗族乡党贱恶之,何苦而必为恶为小人? 诸生念此,亦可以知所立志矣。

　　已立志为君子,自当从事于学。凡学之不勤,必其志之尚未笃也。从吾游者,不以聪慧警捷为高,而以勤确谦抑为上。诸生试观侪辈之中,苟有虚而为盈,无而为有,讳己之不能,忌人之有善,自矜自是,大言欺人者,使其人资禀虽甚超迈,侪辈之中,有弗疾恶之者乎? 有弗鄙贱之者乎? 彼固将以欺人,人果遂为所欺,有弗窃笑之者乎? 苟有谦默自持,无能自处,笃志力行,勤学好问,称人之善,而咎己之失,从人之长,而明己之短,忠信乐易,表里一致者,使其人资禀虽甚鲁钝,侪辈之中,有弗称慕之者乎? 彼固以无能自处,而不求上人,人果遂以彼为无能,有弗敬尚之者乎? 诸生观此,亦可以知所从事于学矣。

　　夫过者,自大贤所不免,然不害其卒为大贤者,为其能改也。故不贵于无过,而贵于能改过。诸生自思,平日亦有缺于廉耻忠信之行者乎? 亦有薄于孝友之道,陷于狡诈偷刻之习者乎? 诸生殆不至于此。不幸或有之,皆其不知而误蹈,素无师友之讲习规饬也。诸生试内省,万一有近于是者,固亦不可以不痛自悔咎。然亦不当以此自歉,遂馁于改过从善之心。但能一旦脱然洗涤旧染,虽昔为寇盗,今日不害为君子矣。若曰吾昔已如此,今虽改过而从善,将人不信我,且无赎于前过,反怀羞涩凝沮,而甘心于污浊终焉,则吾亦绝望尔矣。

　　责善,朋友之道,然须忠告而善道之。悉其忠爱,致其婉曲,使彼闻之而可从,绎之而可改,有所感而无所怒,乃为善耳。若先暴白其过恶,痛毁极诋，使无所容，彼将发其愧耻愤恨之心，虽欲降以相从，而势有所不能，是激之而使为恶矣。故凡讦人之短，攻发人之阴私，以沽直者，皆不可以言责善。虽然，我以是而施于人不可也，人以是而加诸我，凡攻我之失者，皆我师也，安可以不乐受而心感之乎？某于道未有所得，其学卤莽耳。谬为诸生相从于此，每终夜以思，恶且未免，况于过乎？人谓事师无犯无隐，而遂谓师无可谏，非也。谏师之道，直不至于犯，而婉不至于隐耳。使吾而是也，因得以明其是；吾而非也，因得以去其非：盖教学相长也。诸生责善，当自吾始。①

王阳明这篇《教条示龙场诸生》，恰是他 12 岁立志之后的心路历程和实践过程的生动写照，字字句句都发源于他的内心体悟，凝华自他的亲身实证，完全不是那种基于书本知识的空发议论，更不是道听途说而来的高调道德。

王阳明这里所讲的"立志"，专指立儒家做圣贤、追求"至善"之志，就是要引导人们树立儒家信念或信仰。这既是终极目标，也是一切的出发点。

有了"立志"这个根本前提，"勤学"才能有所依归，既能用"志"这根红线，贯穿起广泛、立体的知识和技能学习活动，让所学和所用不离根本，一以贯之；又能在各种知识和技能的学习中不迷失、不支离，真正做到"志"与"学"一体。

"改过"，便是要将"立志""勤学"落到实处，付诸实践，并在实践中做到"过则勿惮改"②，通过试错式学习，将"志"和"学"变成不同情境下的行动能力。没有借助"改过"这种试错式学习所形成的行动能力，空头谈"志"、抽象讲"学"，恰是当时信奉理学教条者的流行做法。割裂"改过"实践与"立志""勤学"的关系，要么变成腐儒式管理者，要么变成伪儒式管理者，害莫大焉。

"责善"，恰是要通过志同道合者团队的力量来"止于至善"，以克服个体的意志无力。这是儒家团队学习、相互勉励、共同求善的基本要求，也是儒家管理者矢志不渝的力量源泉。

王阳明后来又一再强调指出"立志"的本质及其重要意义，他说："只念念

---

①　［明］王守仁撰，吴光、钱明、董平、姚延福编校：《王阳明全集》，上海古籍出版社 2011 年版，卷二十六，第 1072－1075 页。

②　张钢：《论语的管理精义》，机械工业出版社 2015 年版，第 11－12 页。

要存天理,即是立志。能不忘乎此,久则自然心中凝聚,犹道家所谓结圣胎也。此天理之念常存,驯至于美大圣神,亦只从此一念存养扩充去耳。"①"善念存时,即是天理。此念即善,更思何善? 此念非恶,更去何恶? 此念如树之根芽,立志者长立此善念而已。'从心所欲不逾矩',只是志到熟处。"②

这意味着,儒家"立志",实际上就是要确立起对"天理"的信念或信仰,如同佛、道两家各有自己的信念或信仰一样,而儒家的"天理"或"理"也即"人性"的德性前提及其"向善"的倾向性,是德性的"仁义礼智四端"与"至善"在"人性"上的内在统一,也即王阳明后来所讲的"良知"。信得"天理""良知",便是坚信"人性"的德性前提,也就是确立起了儒家的信念或信仰。这才是成为一名真正的儒家管理者的根本要求。

王阳明这里所说的"美大圣神",语出《孟子》,原话为:"可欲之谓善。有诸己之谓信。充实之谓美。充实而有光辉之谓大。大而化之之谓圣。圣而不可知之之谓神。"③这说的是儒家管理者确立起信念或"立志"之后,如何从现实世界经过不断努力、持续修养,上升到儒家理想世界,然后再立足于理想世界来引领现实世界发展所必然经历的不同境界。

王阳明在这里也提到孔子所达到的"从心所欲,不逾矩"的境界,这是孔子自 15 岁立志之后,一生矢志不渝、好学不倦所达到的至高境界,也就是孟子所讲的"美大圣神"的境界。

其实,对于儒家管理者而言,立志也就意味着确立起儒家的理想世界。《中庸》曾明确区分了儒家理想世界或"天道"与现实世界或"人道",并提出管理者要由现实世界上升至理想世界所必须遵循的基本原则,即"择善而固执之者也。博学之,审问之,慎思之,明辨之,笃行之"④。其中,确立"善"这个终极目标是前提,没有这个终极目标的定向和牵引,持续努力就会失去方向。这与王阳明在《教条示龙场诸生》中所致力于阐发的观点完全一致。

① [明]王守仁撰,吴光、钱明、董平、姚延福编校:《王阳明全集》,上海古籍出版社 2011 年版,卷一,第 13 页。
② [明]王守仁撰,吴光、钱明、董平、姚延福编校:《王阳明全集》,上海古籍出版社 2011 年版,卷一,第 22 页。
③ 张钢:《孟子的管理解析》,机械工业出版社 2019 年版,第 564—566 页。
④ 张钢:《大学·中庸的管理释义》,机械工业出版社 2017 年版,第 143—152 页。

　　王阳明曾反复用"种树"做隐喻，来谈论立志的问题。他说："立志用功，如种树然。方其根芽，犹未有干；及其有干，尚未有枝；枝而后叶，叶而后花实。初种根时，只管栽培灌溉，勿作枝想，勿作叶想，勿作花想，勿作实想。悬想何益！但不忘栽培之功，怕没有枝叶花实？"①"我此论学是无中生有的工夫，诸公须要信得及，只是立志。学者一念为善之志，如树之种，但勿助勿忘，只管培植将去，自然日夜滋长，生气日完，枝叶日茂。树初生时，便抽繁枝，亦须刊落，然后根干能大。初学时亦然，故立志贵专一。"②"志立得时，良知千事万为只是一事，读书作文安能累人？人自累于得失耳！"③"诚以学不立志，如植木无根，生意将无从发端矣。自古及今，有志而无成者则有之，未有无志而能有成者也。"④"夫志，犹木之根也；讲学者，犹栽培灌溉之也。根之未植，而徒以栽培灌溉，其所滋者，皆萧艾也。"⑤

　　王阳明还曾为自己的弟弟们专门写了一篇《示弟立志说》，既是对弟弟们的劝勉，又可以视为王阳明立志思想的系统总结。

　　　　夫学，莫先于立志。志之不立，犹不种其根而徒事培壅灌溉，劳苦无成矣。世之所以因循苟且，随俗习非，而卒归于污下者，凡以志之弗立也。故程子曰："有求为圣人之志，然后可与共学。"人苟诚有求为圣人之志，则必思圣人之所以为圣人者安在？非以其心之纯乎天理而无人欲之私欤？圣人之所以为圣人，惟以其心之纯乎天理而无人欲，则我之欲为圣人，亦惟在于此心之纯乎天理而无人欲耳。欲此心之纯乎天理而无人欲，则必去人欲而存天理。……夫志，气之帅也，人之命也，木之根也，水之源也。源不濬则流息，根不植则木枯，命不续则人死，志不立则气昏。是以君子

---

　　①　［明］王守仁撰，吴光、钱明、董平、姚延福编校：《王阳明全集》，上海古籍出版社 2011 年版，卷一，第 16 页。
　　②　［明］王守仁撰，吴光、钱明、董平、姚延福编校：《王阳明全集》，上海古籍出版社 2011 年版，卷一，第 37 页。
　　③　［明］王守仁撰，吴光、钱明、董平、姚延福编校：《王阳明全集》，上海古籍出版社 2011 年版，卷三，第 114 页。
　　④　［明］王守仁撰，吴光、钱明、董平、姚延福编校：《王阳明全集》，上海古籍出版社 2011 年版，卷二十七，第 1103 页。
　　⑤　［明］王守仁撰，吴光、钱明、董平、姚延福编校：《王阳明全集》，上海古籍出版社 2011 年版，卷六，第 1128 页。

之学，无时无处而不以立志为事。正目而视之，无他见也；倾耳而听之，无他闻也。如猫捕鼠，如鸡覆卵，精神心思凝聚融结，而不复知有其他，然后此志常立，神气精明，义理昭著。……盖无一息而非立志责志之时，无一事而非立志责志之地。故责志之功，其于去人欲，有如烈火之燎毛，太阳一出，而魍魉潜消也。……夫道一而已。道同则心同，心同则学同。……后世大患，尤在无志。①

王阳明从各个角度对立志的阐述，清楚地表明，儒家意义上的"志"，不同于人们一般所说的目标或人生目标，更不是一种功利意义上的目标，而立志也绝不是要确立一个看得见、可测量的阶段性目标或运作目标和战略目标。儒家的立志，是要确立起对"人性"的德性前提和"至善"终极目标的坚定信念或信仰。这才是孔子讲"三军可夺帅也，匹夫不可夺志也"②的意义所在。

作为对"人性"的德性前提和"至善"终极目标的坚定信念或信仰，儒家之"志"，总是与理想世界联系在一起，并通过榜样的选择和目标的表达进入现实世界。正因为有了理想世界，志才能超越现实，并成为引领和完善现实的内在精神动力源泉，而正因为有了榜样和目标，志又能不脱离现实，还不断关切并规划着现实。孔子的榜样是周公这位历史上的伟大管理者，当孔子说"甚矣吾衰也！久矣吾不复梦见周公"③时，恰表明孔子一直以周公为榜样，不断构筑自己的理想世界，持续追求儒家管理之道，要在现实世界中成为像周公一样的伟大管理者。孔子因为有了对志和理想世界的坚守，以及像周公这样历史上伟大管理者的榜样引领，在现实世界中，无论遇到何种艰难困苦都不能动其心，正所谓"岁寒，然后知松柏之后凋也"④。终其一生，孔子从未停止过对志的执着追求。孔子是这样，王阳明亦复如是。王阳明曾给一位即将去广西赴任的友人留下这样的临别赠言：

> 古之仕者，将以行其道；今之仕者，将以利其身。将以行其道，故能不

---

① ［明］王守仁撰，吴光、钱明、董平、姚延福编校：《王阳明全集》，上海古籍出版社 2011 年版，卷七，第 289—290 页。
② 张钢：《论语的管理精义》，机械工业出版社 2015 年版，第 260—261 页。
③ 张钢：《论语的管理精义》，机械工业出版社 2015 年版，第 177 页。
④ 张钢：《论语的管理精义》，机械工业出版社 2015 年版，第 262—263 页。

以险夷得丧动其心,而惟道之行否为休戚。利其身,故怀土偷安,见利而趋,见难而惧。非古今之性尔殊也,其所以养于平日者之不同,而观夫天下者之达与不达耳。……

古之君子,惟知天下之情不异于一乡,一乡之情不异于一家,而家之情不异于吾之一身。故视其家之尊卑长幼,犹家之视身也;视天下之尊卑长幼,犹乡之视家也。是以安土乐天,而无入不自得。……今仕于世,而能以行道为心,求古人之意,以达观夫天下,则岭广虽远,固其乡同;岭广之民,皆其子弟;郡邑城郭,皆其父兄宗族之所居;山川道里,皆其亲戚坟墓之所在。……

夫志于为利,虽欲其政之善,不可得也。志于行道,虽欲其政之不善,亦不可得也。①

王阳明立志之后,便身处两个世界之中,一个是儒家的理想世界,另一个便是现实世界。对于儒家理想世界,他每每用“古人”“圣贤”“孔孟”等来指代。这个儒家理想世界,成为王阳明的“成圣”之志赖以扎根的土壤,也是“至善”终极目标的愿景式表达。正是这个儒家理想世界,让王阳明有了超迈于古今中外的普遍准则,用以审视和指导现实世界中的管理行为。在现实世界中虽有种种不如意之处,但正因为有了理想世界的参照,改变现实世界才有了方向、信心和可行路径。

虽然儒家理想世界与现实世界并不冲突,而且还在时刻关切和完善着现实世界,但是,当一个人立志追求儒家理想世界的时候,则必须与现实世界中的功利追求保持一定的距离。儒家虽不否定面向现实功利的各类具体运作目标,却要求管理者绝不能混淆终极目标与各类具体运作目标之间的关系,更不能以运作目标代替终极目标。所以,孔子才说:“士志于道,而耻恶衣恶食者,未足与议也。”“士而怀居,不足以为士矣。”②

一位没有理想世界指引和约束的管理者,可能完全受制于自我利益而不

---

① [明]王守仁撰,吴光、钱明、董平、姚延福编校:《王阳明全集》,上海古籍出版社 2011 年版,卷二十九,第 1150—1152 页。

② 张钢:《论语的管理精义》,机械工业出版社 2015 年版,第 89—90、384—385 页。

能自拔；但是，像王阳明这样的儒家管理者则不然，他们在追求理想的同时，又不脱离现实，既不像佛、道那样进入一个与现实了无干系的所谓理想状态，又不像完全没有理想的人那样深陷现实之中不能自拔，而是强调在平凡生活和工作中见神圣。"成圣"之志不离人伦日用，"内圣之道"总是嵌入社会角色和责任义务之中。因此，儒家管理者必须通过持续自我管理和自我修养，才能实现"成圣"之志，践行"内圣之道"。自我管理和自我修养的关键，便在于"修诚"。

第二章　修　诚

　　对自我管理而言，立志是起点。虽然没有起点，自我管理无从立足，也无法展开，更没有准则；但是，毕竟自我管理是一个过程，而且是一个由内而外自主发展的过程，在这个过程中，志能否与自我融为一体，才是自我管理的关键所在。只有当志与自我融为一体时，志才会渗透在一切自我的行为情境之中，真正成为自我选择的内在准则。如何才能让志与自我融为一体？儒家给出的方法便是"修诚"。

　　"诚"字是形声字，"言"为形，"成"为声，本义指真实不欺，与伪、诈相对。①"真实不欺"，指的是人之为人原本的存在状态，而儒家立足于"人性"的德性前提，总是从人与人之间关系或社会性的视角，去理解人原本存在的状态。基于自我与他人的互动，不难发现，一个人的存在，主要体现在"思""言""行"三个方面，因此，一个"真实不欺"的人，应该是一个完全意义上的思言行一致的人。这又包含三个层次，即"思""言""行"各自的一致、两两的一致及三者的一致。在儒家看来，"诚"指的就是思言行一致，其中，"思"即"心"。孟子说："心之官则思，……此天之所与我者。"②"心"是"思"的载体，是上天赋予人的独特禀赋，也是"诚"或思言行一致的根源。

　　"诚"在儒家管理思想体系中处于非常重要的地位。孔子明确提出了儒家管理之道的核心要旨——"为政以德"③，但是，若要继续追问："德"到底意味着什么？这确实是一个值得深入思考的问题。孔子以《诗经》的创作风格设喻，对"德"的本质特征做出说明。

---

① 《古代汉语词典》编写组：《古代汉语词典》，商务印书馆2005年版，第83页。
② 张钢：《孟子的管理解析》，机械工业出版社2019年版，第408—410页。
③ 张钢：《论语的管理精义》，机械工业出版社2015年版，第24—25页。

孔子说："《诗》三百，一言以蔽之，曰'思无邪'。"①

"思"在这里是语助词，无实际含义；而"邪"在这里的含义同"斜"，是不正、歪斜的意思。孔子说"思无邪"，意在表明，《诗经》中诗篇的风格特点是质朴而不造作，完全是思想和情感的直接表达，没有丝毫曲意逢迎之嫌。孔子以此作喻，揭示的正是"德"所具有的一致性特征，即所思、所言、所行的一致性，这便是"诚"。"诚"是"德"的本质特征。

《中庸》进一步阐发了"诚""善""德"之间的关系。《中庸》讲："诚者，天之道也；诚之者，人之道也。诚者不勉而中，不思而得，从容中道，圣人也。诚之者，择善而固执之者也。博学之，审问之，慎思之，明辨之，笃行之。""自诚明，谓之性；自明诚，谓之教。诚则明矣，明则诚矣。"②。

这里的"诚者，天之道也"，说的是理想世界中的"诚"，也即作为儒家管理之道的典型代表的"圣人"或伟大管理者所达到的"诚"，是思言行完全一致的理想状态，也是一种类似于自然界存在的完美状态，因此称为"天道"。"天道"中的"诚"，不需要勉强，不需要刻意而为，像天地一样自然和谐。对这种理想状态下的"诚"的追求，即"诚之者"，则是现实世界中管理者不断追求思言行一致的状态和程度，是一种向着理想世界持续努力的过程，因此称为"人道"。对于身处现实世界中的管理者，又如何去切实追求和修养"诚"呢？首先就要确立"求善"即追求共同利益的终极目标，也即立志。管理者只有将自己立志追求的"善"牢牢把握住，铭记于心，不可须臾偏离，然后才能以"善"为目标定位，来引领和激发持续的学、问、思、辨、行的功夫。实际上，这里所讲的"善"与"诚"之间的关系，也就是立志对修诚的决定作用。

另外，这里说的"自诚明，谓之性；自明诚，谓之教"，若联系《大学》开篇所讲的"大学之道，在明明德，在亲民，在止于至善"③，则会更容易理解一些。在儒家"人性"的自明德性前提中，已经具备了"诚"这个本质特征。也就是说，"诚"是"人性"的德性前提所具有的自然特征。德性是自明的，"诚"也是自明的。因此，自明之"德"及其所具有的自明特征"诚"，便是"人性"的直接体现。

---

① 　张钢：《论语的管理精义》，机械工业出版社 2015 年版，第 25—26 页。

② 　张钢：《大学・中庸的管理释义》，机械工业出版社 2017 年版，第 143—155 页。

③ 　张钢：《大学・中庸的管理释义》，机械工业出版社 2017 年版，第 4—7 页。

这就是"自诚明,谓之性"的内在含义。

　　只不过由于"诚""德"是"人性"的深层次构成要素,虽然是自明的,但并不像表层构成要素,如食欲那么容易显示出来。这就意味着,自明之"诚"与自明之"德"一样,都需要不断进行阐明、修养和弘扬,才能得以彰显和发扬光大。这也正是"自明诚,谓之教"的意义所在。

　　若将"自诚明,谓之性"与"自明诚,谓之教"结合起来看,便容易发现,前一句揭示的是"诚"的潜在可能性,也就是每个人都有达到思言行一致的自我同一性的可能,这恰是自明的"人性"根基,属于"人性"的德性维度;但是,可能性并不必然等同于现实性,"人性"是需要引导和开发的,尤其是"人性"的深层次德性维度,不经过深度挖掘、持续阐明和大力弘扬,有时难以彰显出来,反而很容易被掩盖,这恰需要教育来发挥作用。因此,自明的"诚"和对"诚"的持续阐明是统一的。没有自明的"诚",也就失去了"人性"中得以发展出"诚"的可能性,再怎么阐明也是枉然,这就好像无论如何也无法将"狼"这种动物变成人一样;反过来,若没有对"诚"的持续阐明这个教育过程,无论是多么大的可能性也没有办法变成现实性,这就像一个人从出生就被"狼"带走并抚养到一定年龄后,再也难以重新回归人的社会一样。这种"诚"与"明"的一体化,便是"诚则明矣,明则诚矣"所要表达的深刻内涵。

　　《中庸》明确了"诚"与"善""德"的关系,而孟子则提出了"修诚"的基本原则,并进一步深入分析了"立志"与"修诚"之间的内在关系,为儒家自我管理的"内圣之道"夯实了基础。

　　孟子强调指出:"夫志,气之帅也;气,体之充也。夫志,至焉;气,次焉。故曰:'持其志,无暴其气。'……志壹则动气,气壹则动志也。今夫蹶者趋者,是气也,而反动其心。……我知言,我善养吾浩然之气。……其为气也,至大至刚,以直养而无害,则塞于天地之间。其为气也,配义与道;无是,馁也。是集义所生者,非义袭而取之也。行有不慊于心,则馁矣。……必有事焉而勿正,心勿忘,勿助长也。"①

　　孟子这里所说的"气",意指各种对象本身内在的一致性。例如,"语气",

――――――――――

　　①　张钢:《孟子的管理解析》,机械工业出版社 2019 年版,第 90－102 页。

是指语言本身的内在一致性;"心气",是指思维本身的内在一致性;"勇气",是指行为本身的内在一致性;"志气",则是志向信念本身的一以贯之。孟子用"气"这个概念,给"诚"的一致性内涵以更为简明直观的表达。

当孟子说"夫志,气之帅也;气,体之充也"的时候,也就意味着,正是"志"确立起一致性(即"气")的基本前提,而一致性则应首先体现在思维或"心"上。也就是说,思维或"心"只有以"志"为自明的逻辑前提,才能一以贯之地展开;然后,这种由"志"确立起来的思维或"心"的一致性,才有可能进一步拓展到言语和行为上,这便是"体之充也"的含义。这表明,要确立并保持一致性,就必须先立志;立志之后,思维或"心"才能保持一致,并得以有效运用,而思维或"心"有效运用的结果便是思路,对思路的一种表达形式就是言语,另一种表达形式则是行为,因此,以立志为前提,思言行才有可能达到整体上的一致性。

由此可见,孟子所讲的"气",作为一致性,构成了思维或"心"、言语、行为背后的一种只可意会却难以言传的内在脉络。孟子这里说"持其志,无暴其气",则在强调,只有保持志向信念专一,才能确立起人之为人的整体上的一致性;反之,若只是刻意地去追求某个方面的一致性,反倒有可能扰动志向信念,让志向信念游移不定。这就像将要跌倒或努力奔跑的人,为了保持身体行为的一致性和平衡,而无法运用思维,只能靠本能采取行动一样,这时思维已经完全受制于行为,失去了对行为的主导作用。同样的道理,当人们过于关注某个方面的一致性时,也会抑制乃至左右志向信念,让志向信念无法起到定位、引导和主导的作用,结果反而会失去整体上的一致性,无法实现自我同一性,更无法达到自我同一性与社会同一性的融合。

因此,管理者要善于超越外在化、碎片化的局部一致性,追求由内而外的整体一致性。这种整体一致性更多体现为内外贯通的、由志向信念主导的思言行一致性,而非单纯的言语上或行为上的一致性。这正是孟子说"我知言,我善养吾浩然之气"的深层次原因。

孔子曾说:"不知言,无以知人也。"①"知人"必先"知言"。虽然"知言"不一定能保证"知人",但"不知言"肯定"无以知人",毕竟言语上的一致性,是人之

---

① 张钢:《论语的管理精义》,机械工业出版社 2015 年版,第 556—557 页。

为人的整体一致性的重要侧面。孟子在这里不仅说自己"知言",而且还着重强调自己善于培养"浩然之气",其隐含的前提或许是,要真正"知言",就必须从人之为人的整体一致性培养入手,进而才能由己及人,以自我的整体一致性来认识、理解和判断他人的整体一致性及其在言语上的表现。

值得注意的是,孟子这里所讲的"浩然之气",具有最为广大和最为坚定的特点,也就是说,它是一种真正意义上的整体一致性,其内涵及影响都非常广泛。也正因为它的整体一致性,一旦形成,便更为坚定。这就是"至大至刚"的含义所在,其中,"至大"表明这种一致性无所不在,而"至刚"则表明这种一致性无比坚定。因此,要达到这种"至大至刚"的整体一致性,就必须持续不断地培养,即"直养",而不能有所损害。基于这种一致性,管理者才能真正立于天地之间,成为社会规范和管理规范的坚定信奉者、践行者、捍卫者和发扬者。

另外,这种"浩然之气"并非管理者个体意义上单纯的自我同一性,而是还要与社会规范、管理规范相匹配,这也是管理者及其组织能在天地之间、社会之中得以存在并发展的基本前提。如果管理者的自我同一性不能与社会规范、管理规范相匹配,不能实现自我同一性与社会同一性的融合,这种"浩然之气"便会衰竭。这便是"其为气也,配义与道;无是,馁也"的含义所在。

若要培养这种"浩然之气",管理者必须从日常行为的点点滴滴入手,努力做符合社会规范和管理规范的事,一步步积累起这种更广大、更坚定的整体一致性,而不能寄希望于投机取巧或毕其功于一役的方式,即"是集义所生者,非义袭而取之也"。这意味着,日常行为必须与内在志向信念及思维相一致,否则,"浩然之气"也会衰竭下去,即"行有不慊于心,则馁矣"。

管理者要在日常行为的点滴积累中培养"浩然之气",就必须坚守一个基本原则,即"必有事焉而勿正,心勿忘,勿助长也"。一方面,虽然"浩然之气"乃"集义所生",也就是说,"浩然之气"是通过做事、做管理来培养的,并不存在一种凭空或专门为"养气"而从事的活动;但是,在通过日常做事、做管理来培养"浩然之气"的过程中,又不能刻意追求眼前功效,甚至完全受制于外部标准,一头扎进具体事务之中,向外求结果、求功利、求满意,而完全忘记了整体一致性的要求。所以,"必有事焉"固然重要,但同时还要防止为外物所"正"或束缚,不要把自己变成外物的组成部分,而要时刻铭记自己是具有一致性的、完整的、堂堂正正的人。这便是"必有事焉而勿正"的含义所在。另一方面,在时刻铭记人之为人的整体一致性时,又不能急于求成,想人为地加快"浩然之气"的形成进程,结果导致"揠苗助长"。"心勿忘,勿助长也",所要表达的正是这层意思。

孟子将儒家的"修诚"形象化为"养气",用"以志帅气"揭示出立志与"修诚"的内在关系,而王阳明的"修诚"思想则直通孟子,并借助自己的持续实践,探索出一条切实可行的"修诚"路径。

王阳明曾说:"初学必须思省察克治,即是思诚,只思一个天理,到得天理纯全,便是'何思何虑'矣。"①

王阳明这里讲的"初学",指的是一位立志成为儒家伟大管理者(即立志"成圣")的初学者,必须从对"诚"的认识和修养开始,这便是"省察克治"的含义所在。

"省察克治"也即反思和超越,从而在"志于道"的前提下实现内在思维或"心"的一致性,这才是由内而外地实现思言行一致或"诚"的起点。其中,"省察"就是反思,也就是曾子所讲的"吾日三省吾身"。② 但是,"省察"的准则并非自己的生物性本能或欲求,更不是要在自己的生物性本能或欲求的前提下,去实现所谓内在思维或"心"的一致性,而是用"志于道"的"道"或"天理"作为反思的准则,由此才能用"道"或"天理"来"克治"或超越一己之私,也即生物性本能或欲求,从而将思维或"心"统一到"道"或"天理"上来,这就是"思诚",也就是孔子所讲的"克己复礼为仁"。③ 如此一来,"道"或"天理"才会成为自己的思维或"心"的内在准则,而一旦自己的思维或"心"真正做到完全由"道"或"天理"来主导,那便是"天理纯全"。这就意味着一个人达到了思维或"心"的完全一致性,也即达到了"何思何虑"的境界。

"何思何虑",语出《周易·系辞下》,原文为:"子曰:'天下何思何虑? 天下同归而殊途,一致而百虑。天下何思何虑? 日往则月来,月往则日来,日月相

---

① ［明］王守仁撰,吴光、钱明、董平、姚延福编校:《王阳明全集》,上海古籍出版社 2011 年版,卷一,第 18 页。

② 张钢:《论语的管理精义》,机械工业出版社 2015 年版,第 6—8 页。

③ 张钢:《论语的管理精义》,机械工业出版社 2015 年版,第 317—319 页。

推而明生焉。寒往则暑来,暑往则寒来,寒暑相推而岁成焉。"①在这里,孔子是用自然界的周期性做隐喻,来阐明儒家管理之道与思维或"心"的内在同一性。当人们真正认识到并努力去实现这种同一性之后,就自然会达到思维或"心"的一致性,而不再会产生其他各种杂乱无序的思虑。这也是一种基于儒家管理之道或"天理"的面向人和社会的系统思维,就好像那种基于自然周期性规律的面向物和自然的系统思维一样。王阳明引用"何思何虑",意在表明,"修诚"必须先从"修心"下功夫,而"修心"一定离不开立志追求儒家管理之道或"天理"。

　　针对立志与"修心"的关系,王阳明曾有过精彩的论述:"君子之于学也,犹农夫之于田也,既善其嘉种矣,又深耕易耨,去其螟莠,时其灌溉,早作而夜思,皇皇惟嘉种之是忧也,而后可望于有秋。夫志犹种也,学问思辨而笃行之,是耕耨灌溉以求于有秋也。志之弗端,是莨稗也。志端矣,而功之弗继,是五谷之弗熟,弗如莨稗也。"②

　　王阳明将立志比喻为播种。立儒家"成圣"之志,便是播下好种子,即"嘉种",但仅有好种子,并不能保证好收成。在播种之后,还必须及时除草,适时灌溉,否则,即便是"嘉种",也难以成熟,而没有成熟的"嘉种"五谷,还不如"莨稗"。

　　王阳明用的这个比喻来自孟子。孟子曾说:"五谷者,种之美者也。苟为不熟,不如莨稗。夫仁,亦在乎熟之而已矣。"③这里说的"莨稗",是田间的一种形状像稻子的杂草,果实小,可作饲料,也可在荒年充饥。孟子用"莨稗"和五谷作对比,讲的就是,作为粮食,五谷的种子当然要比"莨稗"好,但是,若播种之后,没有相应的耕作和付出,五谷的种子便难以成熟,而未成熟的五谷,其功用恐怕还不如"莨稗"。

　　王阳明借用孟子这个比喻,在于说明,只是立下了儒家"成圣"之志,却不从"修心"上面来下功夫,也即没有"博学""审问""慎思""明辨""笃行"的努力,

　　①　周振甫:《周易译注》,中华书局 2016 年版,第 277 页。

　　②　[明]王守仁撰,吴光、钱明、董平、姚延福编校:《王阳明全集》,上海古籍出版社 2011 年版,卷七,第 265 页。

　　③　张钢:《孟子的管理解析》,机械工业出版社 2019 年版,第 415－416 页。

再好的志向信念也难以实现。

孟子早已讲明:"学问之道无他,求其放心而已矣。"①也就是说,管理者立志学习儒家管理之道,关键在于将那颗迷失于外或早已走丢了的"心",即"放心"找回来,安顿好,从而达到内在的一致性和系统化。这也正是王阳明反复强调"君子之学"或管理者的"学问思辨而笃行之",首先在于"修心"的意义所在。

王阳明曾对弟子们说:"仆近时与朋友论学,惟说'立诚'二字。杀人须就咽喉上着刀,吾人为学,当从心髓入微处用力,自然笃实光辉。"②其实,王阳明这里所讲的"立诚",便是要确立起"修诚"的立足点或出发点的意思,而"修心"恰是这样一个带有根本性的立足点或出发点。只有首先磨砺了思维或"心",真正做到以"志于道"为前提,保持思维或"心"的一致性,才有可能由内而外地做到言行一致。因此,在王明阳看来,"《大学》工夫即是明明德,明明德只是个诚意,诚意的工夫只是格物致知。若以诚意为主,去用格物致知的工夫,即工夫始有下落,即为善去恶无非是诚意的事"③。

《大学》无论是讲"诚意",还是讲"正心",本质上都是在说,要首先下内在之"诚"的功夫,也即修养内在思维或"心"的一致性,然后才能做到表里如一、内外合一。这恰是王阳明在"龙场悟道"之后,要极力倡导"知行合一"的意义所在。

从管理的视角来看,王阳明提倡和践行"知行合一",前提在于"心即理"。也就是说,一个人若要"志于道",那么,这个"道"或"理",自然就是其思维或"心"的内在前提,当然也就存在于"心"中而非"心"外。这样一来,"修诚"首先就必须以这个"道"或"理"为前提,进行内在的思维或"心"的一致性训练,同时由内而外地进行言行的一致性训练;而且,需要特别注意的是,内在的思维或"心"的一致性训练,与由内而外的言行的一致性训练是一体的,难以完全分割

---

① 张钢:《孟子的管理解析》,机械工业出版社 2019 年版,第 401—403 页。
② 〔明〕王守仁撰,吴光、钱明、董平、姚延福编校:《王阳明全集》,上海古籍出版社 2011 年版,卷四,第 171 页。
③ 〔明〕王守仁撰,吴光、钱明、董平、姚延福编校:《王阳明全集》,上海古籍出版社 2011 年版,卷一,第 44 页。

开来。正是由这种内外同一性所达成的思言行的整体一致性，才是"诚"。在这里，"志"与"诚"，"心"与"理"，"知"与"行"都是一体的，具有整体上的一致性，无间于体用、内外、动静。这样一来，自我管理就在本质上实现了自我同一性与社会同一性的融合，达到人之为人的思言行整体一致性，即"真诚"，也就是"真实不欺"。

正是因为认识到了儒家的"道"或"理"本质上是指"人性"和社会之"理"，更是儒家管理者的志向信念所必然具有的本质内涵，王阳明才说："夫在物为理，处物为义，在性为善，因所指而异其名，实皆吾之心也。心外无物，心外无事，心外无理，心外无义，心外无善。吾心之处事物，纯乎理而无人伪之杂，谓之善，非在事物有定所之可求也。处物为义，是吾心之得其宜也，义非在外可袭而取也。……故诚身有道，明善者，诚身之道也；不明乎善，不诚乎身矣。"①

王阳明之所以这样说，恰是要为当时盛行的朱熹理学观点之流弊，开出一剂对症之方。王阳明指出："道之不明，皆由吾辈明之于口而不明之于身，是以徒胜颊舌，未能不言而信。要在立诚而已。"②"立诚"便是要从"咽喉上着刀"，彻底根治当时的管理者只是向外求"道"、讲"道"的顽疾。儒家管理之道，徒说无益。更何况只是说，又如何能说清楚，不过逞争个口舌之胜而已。既已"志于道"，便要从"修心"上切实用功、知行合一，这才是"修诚"的根本所在。

可以说，王阳明通过自己的立志和修身实践，尤其是经过"龙场悟道"对"心即理""知行合一"的深切体悟，真正认识到了"修诚"的根本在"修心"，并探索出一条从"修心"开始，一步步达到"至诚"境的"修诚"途径和方法。

首先，立志是前提。若没有对儒家"人性"的德性内涵"仁义礼智四端"及其向善倾向性的坚定信念，"修诚"便失去了一种具有超越性的内在准则依归，很可能让自己的思言行完全受制于生物性本能或欲求。的确，若任由生物性本能或欲求牵引，也能达到思言行的某种程度的一致性，但那只不过是建立在一己之私前提下的自说自话和自以为是。这并不是儒家所讲的"修诚"，即培

---

① ［明］王守仁撰，吴光、钱明、董平、姚延福编校：《王阳明全集》，上海古籍出版社 2011 年版，卷四，第 175 页。

② ［明］王守仁撰，吴光、钱明、董平、姚延福编校：《王阳明全集》，上海古籍出版社 2011 年版，卷五，第 201 页。

养"浩然之正气",反倒是儒家要极力克服的那种不恰当的一致性,即"偏私之邪气"。所以,要"修诚",前提便在于立志,而且要"志于道",坚信并执着追求"人性"的德性及其向善倾向性,以此为前提,才能走上儒家管理者终生自我修养之路。儒家意义上的自我修养,也就是"修身",而"修身"即"修诚"。用王阳明的话说则是"修身惟在诚意,故特揭诚意,示人以修身之要"①。虽然立志乃"修诚"的前提,但若只是立志而不"修诚",到头来也不过是一场空。

其次,"修诚"至少要在三个层次上进行。"诚"意味着思言行一致,而思言行一致包括三个层次的含义,即第一层次是"思"本身的一致性、"言"本身的一致性、"行"本身的一致性;第二层次是两两的一致性,如"思言"一致,"思行"一致,"言行"一致;第三层次则是最高意义上的思言行三者之间的完全一致,这也就是儒家所说的"至诚"。王阳明曾指出:"大抵《中庸》工夫只是诚身,诚身之极便是至诚。"②

就"诚"的第一层次涵义,即"思""言""行"各自的一致性来说,不管是"思",还是"言",抑或"行",都不可能只是一次性的,仅"思"一次,就"言"一回,只"行"一遭。"思""言""行"各自都构成一个复杂系统,必须保持各自内在的一致性。像"思",不可能只是整日胡思乱想,必须保持"思"的一致性和系统化才行;"言"也一样,不能终日胡言乱语,也不能前言不搭后语,而必须让言语保持一贯性,成为一个逻辑自洽的系统才行;同样,"行"也不能胡作非为,必须确保在不同场合,尤其是人前人后的内在一致性,这才叫"行"有一定之规。如果连最基本的"思""言""行"各自的一致性都达不到,那么,追求其他两个层次的一致性,也就只能是一句空话了。

进入"诚"的第二层次含义,就是要实现"思""言""行"两两的一致性,即"思言"一致,"思行"一致,"言行"一致。在这三种两两组合的一致性中,"言行"一致是外在的,别人能够看到的,并可以借此来判断一个人的内在一致性,也就是"思"的一致性及"思行"一致、"思言"一致;而"思言"一致和"思行"一

---

① ［明］王守仁撰,吴光、钱明、董平、姚延福编校:《王阳明全集》,上海古籍出版社2011年版,卷三十三,第1316页。

② ［明］王守仁撰,吴光、钱明、董平、姚延福编校:《王阳明全集》,上海古籍出版社2011年版,卷二,第44页。

致,只有自己最清楚,别人也只能通过长期交往,利用外在"言""行"线索,才有可能做出推断,正所谓"日久见人心"。可以说,正是"思言"一致和"思行"一致,由内而外地决定着"言行"一致。

最高层次的"诚"是"至诚",也就是"思""言""行"三者完全一致。这就是孔子所达到的"从心所欲,不逾矩"的境界,也是王阳明所说的"心即理""知行合一"的状态。在这种状态下,"思"或"心"已经完全同一于"理",而"理"也就成为"心"之所"知",即"良知",这时的"心"与"理","知"与"良知"都是同一的;而且,王阳明这里所讲的"行",也是广义的"行",包括"言"在内,或者说,言语本身就是一种行为,即"言语行为"。这样一来,"思"与"言行"或"良知"与"行为"便完全同一了,成为思言行完全一致的"至诚"。王阳明在解释"知行合一"时,曾反复强调指出:

> 知之真切笃实处,即是行;行之明觉精察处,即是知;知行工夫,本不可离。只为后世学者分作两截用功,失却知、行本体,故有合一并进之说。……夫物理不外于吾心,外吾心而求物理,无物理矣;遗物理而求吾心,吾心又何物邪?心之体,性也,性即理也。故有孝亲之心,即有孝之理,无孝亲之心,即无孝之理矣。……理岂外于吾心邪?晦庵(即朱熹)谓:"人之所以为学者,心与理而已。心虽主乎一身,而实管乎天下之理,理虽散在万事,而实不外乎一人之心。"是其一分一合之间,而未免已启学者心理为二之弊。此后世所以有"专求本心,遂遗物理"之患,正由不知心即理耳。……外心以求理,此知行之所以二也。求理于吾心,此圣门知行合一之教。[①]

在这里,王阳明完全打通了"心"与"理"、"知"与"行",用"心即理""知行合一",清晰地刻画出思言行整体一致性的状态;不像朱熹及其追随者那样有彼此割裂的嫌疑,甚至连"言行"一致都忘记了,也无法做到,只是在狭义的"言"中去寻找纸面上的"理",全然不去管那个纸面上的"理"到底与"心""行"是什么关系,只管口头上说说就算了。这恰是当时历史条件下儒家管理所面临的

---

① [明]王守仁撰,吴光、钱明、董平、姚延福编校:《王阳明全集》,上海古籍出版社 2011 年版,卷二,第 47—48 页。

最大挑战,也是王阳明致力于通过"知行合一"的"修诚"实践所要解决的核心问题所在。

最后,在三个层次的"修诚"上,"修心"是关键,而"修心"又必须从陶冶性情、培养乐观向上的情绪基调入手。若连自己的情绪都无法控制,"思"的一致性乃至"言""行"各自的一致性也就难以得到保证,更谈不上两两一致和三者一致了。

《大学》早就明确指出自我把控情绪的重要性,并将之视为达到"诚意""正心""修身"的根本保证。《大学》讲道:"所谓诚其意者,毋自欺也。如恶恶臭,如好好色,此之谓自谦。故君子必慎其独也。""所谓修身在正其心者,身有所忿懥,则不得其正;有所恐惧,则不得其正;有所好乐,则不得其正;有所忧患,则不得其正。""所谓齐其家在修其身者,人之其所亲爱而辟焉,之其所贱恶而辟焉,之其所畏敬而辟焉,之其所哀矜而辟焉,之其所敖惰而辟焉。"①

这里所说的"自欺""忿懥""恐惧""好乐""忧患""亲爱""贱恶""畏敬""哀矜""敖惰"等,都与情绪有关。尤其是那些与来自生物性本能或欲求相关的负向情绪,更是会严重影响思维方式的选择和思维能力的运用,让当事人带上极度的主观好恶去看待人和事,以至于给人和事涂抹上浓重的主观色彩,其结果必然使当事人的态度、思维和行为难以在儒家管理之道的前提下达成一致性,最终"修心"和"修诚"都只能是一句空话。因此,在儒家看来,把控情绪是"修心"的首要任务,也是对"修心"的最大考验。

当然,儒家并非要否定情绪或彻底扼杀情绪,而是要调控和把握情绪,从而激发正向情绪以支撑思言行一致,而不让负向情绪去干扰思言行一致。由此,便产生了一个根本性的问题:什么才是真正的自我?难道说情绪不是自我的组成部分吗?如果认可情绪是自我的组成部分,那么,用以调控和把握情绪,从而激发出正向情绪的那个本体或主体又是什么呢?

即便到了今天,自我到底意味着什么,也还是众说纷纭,莫衷一是。目前,源于自然科学的观点很流行。这种所谓科学的观点,倾向于将自我还原为大脑的一系列神经元和神经递质的活动乃至分子层次上的基因序列。但是,这

---

① 张钢:《大学·中庸的管理释义》,机械工业出版社 2017 年版,第 36—43 页。

种科学观点下的自我,无异于一架生物机器,似乎与动物没有什么本质区别。果真如此,所谓自我管理,或早或晚都可以还原成通过生物学、化学、物理学等手段,对人的生理系统、神经系统、遗传系统等所进行的干预。那么,自我的主体性、能动性和独特性又如何体现呢?

虽然自我的确具有生物性,也确实是由生理系统、神经系统、遗传系统等构成的,但同样不能否认的是,在这些生物系统之上,还有一个更加复杂的精神系统,那便是精神意义上的自我,而这个精神层次上的自我一旦出现,便具有了自己独特的运行模式和法则,并非完全受生物层次上的运行模式和法则的支配。换句话说,虽然精神层次上的自我会受生物层次上的自我的影响,但生物层次上的自我无法完全决定精神层次上的自我,更不要说完全取代精神层次上的自我了。或许更为重要的是,精神层次上的自我还有可能反过来主导生物层次上的自我。这个精神意义上的自我,才真正体现了"人性"的本质特征,或者说,"人性"从根本上说,也就意味着人之为人、区别于动物的独特性。若真要将精神意义上的自我完全还原成生物层次上的自我,那也就等于抹杀了人与动物的本质区别,大有将人还原为动物的危险。

其实,儒家立足于"人性"的德性前提,就是要将人与动物区别开来,以体现人之为人的独特性。但是,需要特别注意的是,儒家要将人与动物区别开来,并不等于否定人与动物有联系,更不等于否定人与动物所共有的生物性本能,而只是要强调,在人与动物所共有的生物性本能之上,人还有更为独特的、能够体现人之为人的根本规定性。正如孟子所明确指出的那样:"人之所以异于禽兽者几希,庶民去之,君子存之。""君子所以异于人者,以其存心也。君子以仁存心,以礼存心。"[①]

在这里,孟子首先认可人与动物的区别并不大,但正是这个看似不太大的区别,让人具有不同于动物的独特性,而做管理,正是要从人之所以区别于动物的独特性出发,因此,即便一般人可能会忘记这个区别,管理者也必须时刻铭记这个区别,并以此作为管理的"人性"前提和终极目标追求。在孟子看来,人与动物的本质区别,就在于以"仁""礼"等为代表的德性。正是德性,让人成

---

① 张钢:《孟子的管理解析》,机械工业出版社 2019 年版,第 291-293、308-311 页。

其为人。这就要求管理者必须让"仁""礼"等所代表的德性成为自己的"心"或思维的主宰。也就是说,管理者必须让自己的"心"或思维立足于德性而非生物性来运用,这样的"心"或思维才能成为真正意义上的人"心"或思维;否则,完全受生物性本能左右的"心"或思维的运用,其所能产生的后果,岂不是比纯粹的动物还要可怕得多吗?

正是以此为基础,孟子提出了儒家双层次"人性"内涵,即浅层次的生物性或感受性、深层次的德性。浅表层的生物性或感受性的典型表现,就如同"口之于味也,目之于色也,耳之于声也,鼻之于臭也,四肢之于安佚也"。① 这五方面的感受性当然是"人性"的重要组成部分,但它们同时也为动物所具有,可视为"人性"中源于自然属性的本能感性偏好。深层次德性的内涵则是"仁义礼智四端"及其向善的倾向性,这源自人之为人的社会属性。正是生物性和德性共同构成了儒家的"人性"内涵。基于"人性"的双层次内涵界定,儒家并不反对"人性"中固有的生物性,而只是要表明,德性才是人之为人的根本。作为人,尤其是作为管理者,要真正认识人、理解人,就应立足于德性。这也是做管理要"以人为本"的真正含义。

明确了儒家双层次"人性"内涵,便很容易理解儒家关于自我的界定。儒家意义上的自我,一定是立足于德性或"天理",超越了生物性或"人欲"的那个自我。这便是孟子所讲的"以仁存心"的自我,也是王阳明所强调的"真吾"本体。

王阳明秉承孟子的思想,对"人性"的双层次内涵做了进一步阐述,他说:

> "美色令人目盲,美声令人耳聋,美味令人口爽,驰骋田猎令人发狂"②,这都是害汝耳目口鼻四肢的,岂得是为汝耳目口鼻四肢? 若为着耳目口鼻四肢时,便须思量耳如何听,目如何视,口如何言,四肢如何动。必须非礼勿视听言动,方才成得个耳目口鼻四肢,这个才是为着耳目口鼻四肢。汝今终日向外驰求,为名为利,这都是为着躯壳外面的物事。……所

---

① 张钢:《孟子的管理解析》,机械工业出版社 2019 年版,第 562—564 页。

② 这段话出自《老子》第十二章,王阳明在引用时略作改动,原文为"五色令人目盲;五音令人耳聋;五味令人口爽;驰骋畋猎,令人心发狂;难得之货,令人行妨"。这段话意指人们容易为外物所惑,追逐感官享受。详见陈鼓应注译:《老子今注今译》,商务印书馆 2003 年版,第 118—120 页。

谓汝心,却是那能视听言动的,这个便是性,便是天理。有这个性才能生,这性之生理,便谓之仁。……这心之本体,原只是个天理,原无非礼,这个便是汝之真己。这个真己,是躯壳的主宰。①

王阳明又从区分两类偏好,即基于生物性的偏好和基于德性的偏好的角度,对"真己"或"真吾"展开论述,他说:

> 世之人从其名之好也,而竞以相高;从其利之好也,而贪以相取;从其心意耳目之好也,而诈以相欺:亦皆自以为从吾所好矣,而岂知吾之所谓真吾者乎! 夫吾之所谓真吾者,良知之谓也。父而慈焉,子而孝焉,吾良知所好也;不慈不孝焉,斯恶之矣。言而忠信焉,行而笃敬焉,吾良知所好也;不忠信焉,不笃敬焉,斯恶之矣。故夫名利物欲之好,私吾之好也,天下之所恶也;良知之好,真吾之好也,天下之所同好也。是故从私吾之好,则天下之人皆恶之矣,将心劳日拙而忧苦终身,是之谓物之役。从真吾之好,则天下之人皆好之矣,将家、国、天下,无所处而不当;富贵、贫贱、患难、夷狄,无入而不自得;斯之谓能从吾之所好也矣。夫子尝曰:"吾十有五而志于学",是从吾之始也。"七十而从心所欲不逾矩",则从吾而化矣。②

正是从确立"真吾"本体出发,王阳明和朱熹一样,都大力提倡"存天理,去人欲"。值得注意的是,这里的"去",是离开、远离的意思,而非根除、消灭的意思。所谓"存天理",也就是孟子讲的"以仁存心",让德性成为自我的主导者;而"去人欲",则是要离开或不受"人欲"的左右,最终由"天理"主宰"人欲",而不是相反。其实,"存天理,去人欲",又何尝不是"修心""修诚"的另外一种表达方式呢? 这也是王阳明要反复讲"存天理,去人欲"的原因。

王阳明曾对弟子们多次说:"只在此心去人欲、存天理上用功便是。""去得人欲,便识天理。""学者学圣人,不过是去人欲而存天理耳。""只要去人欲、存

---

① [明]王守仁撰,吴光、钱明、董平、姚延福编校:《王阳明全集》,上海古籍出版社 2011 年版,卷一,第 40—41 页。

② [明]王守仁撰,吴光、钱明、董平、姚延福编校:《王阳明全集》,上海古籍出版社 2011 年版,卷七,第 278—279 页。

天理,方是工夫。静时念念去人欲、存天理,动时念念去人欲、存天理,不管宁静不宁静。……以循理为主,何尝不宁静;以宁静为主,未必能循理。"①

一旦理解了儒家双层次"人性"内涵及人之为人的本质特征在于德性,那么,王阳明所讲的"真吾"本体及"存天理,去人欲"的"工夫",也就很容易理解了。"存天理,去人欲",不过是在讲一个人如何通过学习和修养,不断从自然人走向社会人的过程。在这个过程中,当人们距离理想状态的、完全意义上的、基于德性的社会人越近,同时也就意味着离开那个基于生物性的自然人越远,而儒家对那个理想状态下完全意义上的社会人的称谓,便是"圣人",也即德性或"天理"的化身。如此一来,"存天理,去人欲",不就是一位立志"成圣"的儒家管理者自我修养或"修德"的"工夫"吗?当然,这也就是王阳明所讲的"真吾"本体的确立过程,也即让"成圣"之志与自我融为一体的过程。一旦"真吾"本体确立起来,儒家意义上的自我管理和组织管理才有了真正的决策主体。

不过,要确立起这个"真吾"决策主体,却并不是一件容易的事,首先要"修心",即让德性或"天理"真正成为思维或"心"的主宰才行。这个过程关键在于把控情绪,而要把控情绪,还需要从"慎独"开始修养和训练。王阳明曾说:

> 君子之所谓敬畏者,非有所恐惧忧患之谓也,乃"戒慎不睹,恐惧不闻"之谓耳。君子之所谓洒落者,非旷荡放逸、纵情肆意之谓也,乃其心体不累于欲,无入而不自得之谓耳。夫心之本体,即天理也。天理之昭明灵觉,所谓良知也。君子戒惧之功,无时或间,则天理常存,而其昭明灵觉之本体,自无所昏蔽,自无所牵扰,自无所歉馁愧怍。动容周旋而中礼,从心所欲而不逾,斯乃所谓真洒落矣。是洒落生于天理之常存,天理常存生于戒慎恐惧之无间。孰谓敬畏之心,反为洒落累耶?②

王阳明这里讲的"敬畏之心",就是对人之为人的德性或"天理"的敬畏,也

---

① [明]王守仁撰,吴光、钱明、董平、姚延福编校:《王阳明全集》,上海古籍出版社 2011 年版,卷一,第 3、26—27、32、15—16 页。

② [明]王守仁撰,吴光、钱明、董平、姚延福编校:《王阳明全集》,上海古籍出版社 2011 年版,卷三十二,第 1302 页。

是"真吾"本体自然应有的内在状态。一旦有了这样的"敬畏之心",便意味着德性"天理"成为自我的主宰,那便是"真吾"本体的确立,也就意味着超越于生物性或"人欲"本能,此时的"戒慎不睹,恐惧不闻",便不再是来自生物性或"人欲"的负向情绪使然,而是由"真吾"本体做出的恰当选择,是一种正向的情绪体验。

"戒慎不睹,恐惧不闻",语出《中庸》,原文是:"天命之谓性,率性之谓道,修道之谓教。道也者,不可须臾离也,可离非道也。是故君子戒慎乎其所不睹,恐惧乎其所不闻。"①

也正因为"道"在心中,须臾不可离,所以,睹与不睹、闻与不闻的标准,不再是"人欲",而是"道"或"天理",当然就有了自然而然的"戒慎不睹,恐惧不闻"。这其实就和孔子所讲的"非礼勿视,非礼勿听,非礼勿言,非礼勿动"②是一样的,其内在标准都是"道"或"天理",做出选择的主体都是"真吾",而不再受"人欲"的左右。当然,由"真吾"本体根据"道"或"天理"做出选择,也就实现了王阳明所说的"真洒落",而不是那种受制于"人欲"之私的所谓旷荡放逸式"洒落"。

要"修心"以彰显"真吾"本体,让"真吾"成为自我的主宰,一方面,必须向内求,通过"省察克治",把握住自己的内在思维活动,从而超越生物性或"人欲";另一方面,还需要营造良好的环境氛围,以激发正向情绪,让人之为人的社会性因良好氛围而得到强化。

就内在自我体察和情绪把控而言,王阳明根据自己的亲身实践,体会到"静坐"是一种自我"省察克治"的重要且有效的方法。

"静坐"之所以是一种有助于体察自我情绪和思维活动的方法,关键在于这种方法能够暂时摒弃外界干扰,自我体察深层次思维和情绪变化,从而回归思维原点,更深刻地认识到人之为人,其思维或"心"中原本就有的德性内涵。

如果将思维或"心"视为一个信息加工系统,那么,通过内外部感觉器官,人们的思维或"心"无时无刻不在接收着各种各样的内外部信息,而且,这些内

① 张钢:《大学·中庸的管理释义》,机械工业出版社 2017 年版,第 82—86 页。
② 张钢:《论语的管理精义》,机械工业出版社 2015 年版,第 317—319 页。

外部信息线索往往又是交织在一起,输入思维或"心"这个系统的。这样一来,思维或"心"在对这些相互交织的内外部信息进行加工时,由于外部信息尤其是视觉和听觉信息的占优捕捉效应,人们便无暇顾及自身受外部信息刺激而产生的情绪变化及其对思维或"心"的加工方式的影响,更难以有意识地分辨经这种加工所得到的观念或想法哪些属于自己,哪些是外来的。长此以往,人们便会逐渐忘记思维或"心"这个信息加工系统本身,而只是去追逐感官所捕捉的各种外部信息,以至于让生物性本能成为自我的主宰,动辄便是向外去寻求各种信息刺激,反而让思维或"心"迷失在各种感官信息刺激上。这就像王阳明所形象地指出的那样:"人君端拱清穆,六卿分职,天下乃治。心统五官,亦要如此。今眼要视时,心便逐在色上;耳要听时,心便逐在声上。如人君要选官时,便自去坐在吏部;要调军时,便自去坐在兵部。如此,岂惟失却君体,六卿亦皆不得其职。"①

"静坐"的方法,则正是要通过暂时摒除外部信息的侵扰,只是体察自我内部信息来源以及思维或"心"自身的活动,由此便有可能逐渐认识自己情绪和思绪变化的特点及规律,尤其是能够进一步深入体察自己的思维或"心"本身内秉的底层知识结构及固有的运行加工方式。如此一来,反而能够更深刻地认识到思维或"心"的原点或固有内涵,进而不断让这个思维或"心"中原本就有的"仁义礼智四端"及其向善的倾向性得以充分发掘、彰显和阐明,最终成为思维或"心"这个信息加工系统的主导者和动力源泉。对此,王明阳曾明确指出:

> 人若不知于此独知之地用力,只在人所共知处用功,便是作伪,便是"见君子而后厌然"。此独知处便是诚的萌芽,此处不论善念恶念,更无虚假,一是百是,一错百错,正是王霸、义利、诚伪、善恶界头。于此一立立定,便是端本澄源,便是立诚。古人许多诚身的工夫,精神命脉全体只在此处。真是莫见莫显,无时无处,无终无始,只是此个工夫。今若又分戒惧为己所不知,即工夫便支离,亦有间断。既戒惧,即是知,己若不知,是

---

① [明]王守仁撰,吴光、钱明、董平、姚延福编校:《王阳明全集》,上海古籍出版社2011年版,卷一,第25页。

谁戒惧？如此见解，便要流入断灭禅定。①

为了更形象地说明问题，王阳明还用"明镜"来比喻人的思维或"心"中原本就有的"仁义礼智四端"及其向善的倾向性，而用"静坐"的方法来反思自我和调控情绪，就相当于对思维或"心"中的"明镜"进行擦拭。王阳明说："圣人之心如明镜，只是一个明，则随感而应，无物不照，未有已往之形尚在，未照之形先具者。……只怕镜不明，不怕物来不能照。讲求事变，亦是照时事，然学者却须先有个明的工夫。学者惟患此心之未能明，不患事变之不能尽。"②

王阳明提倡"静坐"方法，又用"明镜"做比喻，这或许会让一些人产生联想和误解，以为王阳明混淆了儒家和佛家的界限，甚至还有人说他"援禅入儒"。在佛家禅宗经典《坛经》中，有一则著名的故事，说的是五祖弘忍曾命诸弟子阐发"佛性"大意，神秀作一偈曰："身是菩提树，心如明镜台，时时勤拂拭，莫使有尘埃。"而慧能则作偈曰："菩提本无树，明镜亦非台，佛性常清净，何处有尘埃。"五祖弘忍认为慧能领悟到"佛性"真谛，遂将衣钵传给了他。③

六祖慧能说"明镜亦非台"，与王阳明讲"圣人之心如明镜"，这背后的"人性"前提及其现实意义是完全不同的。佛家淡化人之为人的独特性，只强调佛家意义上的因果律下的轮回，除因果律外，其他皆为幻相，空即一切，一切皆空，当然是"明镜亦非台"。但儒家立足于"人性"的德性前提，突出的是人之为人的独特性。即便儒家也有自己的理想世界及其代表"圣人"，但无论是儒家的理想世界还是"圣人"，都只是"人性"德性前提的集中体现和彰显而已，并不是要脱离现实世界，进入所谓彼岸的极乐世界，而是要在现实世界中担负起一份"明明德，亲民，止于至善"的责任。正因为王阳明精研过佛家学说，并深谙儒家与佛家的本质区别，这才在使用"静坐"方法进行"省察克治"时，再三提醒和告诫人们，一定要与佛家的"坐禅入定"区别开来。

正德九年(1514)，王阳明在滁州任职时，不少弟子从各地赶来问学，其中

---

① ［明］王守仁撰，吴光、钱明、董平、姚延福编校：《王阳明全集》，上海古籍出版社2011年版，卷一，第39—40页。

② ［明］王守仁撰，吴光、钱明、董平、姚延福编校：《王阳明全集》，上海古籍出版社2011年版，卷一，第13—14页。

③ ［唐］慧能著，郭朋校释：《坛经校释》，中华书局2012年版，第11—21页。

有两位弟子王嘉秀和萧琦,他们都喜好佛家学说,特别是萧琦,尤好禅宗,颇有将"静坐"变成"禅定"的倾向。① 在他们返乡时,王阳明专门写了一首诗《门人王嘉秀实夫萧琦子玉告归,书此见别意兼寄声辰阳诸贤》②,予以提醒,其中明确指出了儒家与佛家、道家的区别:

> 王生兼养生,萧生颇慕禅。
>
> 迢迢数千里,拜我滁山前。
>
> 吾道既匪佛,吾学亦匪仙。
>
> 坦然由简易,日用匪深玄。
>
> 始闻半疑信,既乃心豁然。
>
> 譬彼土中镜,暗暗光内全。
>
> 外但去昏翳,精明烛嫕妍。
>
> 世学如剪彩,妆缀事蔓延。
>
> 宛宛具枝叶,生理终无缘。
>
> 所以君子学,布种培根原。
>
> 萌芽渐舒发,畅茂皆由天。
>
> 秋风动归思,共鼓湘江船。
>
> 湘中富英彦,往往多及门。
>
> 临歧缀斯语,因之寄拳拳。

从写给弟子的赠诗,不难体会到王阳明对儒家区别于佛、道的本质特征的精准把握。其实,即便使用"明镜"隐喻,王阳明也是在与禅宗相反的意义上来用的。王阳明所说的擦拭心中"明镜",前提是人之为人,心中自有"明镜",那便是"天理",也就是后来王阳明极力倡导的"良知"。由此可见,王阳明讲的心中"明镜",不过是"心即理"的形象说法;而勤于拂拭"明镜",让它保持一尘不染,也就是《大学》里讲的"明明德"。只有这样,才能让德性或"天理"成为自我的"真吾"本体。这正是"修心""修诚"的根本要求。

---

① ［日］冈田武彦著,杨田、冯莹莹、袁斌译:《王阳明大传》(中),重庆出版社 2015 年版,第 140 页。

② ［明］王守仁撰,吴光、钱明、董平、姚延福编校:《王阳明全集》,上海古籍出版社 2011 年版,卷二十,第 808－809 页。

另外，王阳明还曾就儒家与佛家的关系做过专门阐述。正德十年（1515）十一月二十六日，武宗皇帝命太监刘允远赴藏地去奉迎乌斯藏国的活佛。这引发了朝野上下议论纷纷，不少官员上书劝谏武宗不要这样做。王阳明也写了一封《谏迎佛疏》，透过这封奏疏，可以更清楚地领略到王阳明对于儒家与佛家之间关系的深刻认识。其中涉及儒家与佛家比较的内容如下：

> 夫佛者，夷狄之圣人；圣人者，中国之佛也。在彼夷狄，则可用佛氏之教以化导愚顽；在我中国，自当用圣人之道以参赞化育，犹行陆者必用车马，渡海者必以舟航。今居中国而师佛教，是犹以车马渡海，虽使造父①为御，王良②为右，非但不能利涉，必且有沉溺之患。夫车马本致远之具，岂不利器乎？然而用非其地，则技无所施。陛下若谓佛氏之道虽不可以平治天下，或亦可以脱离一身之生死；虽不可以参赞化育，而时亦可以导群品之嚚顽。就此二说，亦复不过得吾圣人之余绪。陛下不信，则臣请比而论之。

> 臣亦切尝学佛，最所尊信，自谓悟得其蕴奥。后乃窥见圣道之大，始遂弃置其说。臣请毋言其短，言其长者。夫西方之佛，以释迦为最；中国之圣人，以尧、舜为最。臣请以释迦与尧、舜比而论之。夫世之最所崇慕释迦者，慕尚于脱离生死，超然独存于世。今佛氏之书具载始末，谓释迦住世说法四十余年，寿八十二岁而没，则其寿亦诚可谓高亦；然舜年百有十岁，尧年一百二十岁，其寿比之释迦则又高也。佛能慈悲施舍，不惜头目脑髓以救人之急难，则其仁爱及物，亦诚可谓至矣，然必苦行于雪山，奔走于道路，而后能有所济。若尧、舜则端拱无为，而天下各得其所。惟"克明峻德，以亲九族"，则九族既睦；平章百姓，则百姓昭明；协和万邦，则黎民于变时雍；极而至于上下草木鸟兽，无不咸若。其仁爱及物，比之释迦则又至也。佛能方便说法，开悟群迷，戒人之酒，止人之杀，去人之贪，绝人之嗔，其神通妙用，亦诚可谓大矣，然必耳提面诲而后能。若在尧、舜，

---

① 造父：相传为历史上著名的善御者，曾驾着八匹千里马拉的车，载周穆王日行千里。

② 王良：春秋末期晋国著名的善御者，孟子也曾提到他驾车的故事，参见张钢：《孟子的管理解析》，机械工业出版社 2019 年版，第 183—186 页。

则光被四表,格于上下,其至诚所运,自然不言而信,不动而变,无为而成。盖"与天地合其德,与日月合其明,与四时合其序,与鬼神合其吉凶",其神化无方而妙用无体,比之释迦则又大也。若乃诅咒变幻,眩怪捏妖,以欺惑愚冥,是故佛氏之所深排极诋,谓之外道邪魔,正与佛道相反者。不应好佛而乃好其所相反,求佛而乃求其所排诋者也。

　　陛下若以尧、舜既没,必欲求之于彼,则释迦之亡亦已久矣;若谓彼中学佛之徒能传释迦之道,则吾中国之大,顾岂无人能传尧、舜之道者乎?陛下未之求耳。陛下试求大臣之中,苟其能明尧、舜之道者,日日与之推求讲究,乃必有能明神圣之道,致陛下于尧、舜之域者矣。故臣以为陛下好佛之心诚至,则请毋好其名而务得其实,毋好其末而务求其本;务得其实而求其本,则请毋求诸佛而求诸圣人,毋求诸夷狄而求诸中国者,果非妄为游说之谈以诳陛下者矣。

　　陛下果能以好佛之心而好圣人,以求释迦之诚而求诸尧、舜之道,则不必涉数万里之遥,而西方极乐,只在目前;则不必靡数万之费,毙数万之命,历数年之久,而一尘不动,弹指之间,可以立跻圣地;神通妙用,随形随足。此又非臣之谬为大言以欺陛下,必欲讨究其说,则皆凿凿可证之言。孔子云:"我欲仁,斯仁至矣。""一日克己复礼,而天下归仁。"孟轲云:"人皆可以为尧、舜。"岂欺我哉?陛下反而思之,又试以询之大臣,询之群臣。果臣言出于虚谬,则甘受欺妄之戮。①

　　王阳明并没有否定佛家学说,也承认其在自我管理和自我修养上的现实意义,但是,也许正因为佛家在自我管理和自我修养上有比较直观的现实针对性,这就容易造成人们对佛家与儒家之间本质区别的混淆,甚至忘记了儒家在自我管理和自我修养上的根本要求,以为儒家缺乏在"心"上修养的传统,而这恰是王阳明所致力于纠正的人们对儒家的误解甚至曲解所在。

　　在王阳明看来,儒家有着极其丰厚的"内圣"和"修心"传统,从尧、舜到孔、

---

　　① ［明］王守仁撰,吴光、钱明、董平、姚延福编校:《王阳明全集》,上海古籍出版社 2011 年版,卷九,第 325－329 页。

孟,早已建立了一以贯之的儒家"道统",其间既有"仲尼祖述尧舜,宪章文武"①,又有孟子"去圣人之世,若此其未远也""当今之世,舍我其谁也"②;儒家从来都是强调在思维或"心"上明"天理",在"修诚"上面下"工夫"。因此,不仅佛家能够做到的,儒家都能够做到,甚至因为扎根于本土情境,能够做得更好;而且,更重要的是,即便是佛家做不到的,如向外"平治天下",儒家也完全能够做到。如此一来,作为最高管理者的武宗皇帝,又何必舍近求远,奉迎活佛?只需向自己"心"上用功,把"心"里原本就有的"天理""良知"彰显出来,则足以参赞化育、经世济民。

王阳明的《谏迎佛疏》直指武宗皇帝本人的软肋。武宗朱厚照被认为是有明一朝最为昏庸颠顶的皇帝。作为最高管理者,武宗却不理朝政,纵情游猎,还任由宦官专权,祸乱朝纲。正德元年(1506),王阳明被杖责三十,下锦衣卫诏狱,后被贬谪龙场,便是武宗亲手制造的一系列冤案之一。更有甚者,正德十四年(1519)八月,在明明知道王阳明已平定"宁王之乱"、生擒宁王朱宸濠之后,武宗竟然还要自封为"总督军务威武大将军总兵官后军督府太师镇国公",御驾亲征,南下"平叛",想过把打仗瘾,全然不顾一路上劳民伤财。也就是这么一位顽劣皇帝,竟还有心学佛,要恭请活佛。这难道不是一件极具讽刺意味的事吗?

在《王阳明全集》中,《谏迎佛疏》下标有"稿具未上"字样③,意思是说,王阳明虽然写好了这封奏疏,但后来出于种种考虑没有上奏。不过,据当代历史学家束景南教授考证,这封《谏迎佛疏》是以"封事"的方式上奏的,所谓"封事",是指将机密奏疏严封,由专人进京呈报,外人不得而知,故史书上无记载。④ 只是不知道武宗皇帝读到王阳明这封《谏迎佛疏》,会作何感想?

当然,"修诚"不仅需要对自我情绪和思维的适时把控,向内进行"省察克治",同时也需要有良好的环境氛围,尤其是志同道合者之间的团队学习氛围。

---

① 张钢:《大学·中庸的管理释义》,机械工业出版社 2017 年版,第 175—177 页。

② 张钢:《孟子的管理解析》,机械工业出版社 2019 年版,第 588—591、152—154 页。

③ [明]王守仁撰,吴光、钱明、董平、姚延福编校:《王阳明全集》,上海古籍出版社 2011 年版,卷九,第 325 页。

④ 束景南:《阳明大传》,复旦大学出版社 2020 年版,第 769 页。

为此,王阳明曾大兴社学,创办了多所书院,如义泉书院、正蒙书院、富安书院、镇宁书院、龙池书院等,并为书院订立《教约》,大力倡导"良知"之教①,这对于理解他的"修诚"思想和实践,具有重要价值。《教约》内容包括:

> 每日清晨,诸生参揖毕,教读以次。遍询诸生:在家所以爱亲敬长之心,得无懈忽,未能真切否?温清定省之仪,得无亏缺,未能实践否?往来街衢,步趋礼节,得无放荡,未能谨饬否?一应言行心术,得无欺妄非僻,未能忠信笃敬否?诸童子务要各以实对,有则改之,无则加勉。教读复随时就事,曲加诲谕开发。然后各退,就席肄业。

> 凡歌诗,须要整容定气,清朗其声音,均审其节调;毋躁而急,毋荡而嚣,毋馁而慑。久则精神宣畅,心气和平矣。每学量童生多寡,分为四班。每日轮一班歌诗;其余皆就席,敛容肃听。每五日则总四班递歌于本学。每朔望,集各学会歌于书院。

> 凡习礼,需要澄心肃虑,审其仪节,度其容止;毋忽而惰,毋沮而怍,毋径而野;从容而不失之迂缓,修谨而不失之拘局。久则礼貌习熟,德性坚定矣。童生班次,皆如歌诗。每间一日,则轮一班习礼。其余皆就席,敛容肃观。习礼之日,免其课仿。每十日则总四班递习于本学。每朔望,则集各学会习于书院。

> 凡授书不在徒多,但贵精熟。量其资禀,能二百字者,止可授以一百字。常使精神力量有余,则无厌苦之患,而有自得之美。讽诵之际,务令专心一志,口诵心惟,字字句句,紬绎反复,抑扬其音节,宽虚其心意。久则义礼浃洽,聪明日开矣。

> 每日工夫,先考德,次背书诵书,次习礼,或作课仿,次复诵书讲书,次歌诗。凡习礼歌诗之类,皆所以常存童子之心,使其乐习不倦,而无暇及于邪僻。教者知此,则知所施矣。虽然,此其大略也;神而明之,则存乎其人。②

值得注意的是,在王阳明为书院所定的《教约》中,还专门有关于"歌诗"或

---

① 束景南:《王阳明年谱长编》,上海古籍出版社 2017 年版,第 1289—1294 页。
② [明]王守仁撰,吴光、钱明、董平、姚延福编校:《王阳明全集》,上海古籍出版社 2011 年版,卷二,第 100 页。

唱诗的要求。这表明,王阳明不仅认识到诗词歌赋本身所具有的价值,更深刻体会到集体唱诗对于培养正向情绪,营造"修诚"学习氛围的重要作用。这也是儒家培养人才,历来重视礼乐熏陶、由内而外、潜移默化的集中体现。孔子当年就极其重视礼乐的教育功能。"子与人歌而善,必使反之,而后和之"①,便是生动写照。

王阳明针对当时人们忽视礼乐教育之弊,曾有专门论述。王阳明说:"今人往往以歌诗习礼为不切时务,此皆末俗庸鄙之见,乌足以知古人立教之意哉! 大抵童子之情,乐嬉游而惮拘检,如草木之始萌芽,舒畅之则条达,摧挠之则衰萎。今教童子,必使其趋向鼓舞,中心喜悦,则其进自不能已。譬之时雨春风,沾被卉木,莫不萌动发越,自然日长月化;若冰霜剥落,则生意萧索,日就枯槁矣。故凡诱之歌诗者,非但发其志意而已,亦所以泄其跳号呼啸于咏歌,宣其幽抑结滞于音节也;导之习礼者,非但肃其威仪而已,亦所以周旋揖让而动荡其血脉,拜起屈伸而固束其筋骸也。"②

为了让"歌诗"或唱诗成为可能,王阳明还深入钻研、再开发了久已失传的古代唱诗之法,创作了"九声四气歌法",时称"阳明九声四气歌法",在当时的很多书院广为流传。王阳明的弟子王畿曾有记载:"《礼记》所载'如抗如坠,如槁木贯珠',即古歌法。后世不知所养,故歌法不传。至阳明先师,始发其秘,以春夏秋冬、生长收藏四义,开发收闭为按歌之节,传诸海内,学者始知古人命歌意。"另据《虞山书院志》记载:"歌咏以养性情,乃学之要务。夫诗不歌不得其益,子与人歌,而善取瑟而歌,圣人且然,况于学者? 今后同志相会,须有歌咏,无论古乐,即阳明九声四气歌法,其意亦甚精深。"③由此可以体会到王阳明在营造有助于"修诚"的学习氛围上所付出的不懈努力。

"修诚"之要在"修心",也即确立"真吾"本体。一旦确立起"真吾"本体,让"天理""良知"成为自我的内在准则,包括"思言"一致、"思行"一致、"言行"一致在内的整体意义上的思言行一致,即"知行合一"才会成为可能。

---

① 张钢:《论语的管理精义》,机械工业出版社 2015 年版,第 204 页。
② [明]王守仁撰,吴光、钱明、董平、姚延福编校:《王阳明全集》,上海古籍出版社 2011 年版,卷二,第 99 页。
③ 束景南:《王阳明年谱长编》,上海古籍出版社 2017 年版,第 1737—1738 页。

"知行合一"中的"行",是广义概念,指的是一切嵌入特定情境之中的"言行"。王阳明曾指出:

> 凡谓之行者,只是着实去做这件事。若着实做学问思辨的工夫,则学问思辨亦便是行矣。……行之明觉精察处,便是知;知之真切笃实处,便是行。若行而不能精察明觉,便是冥行,便是"学而不思则罔",所以必须说个知;知而不能真切笃实,便是妄想,便是"思而不学则殆",所以必须说个行;元来只是一个工夫。凡古人说知行,皆是就一个工夫上补偏救弊说,不似今人截然分作两件事做。某今说知行合一,虽亦是就今时补偏救弊说,然知行体段亦本来如是。①

这里必须予以说明的是,王阳明所讲的"知"是专指"良知"而言。"良知"作为"真吾"本体,进入各种具体行为情境之中,其所产生的各种社会行为当然就是"知行合一"的;也就是说,虽然情境各异,行为表现或许不太一样,但"良知"作为"真吾"本体并没有变,是完全一致的,因此,那些有着内在一定之规的行为表现,当然也就是融"知""行"为一体,不可分割的了。相反,若在特定行为情境之中,人们只是刻意追求此情境下的言行一致,反倒会拘泥于外部力量,有违于"良知",无法真正做到"知行合一"了。这也是为什么孟子要说"大人者,言不必信,行不必果,惟义所在"的原因。②

从旁观者的角度看,言行一致或许容易观察到,而"知行合一"却难以直接观察,只能借助各种不同的情境线索和时间进程来判断。孔子说:"视其所以,观其所由,察其所安。人焉廋哉?人焉廋哉?"③孟子则说:"听其言也,观其眸子,人焉廋哉?"④孔子和孟子所讲的,都是如何从外部的言行表现来认识和把握人的思维或"心",从而判断其是否达到"知行合一"。但是,若从自我的角度来看,"知行合一"并不是要做给别人看的,而是自我的内在要求,更是自我的"真吾"本体的直接表现。恰是在这个意义上,儒家的"修诚",便是要实现"知

---

① ［明］王守仁撰,吴光、钱明、董平、姚延福编校:《王阳明全集》,上海古籍出版社 2011 年版,卷六,第 232 页。
② 张钢:《孟子的管理解析》,机械工业出版社 2019 年版,第 281—282 页。
③ 张钢:《论语的管理精义》,机械工业出版社 2015 年版,第 35—36 页。
④ 张钢:《孟子的管理解析》,机械工业出版社 2019 年版,第 245—247 页。

行合一"。这也是儒家如此强调管理者必须由内而外地经由自我管理，才能走向组织管理的根本原因。

嘉靖五年(1526)春,55 岁的王阳明应曾任浙江参政的福建莆田人朱鸣阳①之请,作《南冈说》,对儒家的"修诚"思想进行了系统阐述:

> 夫天地之道,诚焉而已耳,圣人之学,诚焉而已耳。诚故不息,故久,故征,故悠远,故博厚。是故天惟诚也,故常清;地惟诚也,故常宁;日月惟诚也,故常明。……是故以事其亲,则诚孝尔矣;以事其兄,则诚弟尔矣;以事其君,则诚忠尔矣;以交其友,则诚信尔矣。是故蕴之为德行矣,措之为事业矣,发之为文章矣。是故言而民莫不信矣,行而民莫不悦矣,动而民莫不化矣。是何也? 一诚之所发,而非可以声音笑貌幸而致之也。故曰:"诚者,天之道也;思诚者,人之道也。"②

在这里,王阳明借用《中庸》论述"至诚无息"③时以大自然做类比的手法,意在表明,"诚"乃德之本,而"诚"又必以"道"或"理"为前提;儒家的"道"或"理",并非建立在自然规律之真的意义上,而是立基于伦理之真的意义。因此,立基于伦理之真的"诚",即"真诚",就成为儒家"人性"的德性前提的直接体现,也是儒家"做人"和做管理的基本法则。

儒家自我管理的落脚点是"修德",也即人们常说的自我修养,而"修德"也就意味着"修诚"。或者说,正是从思维或"心"开始的"修诚",让"修德"或自我修养,变得清楚明白、简易可行。一句话,只有真诚"做人"和做管理,才能够在平凡中见神圣。这便是《大学》所说的"格物致知",也是王阳明所倡导的"致良知"。

---

① 朱鸣阳(生卒年不详),字应周,号南冈,福建莆田人,正德六年(1511)进士,曾任户科给事中、兵科左给事中、礼科都给事中、浙江参政、云南参议、浙江右布政使等。

② ［明］王守仁撰,吴光、钱明、董平、姚延福编校:《王阳明全集》,上海古籍出版社 2011 年版,卷二十四,第 1000－1001 页。

③ 张钢:《大学·中庸的管理释义》,机械工业出版社 2017 年版,第 163－165 页。

第三章　格　物

　　自我管理,既不能没有"自我"这个主体,也离不开在不同行为情境下对自我进行"管理"的实践。立志是自我管理的起点,而修诚则是要将志与"自我"融为一体。虽然立志和修诚侧重的都是"自我"这个主体本身的修养,但是,这个"自我"主体本身的修养过程,又总是融入各种日常行为情境下对自我进行"管理"的具体实践之中,这便是"格物"。只有在日常的自我管理实践或"格物"中,才能真正磨砺"志"、修养"诚",进而彰显出自我的"真吾"本体来。

　　"格物"是《大学》提出的"八条目"中的第一条。"八条目"分别是"格物""致知""诚意""正心""修身""齐家""治国""平天下"。其中,前五条涉及自我管理,后三条关乎组织管理。这"八条目"体现了儒家由内而外、从自我管理走向组织管理的基本途径及内在逻辑。[①]

　　关于"格物"的理解,历来都颇有争议。在《四书集注》中,朱熹对"格物"的注解是:"格,至也。物,犹事也。穷至事物之理,欲其极处无不到也。"[②]朱熹关于"格物"的理解,明显带有向外去"穷至事物之理"的倾向。对此,王阳明早在15岁时,就通过"格竹"有过亲身实证。后来经过持续的探索和实践,王阳明对"格物"有了更加深刻的体悟。王阳明说:

　　　　先儒解格物为格天下之物,天下之物如何格得?且谓一草一木亦皆有理,今如何去格?纵格得草木来,如何反来诚得自家意?我解"格"作"正"字义,"物"作"事"字义。《大学》之所谓"身",即耳、目、口、鼻、四肢是也。欲修身,便是要目非礼勿视,耳非礼勿听,口非礼勿言,四肢非礼勿

---

① 张钢:《大学·中庸的管理释义》,机械工业出版社2017年版,第1—3页。
② [宋]朱熹注,王浩整理:《四书集注》,凤凰出版社2005年版,第5页。

动。要修这个身，身上如何用得工夫？心者身之主宰，目虽视而所以视者心也，耳虽听而所以听者心也，口与四肢虽言动而所以言动者心也。故欲修身在于体当自家心体，常令廓然大公，无有些子不正处。主宰一正，则发窍于目，自无非礼之视；发窍于耳，自无非礼之听；发窍于口与四肢，自无非礼之言动：此便是修身在正其心。然至善者，心之本体也。心之本体，那有不善？如今要正心，本体上何处用得功？必就心之发动处才可着力也。心之发动不能无不善，故须就此处着力，便是在诚意。如一念发在好善上，便实实落落去好善；一念发在恶恶上，便实实落落去恶恶。意之所发，既无不诚，则其本体如何有不正的？故欲正其心在诚意。工夫到诚意，始有着落处。然诚意之本，又在于致知也。所谓"人虽不知，而己所独知"者，此正是吾心良知处。然知得善，却不依这个良知便做去，知得不善，却不依这个良知便不做去，则这个良知便遮蔽了，是不能致知也。吾心良知既不得扩充到底，则善虽知好，不能着实好了；恶虽知恶，不能着实恶了，如何得意诚？故致知者，意诚之本也。然亦不是悬空的致知，致知在实事上格。如意在于为善，便就这件事上去为；意在于去恶，便就这件事上去不为。去恶固是格不正以归于正，为善则不善正了，亦是格不正以归于正也。如此，则吾心良知无私欲蔽了，得以致其极，而意之所发，好善去恶，无有不诚矣！诚意工夫，实下手处在格物也。若如此格物，人人便做得，"人皆可以为尧、舜"，正在此也。[①]

在这里，王阳明不仅将自己对"格物"的理解与以朱熹为代表的理学观点明确区别开来，而且还详细阐述了"格物"与"致知""诚意""正心""修身"之间的内在逻辑关系，这让自我管理得以落到实处，既具有儒家"内圣"的理想价值，更具有自我修养的实际意义。当代儒学家杜维明教授认为："历史上，直到阳明认真思考格物概念，朱熹把格物看作'研究事物'的解释，长期得到广泛的接受。对于明代中叶的学者，这似乎成了不证自明的道理。"[②]

---

① ［明］王守仁撰，吴光、钱明、董平、姚延福编校：《王阳明全集》，上海古籍出版社 2011 年版，卷三，第 135－136 页。

② 杜维明著，朱志方译：《青年王阳明：行动中的儒家思想》，生活·读书·新知三联书店 2013 年版，第 204 页。

与朱熹分"心"与"理"为二、将"格物"导向"穷至事物之理"不同,王阳明强调的是"心""理"一体、内外一致。王阳明在《答罗整庵①少宰书》中曾进一步指出:"故格物者,格其心之物也,格其意之物也,格其知之物也;正心者,正其物之心也;诚意者,诚其物之意也;致知者,致其物之知也:此岂有内外彼此之分哉?理一而已。"②

更重要的是,王阳明将"致知"中的"知"理解为"良知","致知"即"致良知",而不是像朱熹所讲的那样,"知,犹识也。推极吾之知识,欲其所知无不尽也"③。王阳明也曾非常明确地指出:"知乃德性之知,是为良知,而非知识也。良知至微而显,故知微可以入德。"④

这样一来,王阳明所理解的"致知"与"格物"的关系,便是"致吾心之良知于事事物物也。吾心之良知,即所谓天理也。致吾心良知之天理于事事物物,则事事物物皆得其理矣。致吾心之良知者,致知也。事事物物皆得其理者,格物也。是合心与理而为一者也"⑤。而且,在王阳明看来,"《大学》之要,诚意而已矣。诚意之功,格物而已矣。……是故不本于诚意,而徒以格物者,谓之支;不事于格物,而徒以诚意者,谓之虚;支与虚,其于至善也远矣!……吾惧学之日远于至善也"⑥。

当然,王阳明把"格物"中的"格"字理解为"正",将"致知"中的"知"字解释为"良知",都是有出处的,其源头皆本于孟子。孟子说:"惟大人为能格君心之非。君仁,莫不仁。君义,莫不义。君正,莫不正。一正君而国定矣。"⑦

孟子这里所说的"大人",意指真正的管理者,也即恪守儒家管理之道,堂

---

① 罗钦顺(1465—1547),字允升,号整庵,江西泰和人,弘治六年(1493)进士,历任南京国子监司业、太常卿、吏部右侍郎、左侍郎、尚书、礼部尚书等,是明朝中叶著名儒学家,潜心于"格物致知"之学,时称"江右大儒"。

② [明]王守仁撰,吴光、钱明、董平、姚延福编校:《王阳明全集》,上海古籍出版社 2011 年版,卷二,第 86 页。

③ [宋]朱熹注,王浩整理:《四书集注》,凤凰出版社 2005 年版,第 5 页。

④ 束景南:《阳明大传》,复旦大学出版社 2020 年版,第 1139 页。

⑤ [明]王守仁撰,吴光、钱明、董平、姚延福编校:《王阳明全集》,上海古籍出版社 2011 年版,卷二,第 51 页。

⑥ [明]王守仁撰,吴光、钱明、董平、姚延福编校:《王阳明全集》,上海古籍出版社 2011 年版,卷三十二,第 1320—1321 页。

⑦ 张钢:《孟子的管理解析》,机械工业出版社 2019 年版,第 254—256 页。

堂正正做管理的人,而"格君心之非"中的"格",即"正,纠正"的意思。孟子之所以要特别强调"格君心之非",原因就在于,国君作为诸侯国的最高管理者,他所持有的"人性"前提、信念和价值观太重要了,直接决定着组织的体制、机制、政策的定位及组织成员的培养、选择和任用,甚至可以说"一正君而国定矣"。

王阳明正是引用了孟子这句话,给他的大弟子徐爱讲解"格"的含义,由徐爱记录在《传习录》上卷中。当时王阳明说:"'格物'如《孟子》'大人格君心'之'格',是去其心之不正,以全其本体之正。"①另外,王阳明在《答顾东桥②书》中也曾引用孟子这句话来解释"格"字,他说:"如'格其非心''大臣格君心之非'之类,是则一皆'正其不正以归于正'之义,而不可以'至'字为训矣。"③

孟子还明确指出:"人之所不学而能者,其良能也。所不虑而知者,其良知也。孩提之童,无不知爱其亲也;及其长也,无不知敬其兄也。亲亲,仁也。敬长,义也。无他,达之天下也。"④在儒家思想传统中,正是孟子首次提出了"良知"概念。在孟子看来,"良知"是"人性"中原本就具有的追求仁爱境界和共同利益的内涵及倾向性,这就像人一出生就有天生的吮吸和感觉本能,不需要后天学习,便能吃东西,感受外界事物一样。孟子将人所具有的"不学而能者",称为"良能","不虑而知者",称为"良知",而"良知"才是人之区别于动物的根本所在。

正是从孟子的思想出发,王阳明赋予"知"以"良知"的含义,并全面阐发了"良知"对于"诚意""格物"所具有的重要意义。他说:"知是心之本体。心自然会知:见父自然知孝,见兄自然知弟,见孺子入井自然知恻隐,此便是良知,不假外求。若良知之发,更无私意障碍,即所谓'充其恻隐之心,而仁不可胜用矣'。然在常人不能无私意障碍,所以须用致知格物之功。胜私复理,即心之

①　[明]王守仁撰,吴光、钱明、董平、姚延福编校:《王阳明全集》,上海古籍出版社 2011 年版,卷一,第 7 页。

②　顾璘(1476—1545),字华玉,号东桥居士,江苏吴县人,弘治九年(1496)进士,历任广平知县、开封知府、全州知州、台州知府、浙江布政使、湖广巡抚、工部尚书、刑部尚书等,以诗文享誉当时。

③　[明]王守仁撰,吴光、钱明、董平、姚延福编校:《王阳明全集》,上海古籍出版社 2011 年版,卷二,第 54 页。

④　张钢:《孟子的管理解析》,机械工业出版社 2019 年版,第 483—484 页。

良知更无障碍,得以充塞流行,便是致其知。知致则意诚。"①又说:"知是理之灵处。就其主宰处说,便谓之心;就其禀赋处说,便谓之性。孩提之童,无不知爱其亲,无不知敬其兄,只是这个灵能不为私欲遮隔,充拓得尽,便完全是他本体,便与天地合德。自圣人以下,不能无蔽,故须格物以致其知。"②

在王阳明看来,正是因为当时朱熹理学的追随者们忘记了"致知"所具有的"致良知"含义,只想着在口头和字面上去求"知",其结果必然是严重割裂"知""行",从根本上违背了儒家对管理者的培养宗旨。王阳明曾一针见血地指出:"德性岂可以外求哉?……道心者,良知之谓也。君子之学,何尝离去事为而废论说?但其从事于事为论说者,要皆知行合一之功,正所以致其本心之良知;而非若世之徒事口耳谈说以为知者,分知行为两事,而果有节目先后之可言也。"③其实,根据王阳明的观点,儒家的立志"成圣",也即"志于道",便是要"志于良知",而"诚意""格物"就是要"致良知"。

从王阳明关于"格"和"知"的含义阐发,不难看出,对于儒家自我管理来说,"格物""致知""诚意"三者本为一体,不容分割。立志便是要确立起对"良知"这个内在价值准则的坚定信念,用王阳明的话说就是:"尔那一点良知,是尔自家底准则。尔意念着处,他是便知是,非便知非,更瞒他一些不得。尔只不要欺他,实实落落依着他做去,善便存,恶便去。他这里何等稳当快乐。此便是格物的真诀,致知的实功。若不靠着这些真机,如何去格物?"④

以这样的立志为基础,修养思言行一致或"诚"才会有内在的一定之规,而不仅仅是个人的自以为是或自说自话;但是,无论立志还是修诚,都不是悬空进行的,总要由内而外地落实到各种不同行为情境中做事的实践上才行,这便是"格物"。因此,儒家的"格物",不可能脱离开立志和修诚,而立志和修诚也

---

① 　[明]王守仁撰,吴光、钱明、董平、姚延福编校:《王阳明全集》,上海古籍出版社 2011 年版,卷一,第 7 页。

② 　[明]王守仁撰,吴光、钱明、董平、姚延福编校:《王阳明全集》,上海古籍出版社 2011 年版,卷一,第 39 页。

③ 　[明]王守仁撰,吴光、钱明、董平、姚延福编校:《王阳明全集》,上海古籍出版社 2011 年版,卷二,第 58 页。

④ 　[明]王守仁撰,吴光、钱明、董平、姚延福编校:《王阳明全集》,上海古籍出版社 2011 年版,卷三,第 105 页。

不可能不落在"格物"上。立志、修诚与"格物"的三位一体，便是王阳明所倡导的"致良知"，他说："吾教人致良知，在格物上用功，却是有根本的学问。日长进一日，愈久愈觉精明。世儒教人事事物物上去寻讨，却是无根本的学问。方其壮时，虽暂能外面修饰，不见有过，老则精神衰迈，终须放到。譬如无根之树，移栽水边，虽暂时鲜好，终久要憔悴。"①

王阳明所讲的"在格物上用功"即"事上磨练"，也就是他曾说过的"人须在事上磨，方立得住，方能'静亦定，动亦定'"②。从管理的视角看，王阳明说的"格物"或"事上磨练"，也就意味着努力实现"以正确的方法做正确的事"。"格物"既包含着做正确的事，又体现为正确地做事。

"格物"之所以内含着做正确的事和正确地做事的意义，是因为在"格物"中已经预设了立志和修诚，而从逻辑上讲，立志又是修诚和"格物"的前提。若没有立志所确立的终极目标的定位和引领作用，修诚便可能蜕变成受生物性本能或欲求左右的自我膨胀，而"格物"也将因没有终极目标定位而失去何为正确和错误的内在准则；同样，若没有修诚所培养起来的正确的思维方式、行为方式和表达方式，正确地做事也只能是一句空话。这意味着，修诚不能没有立志，而"格物"又不可能离开立志和修诚。就逻辑而言，只有先说清楚立志和修诚，才能把"格物"理解得更透彻、更准确。这或许就是为什么王阳明在讲解儒家自我管理的"内圣之道"时，要遵循从立志、修诚到"格物"的内在逻辑的原因。

但是，若回归现实世界中的自我管理实践，又不难发现，立志、修诚、"格物"三者是密不可分地交织在一起的。毕竟立志、修诚、"格物"的主体都是人，而人作为社会人，不可能在真空般的理想世界中先立志、再修诚，然后又回到真实世界中去"格物"。任何人都只能身处由自然与社会构成的复杂现实环境中来立志和修诚。在这个复杂的现实环境中，立志、修诚和"格物"是相互融合、反复迭代的关系。虽然在逻辑上可以用立志作为前提，梳理出三者之间清

---

① ［明］王守仁撰，吴光、钱明、董平、姚延福编校：《王阳明全集》，上海古籍出版社 2011 年版，卷三，第 113 页。

② ［明］王守仁撰，吴光、钱明、董平、姚延福编校：《王阳明全集》，上海古籍出版社 2011 年版，卷一，第 14 页。

晰的逻辑关系,但必须时刻铭记的是,在日常生活、学习和工作中,更需要做的是将三者融为一体,让它们彼此促进,相得益彰;否则,就真成了王阳明所极力反对的"世儒教人事事物物上去寻天理",结果必然是"徒事口耳谈说以为知"了。

这里尤其需要强调指出的是,对于一位立志"成圣"的儒家管理者来说,身处复杂的现实环境,面对年复一年、月复一月、日复一日的真实生活,"格物"才是真正的起点。如果说在逻辑上总要先从立志开始,才能讲清楚,那么,在现实中,只有立足于"格物",才具有实践的可行性。这也许恰是《大学》要将"格物"放在"八条目"中第一条的原因,而且,"格物"与"致知"也不可分割。

实际上,王阳明所理解的"格物"与"致知"的关系,就是"事上磨练""致良知",也即"知行合一",其中的"致",即"行"的意思。只不过这里的"行",不是向外部去刻意地"行",或者是为了某种外部的要求去"行",而是由内而外地"行",也就是孟子所讲的"由仁义行,非行仁义也"。[①]"仁义"乃儒家管理之道的核心内涵,用王阳明的话说"道即是良知",[②]也是自我管理和组织管理的真正本源。正因为有了以"仁义"为核心的"道"或"良知",各类管理实践活动才成了有源之水,能够源远流长、源源不断地奔向"至善"这个终极目标,而倘若将"仁义"外在化,仅视为满足其他目标的手段,那么,自我管理和组织管理也就成了无源之水,恐怕是来得快,去得也快。

《传习录》中记载了这样一个例子,能很好地说明王阳明关于"格物"与"致知"关系的观点。有一位初级管理者,因为很长一段时间都在听王阳明讲学,就发感慨说:"此学甚好,只是簿书讼狱繁难,不得为学。"这位管理者的潜台词或许是,学习王阳明的学说乃至儒家管理之道,都需要时间,而做管理,整天有写不完的报告、看不完的文件,还要处理各种事情,哪里还有时间去学习呢?也只能是偶尔听听讲座罢了。这种想法,不仅在当时,即便在今天,都很具有代表性。

王阳明听说后,便对他讲:"我何尝教尔离了簿书讼狱,悬空去讲学?尔既

---

① 张钢:《孟子的管理解析》,机械工业出版社 2019 年版,第 291-293 页。
② [明]王守仁撰,吴光、钱明、董平、姚延福编校:《王阳明全集》,上海古籍出版社 2011 年版,卷三,第 120 页。

有官司之事，便从官司的事上为学，才是真格物。如问一词讼，不可因其应对无状，起个怒心；不可因他言语圆转，生个喜心；不可恶其嘱托，加意治之；不可因其请求，屈意从之；不可因自己事务烦冗，随意苟且断之；不可因旁人谮毁罗织，随人意思处之：这许多意思皆私，只尔自知，须精细省察克治，惟恐此心有一毫偏倚，枉人是非，这便是格物致知。簿书讼狱之间，无非实学。若离了事物为学，却是着空。"①

在复杂多变的现实世界中，且不说一名管理者每天要处理很多事务，就是普通人在平常生活中，接人待物也不是件轻松的事，人们无时无处不面临着各种各样的决策选择，而要做好这些决策选择，一定离不开两类前提：一是与事情本身及资源相关的事实前提，二是与目标定位及利益归属有关的价值前提。这两类前提交织在一起，共同决定着每一个决策选择及其结果和影响。

具体地说，正是价值前提决定了什么事才是正确的事，而恰是事实前提在一定程度上决定了什么样的方法、手段、途径等才是正确的做事方式。对任何人而言，无论是在日常生活中还是职业生涯里，要做出恰当的决策选择，都必须立足于价值前提和事实前提。尤其是对于那些立志成为伟大管理者的人来说，更需要持续磨砺自己的价值前提，提升自己关于事实前提的知识和能力，毕竟管理决策不同于个人决策，它直接决定着组织及其利益相关者的更广泛且长远的共同利益。

就管理决策的事实前提和价值前提之间的关系来讲，价值前提决定事实前提，事实前提必须服从于价值前提。因为没有正确的目标和价值定位，关于事实前提的各种知识和能力将难以得到正确运用。关于事实前提的各种知识和能力固然重要，但现实中，关于事实及其变化的信息总是不完全和非对称的，相应地，关于事实的知识及由知识运用而形成的能力，也永远是有局限性的。在这种情况下，人们如何才能面对复杂多变的现实世界中的风险和不确定性，义无反顾地做出决策选择？这时价值前提可能就会扮演着更为关键的角色。反过来，恰是借助一系列风险和不确定性的决策选择，在事实前提非常

---

① ［明］王守仁撰，吴光、钱明、董平、姚延福编校：《王阳明全集》，上海古籍出版社 2011 年版，卷三，第 107－108 页。

不充分的情况下,才更能有效地检验和磨炼人们对价值前提的信念。

从另外一个角度来看,也许正因为决策者有了坚定的内在信念和价值观坚守,才能更自觉和清晰地判断什么才是正确的事;而为了能够用正确的方法做好正确的事,有内在信念和价值观坚守的决策者,也才更有动力和积极性去获取关于事实前提的信息和知识;或许更重要的是,当决策者有了内在的信念和价值观坚守,才更不容易被纷繁复杂的外部信息迷住眼睛,才能够抵制诱惑,在各种信息和知识之间做出正确的判断和选择。

在极度不确定性条件下,唯一确定的可能就是决策者心中的信念和价值观,也就是王阳明说的"良知",而这正可以作为一个坚实的立足点,帮助决策者一步步积累起应对不确定性的信息和知识,甚至可以从这个立足点出发创造知识以转化和排除不确定性。反之,那些没有确立起价值前提这个内在立足点的决策者,一旦面临极度不确定性的条件,由于缺乏关于事实前提的必要信息和知识,就会变得无所措手足,到头来不仅无法前进,甚至极有可能被外部的虚假信息所误导,以至于成为他人的工具却不自知。

从这个意义上说,"格物"不仅意味着通过做事来磨炼自己的价值前提,也就是《大学》所说的"明明德",王阳明所讲的"致良知";而且,还意味着通过做事来探索和获取关于事实前提的专业知识和能力。以往人们有一种不恰当的认识,似乎只要建立起决策的价值前提,什么样的决策问题都会迎刃而解,因此,"格物"也就只需要对着价值前提,来每日做"事上磨练"便可以了。然而,若从决策的价值前提与事实前提不可分割的角度去考虑问题,就不难理解,一个没有关于事实前提的任何专业知识和能力的管理决策者,又如何能担当起那份"任重而道远"的决策责任呢?

对于"格物"的这种误解,追根溯源,都是因为人们忘记了儒家是要经世致用、去做管理的。若只是洁身自好,只要闭关修行,那又和孔子时代的"隐士",王阳明时代的佛、道有什么区别呢? 正因为儒家要去经世致用、做管理,才既需要"致良知",又需要学习各种与管理相关的专业知识和能力。在管理工作中,若没有"良知"坚守而只有知识和能力,恐怕难免倒行逆施、遗祸四方;若没有专业知识和能力而只是坚守"良知",或许只能意愿良好,于事无补。

王阳明之所以在首倡"知行合一"时尤其强调"心即理",在解释"格物""致知"时特别点出"致良知",都不过是针对时弊所下的猛药而已。当时的管理共同体,可能最为欠缺的就是对"良知"的体认,近乎失去了管理决策的正当的价值前提,甚至于要去佛、道那里寻求所谓价值前提。正德十年(1515),武宗皇帝要派人奉迎乌斯藏国活佛,恰表明了作为最高管理者,武宗皇帝在价值前提上的迷失。这种情况在当时的管理共同体中有普遍性。正是为了救偏补弊,王阳明才尤其要突出"格物"的"致良知"这个方面。

但是,若从管理决策的价值前提和事实前提不可分割的角度看,"格物"应该还有不容忽视的另一个方面,那便是涉及"物"或"事"的相关专业知识和能力的方面。如果说"致良知"是"格物"的价值维度,那么,"致专业知识和能力",就是"格物"的工具维度。对"格物"而言,这两个维度相辅相成、相得益彰。仅靠"良知"本身并不足以解决所有与"物"或"事"相关的问题。虽然"格物"必定渗透着"良知"这个价值维度,但同时也一定离不开关于"物"或"事"的专有知识和能力。就以王阳明 17 岁时练习书法为例,如果将写字作为一件事,那么,王阳明只是在这件事上"致良知",而不钻研各种名家字帖,以此获得书法知识,也不用纸笔进行反复练习,以此领悟书法技巧,就能练就独树一帜的书法风格吗? 事实是,王阳明不仅用心琢磨了各种古帖,而且用光了他岳父官衙内存放的几箱纸,由此不能不说,王阳明在涉及书法这件事的知识和技能上花了巨大的工夫。当然,若王阳明只是为练字而练字,没有此前立志所确立的内在信念和价值追求,那恐怕最多也不过练成个"书匠",绝无可能成为熔思想与艺术为一炉的书法大家。但遗憾的是,后来人们或许只注意到王阳明在练字这件事上从"心"上用功,以磨炼"良知",而忽略了王阳明练字同时也是一个融"良知"与书法技艺于一体的过程。

同样道理,如果将研习兵法也看成一件具体的事,那么,王阳明早年在这件事上所付出的努力,便不只是让他从中体悟出用兵之道中的"良知"维度,也同样积累起丰厚的军事知识和能力,而这恰是他后来能在战场上挥洒自如、克敌制胜的重要原因。据当代历史学家束景南教授考证,在弘治十年(1497),26岁的王阳明大量搜集兵家秘籍,且莫不精究,并写成了《武经七书评》和《历朝武机捷录》,前者是关于兵书典籍的批语评注,后者则是相关战例的历史资料摘录。① 这表明,王阳明在兵法学习上,不仅注重对各种战略战术的知识本身的学习,而且,还有意识地结合历史案例,将知识运用于案例情境进行分析和推演,以此形成灵活运用知识的理念体悟和能力训练。王阳明研习兵法的学习方式,完美诠释了管理案例学习的精髓。试想,若王阳明当年压根儿就不曾系统学习过军事知识,也未曾有意识地琢磨过排兵布阵,就因为他"致良知",到了战场上自然就能应对自如,这可能吗?

因此,不容否认的是,在任何情况下,王阳明都无不是在"致良知"的同时,又在"致专业知识和能力",从而将决策的价值前提和事实前提合二为一。就"格物"而言,如果说"良知"或"道"这个价值前提集中体现在"格"的内在标准中,也即正因为有了"良知"或"道",才有了"格"的内在正确准则的话,那么,涉及事实前提的各种专业知识和能力,便集中体现在"物"或"事"上,也正因为各类"物"或"事"无不具有自身的内在规律,若不能掌握关于"物"或"事"内在规律的知识和能力,又如何能针对这个"物"或"事"来运用正确的方法进行"格"呢?

只不过在当时的历史条件下,王阳明在"致良知"和"致专业知识和能力"上,更为突出强调的是"致良知",而"致专业知识和能力",主要通过自己的管理行为和具体工作及其结果体现出来,让人们自己去感悟和体会罢了。可能正是由于人们普遍对事务本身以及做事的结果即"事功"更为敏感,所以,为了防止人们过分看重"格物"中怎样正确地做事这个方面,而有可能会忽略如何做正确的事这个更重要的方面,王阳明即便后来取得了巨大的军事成功,可是在弟子们面前,他也从不谈论如何取得军事成功,怎样进行军事管理。哪怕有弟子问起这个话题,王阳明也会保持沉默。据王阳明的弟子钱德洪②记载:"昔者德洪事先生八年,在侍同门每有问兵事者,皆默而不答,以故南、赣、宁藩始末俱不与闻。"③

---

① 束景南:《王阳明年谱长编》,上海古籍出版社 2017 年版,第 137 页。

② 钱德洪(1496—1574),名宽,字洪甫,号绪山,浙江余姚人,嘉靖十一年(1532)进士,曾在京为官二十年。正德十六年(1521)拜王阳明为师,参与编辑刻印《传习录》,是王阳明之后心学的重要代表人物之一,明朝中晚期著名思想家、教育家。

③ [明]王守仁撰,吴光、钱明、董平、姚延福编校:《王阳明全集》,上海古籍出版社 2011 年版,卷三十九,第 1633 页。

　　王阳明当时之所以这样做,很可能是在暗示弟子们,像军事这种专业的知识和能力,总会因领域和对象不同而不同,并不是每个人都需要学习和掌握同样的专业知识和能力;一个人到底要学习和掌握什么样的专业知识和能力,这在很大程度上取决于个人的职业选择和不同时势的因缘际会;但是,不管是谁,不管选择什么样的职业,也不管处于何种时势情境,首先都必须做一个堂堂正正的人,是人在选择职业,身处特定情境,并学习特定的专业知识和能力,而且,也是人在朝着正确的方向,按照正确的方法来运用这种特定的知识和能力。因而,"格物"首先要有内在的正确价值准则,这便是"良知"或"道",这样才能让"格"真正体现出"正"的含义,恰如王阳明说的那样,"格者,正也。正其不正,以归于正也"①。不管从事什么职业,也不管干什么,做正确的事都是正确地做事的前提,两者既不能相互割裂,也不能彼此替代。

　　孟子其实早已深刻地指出了这一点。孟子说:"矢人岂不仁于函人哉? 矢人惟恐不伤人,函人惟恐伤人。巫、匠亦然。故术不可不慎也。孔子曰:'里仁为美。择不处仁,焉得智?'夫仁,天之尊爵也,人之安宅也。莫之御而不仁,是不智也。不仁、不智、无礼、无义,人役也。人役而耻为役,由弓人而耻为弓,矢人而耻为矢也。如耻之,莫如为仁。仁者如射,射者正己而后发,发而不中,不怨胜己者,反求诸己而已矣。"②

　　孟子在这里对比了造箭的人和造铠甲的人、巫医和制作棺木的匠人,难道他们会因选择职业的不同,就要对其他人的生死,采取完全不同的态度和行为吗? 若真如此,这些职业人岂不都已完全同化到其职业的产品或服务中去,变成了"物"或工具吗? 孟子做如此鲜明的职业对比,意在表明,不管什么职业的从业者,都不能忘记自己首先是人,是人在从事这个职业,而人之为人、区别于"物"的独特性,恰在于内含着"仁义礼智四端"及其向善倾向性的德性;一个人绝不能因为从事某种职业,就不再是人,丢失了"人性"的德性及相应的社会规范,完全变成了那个职业的产品或服务本身,即"人役"。无论从事什么职业,其主体都是堂堂正正的人,都内秉着"仁义礼智四端"及其向善倾向性这个

---

　　① [明]王守仁撰,吴光、钱明、董平、姚延福编校:《王阳明全集》,上海古籍出版社 2011 年版,卷一,第 28 页。

　　② 张钢:《孟子的管理解析》,机械工业出版社 2019 年版,第 115-118 页。

"道"或"良知",这才是一切职业从业者都必须遵循的带有根本性的价值前提。只有将这个价值前提融入职业之"物"或"事"的各种具体事实前提中,才能真正实现以正确的方法去做正确的事。

但令人遗憾的是,在现实中,人们总是要么将正确地做事与做正确的事割裂甚至对立起来,好像两者是矛盾的,要正确地做事,就不能做正确的事,反之亦然;要么又想将两者相互替代,好像只要能正确地做事,那做的也就一定是正确的事,反过来,只要能做正确的事,自然就一定会正确地做事。无论是将两者割裂甚至对立,还是相互替代,本质上都是对"格物"的错误理解,这也是后世对王阳明的思想有诸多误解的重要原因。例如,以王阳明的著名弟子王畿①为代表,后来形成了一个颇有影响的"阳明心学"分支,被称为"良知现成派",大力倡导"良知"是现成的,只须"直悟良知",便可"本体道透",一了百了,万事大吉。② 王畿曾直白地说:"先师提良知二字,乃三教中大总持。吾儒所谓良知,即佛所谓觉,老所谓玄,但立意各有所重,而作用不同。大抵吾儒主于经世,二氏主于出世。"③"良知现成派"确有将王阳明的思想引入佛、道的危险。

严格来说,只有将王阳明的管理思想和实践作为一个统一体,相互参照,才能更好地理解王阳明的管理思想,也才能真正把握他的管理实践。毕竟王阳明的很多深刻思想是很难从文字上完全体现出来的,特别是涉及"格物"这种做事的行动时,只能参照实践,才会对渗透其中的思想有更全面的理解;否则,仅就王阳明有关"格物"的文字表述,来试图理解他关于"格物"的深邃思想,总难免因朦胧而支离。另外,王阳明的管理实践本身作为多侧面的历史存在,也可以从不同的视角去把握,这又会造成见仁见智的歧义,若不依托于王阳明自己一以贯之的管理思想体系,则容易因立场而偏颇。因此,对王阳明的"格物"思想的理解和把握,必须联系着他的"格物"实践;反过来,对他的"格物"实践的理解和把握,又必须联系着他的"格物"思想。

---

① 王畿(1498—1583),字汝中,号龙溪,浙江绍兴人,嘉靖十一年(1532)进士,曾任南京兵部主事、郎中,后称病归乡讲学四十余年,是王阳明之后心学的一位重要代表人物,但他认为,良知乃先天自足、当下现成的本体,不须学习思虑,因此,不主张在"致良知"上面下"工夫",已逐渐偏离了王阳明思想宗旨。
② [日]冈田武彦著,袁斌、孙逢明译:《王阳明大传》(下),重庆出版社2015年版,第220页。
③ 钱穆,《中国学术思想史》(七),生活·读书·新知三联书店2009年版,第199页。

　　王阳明关于"格物"的思想和实践，首先突出强调的是对当事人自己的要求，而不是先去要求他人应该怎样，也即孟子所讲的"反求诸己而已矣"。即便在管理工作中，管理者的"做事"，看似很多时候是通过他人实现的，但是，如何通过他人来共同完成"做事"的过程，这本身也是另外一种广义的"做事"。例如，管理者决定让谁来做什么事，如何向他人讲清楚需要做的事，如何评价他人所做的事，如何激励他人持续探索正确的方法去做正确的事等，这些无不是非常重要的管理之"事"。正是这些管理之"事"，在相当程度上决定着其他各类业务之"事"的方向和成效。更何况，对管理者而言，"事"还有"公事"和"私事"之分，做管理，尤其要公私分明，切忌公私不分，更不能假公济私、损公肥私。因此，管理者要在"格物"中达成自我管理和自我修养，就必须将立志、修诚完全融入"格物"之中，真正做到"事上磨练"而同步"致良知"和"致专业知识和能力"，让专业知识和能力的学习成为磨砺"良知"这个"真吾"本体的平台，同时又让"良知"这个"真吾"本体成为学习和运用专业知识和能力的主宰。

　　具体地说，"格物"的第一步，要从自我起步，从私事开始，而不能好高骛远。因为对任何人而言，私事更具有广泛性和长久性，可以说是无处不在，无时不有。至于公事，则有明确的职业、组织、岗位等的边界，尤其是像管理职业中的公事，一个人只有达到一定年龄和阅历，获得了特定岗位和职责后，才有可能去从事。如果将"格物"仅看成做管理这样的职业公事，那岂不意味着只有获得了管理岗位才能去"格物"吗？这显然是荒谬的。

　　当年就曾有人这样问孔子："子奚不为政？"

　　孔子回答说："《书》云：'孝乎惟孝，友于兄弟，施于有政。'是亦为政，奚其为为政？"[1]

　　这里的"为政"，即做管理的意思。孔子引用《尚书》这段话，在于说明，侍奉父母、处理与兄弟的关系，看似家庭私事，但其中蕴含着与正式组织管理共通的"人性"德性前提，这才是人之为人的根本，也是做好一切管理工作的真正基础，而这个做管理的极其重要的德性前提或价值前提，在家庭私事中同样可以得到磨练和阐明，为什么非要有管理职位呢？

---

　　① 张钢：《论语的管理精义》，机械工业出版社2015年版，第46—47页。

王阳明讲"事上磨练",意在让"良知"照亮身边每一件事,同时又借着做这些事来擦亮心中"良知"这面"明镜"。王阳明曾引用孟子的"必有事焉而勿正,心勿忘,勿助长也"①,来进一步阐释"事上磨练",他说:"'必有事焉'者,只是时时去'集义'。若时时去用'必有事'的工夫,而或有时间断,此便是忘了,即须'勿忘'。时时去用'必有事'的工夫,而或有时欲速求效,此便是助了,即须'勿助'。其工夫全在'必有事焉'上用,'勿忘勿助'只就其间提撕警觉而已。若是工夫原不间断,即不须更说'勿忘';原不欲速求效,即不须更说'勿助'。此其工夫何等明白简易!何等洒脱自在!今却不去'必有事'上用工,而乃悬空守着一个'勿忘勿助',此正如烧锅煮饭,锅内不曾渍水下米,而乃专去添柴放火,不知毕竟煮出个甚么物来。吾恐火候未及调停,而锅已先破裂矣。近日一种专在'勿忘勿助'上用工者,其病正是如此。"②

既要"事上磨练",离开了"事",又如何"磨练"? 在王阳明看来,任何"事",都是自我"磨练"的难得机会。正德二年(1507)底,王阳明的大弟子徐爱要进京赶考,而王阳明自己则在一年前从锦衣卫诏狱被释放,此时正准备经由家乡余姚,前往被贬谪之地贵州龙场。诏狱和贬谪对于王阳明来说,都成了他用以磨砺自我的"事"。用当代阳明学家董平教授的话说:"幽拘的囚牢,成了他心志的炼狱,他不再为幽囚而忧戚,而以淡然坦然的心态开始与狱中诸友讲学:'累累囹圄间,讲诵未能辍。桎梏敢忘罪? 于道良足悦。'(此为王阳明临出狱前给狱中讲友写的《别友狱中》诗)这一心态的转换,实质上标志着他精神境界的提升。"③

如今,当大弟子徐爱将要面临科举考试这件"事"时,王阳明不仅是从科举考试过来人的角度,更是从"事上磨练"的高度,给予悉心指点,并专门写成《示徐曰仁应试》一文:

> 君子穷达,一听于天,但既业举子,便须入场,亦人事宜尔。若期在必得,以自窘辱,则大惑矣。入场之日,切勿以得失横在胸中,令人气馁志

---

① 张钢:《孟子的管理解析》,机械工业出版社 2019 年版,第 89—102 页。
② [明]王守仁撰,吴光、钱明、董平、姚延福编校:《王阳明全集》,上海古籍出版社 2011 年版,卷二,第 93—94 页。
③ 董平:《王阳明的生活世界》,商务印书馆 2018 年版,第 41 页。

分,非徒无益,而又害之。场中作文,先须大开心目,见得题意大概了了,即放胆下笔;纵昧出处,词气亦条畅。今人入场,有志气局促不舒展者,是得失之念为之病也。夫心无二用,一念在得,一念在失,一念在文字,是三用矣,所事宁有成耶? 只此便是执事不敬,便是人事有未尽处,虽或幸成,君子有所不贵也。

将进场十日前,便须练习调养。盖寻常不曾起早得惯,忽然当之,其日必精神恍惚,作文岂有佳思? 须每日鸡初鸣即起,盥梳整衣端坐,抖擞精神,勿使昏惰。日日习之,临期不自觉辛苦矣。今之调养者,多是厚食浓味,剧酣谑浪,或竟日偃卧。如此,是挠气昏神,长傲而召疾也,岂摄养精神之谓哉! 务须绝饮食,薄滋味,则气自清;寡思虑,屏嗜欲,则精自明;定心气,少眠睡,则神自澄。君子未有不如此而能致力于学问者,兹特以科场一事而言之耳。

每日或倦甚思休,少偃即起,勿使昏睡。既晚即睡,勿使久坐。进场前两日,即不得翻阅书史,杂乱心目。每日止可看文字一篇以自娱。若心劳气耗,莫如勿看,务在怡神适趣。忽充然滚滚,若有所得,勿便气轻意满,益加含蓄酝酿,若江河之浸,泓衍泛滥,骤然决之,一泻千里矣。每日闲坐时,众方嚣然,我独渊默,中心融融,自有真乐,盖出乎尘垢之外而与造物者游。非吾子概尝闻之,宜未足以与此也。[①]

这篇文字不仅充满了王阳明对弟子的拳拳呵护之情,而且也集中体现了王阳明注重在"必有事焉"上面下真"工夫"的思想。徐爱也没有辜负王阳明的期望,来年春天便一举考中进士。

要"事上磨练",下"必有事焉"的"工夫",仅有"良知"这个根本入手处还不够,必须像王阳明嘱托徐爱进考场那样,对"事"分析得全面周详、细致入微才行。概括地说,要"做事",即便是做私事,也离不开六大要素:

一是个人内在的价值准则,即王阳明说的"良知";

二是组织的规则规范,包括各种正式的规则、规定和政策及各类非正式的

---

① [明]王守仁撰,吴光、钱明、董平、姚延福编校:《王阳明全集》,上海古籍出版社 2011 年版,卷二十四,第 1003—1004 页。

行为规范；

三是与他人的关系，既包括家人、朋友，也包括组织中上下左右的同事；

四是事本身所内含的规律、法则、原理等，这往往体现为关于做事的知识和能力要求；

五是结果可能的影响，也就是做事之后所产生的直接效应、间接效应，可预见的或无法预见的各种各样的可能后果；

六是环境条件的制约，既包括"物"或资源条件，也包括社会条件，通常不为个人和组织的意愿所左右。

在上述六大要素中，当事人自己能够完全把握的，或许只有内在的价值准则，这便是经由立志和修诚所确立的自我信念和价值观，也是贯穿于任何"做事"过程之中的主体意识，按王阳明的说法即"真吾"本体。这个"真吾"本体也正是要在不断"做事"实践中得到磨练和阐明的核心所在，而其他五个要素，都会因"事"、因"时"、因"地"发生变化，特别是对于年轻人或刚进入某个新领域的人来说，这五个要素往往都是未知的、不确定的，需要一步步学习，慢慢积累起相关的知识、经验和能力。

因此，"做事"一定是一个双重学习过程，其中，第一重学习便在于磨练自己的内在价值准则，从而让自我心中的"真吾"本体得以彰显出来，以成长为真正意义上的人，这便是儒家所讲的学"做人"。"做人"总是借"做事"来实现的。毕竟人不是抽象的存在，不可能在真空中先学"做人"，再回到现实中去学"做事"。"做人"中的"做"，实际上就是指"做事"。只有通过点点滴滴的"做事"实践，才能让一个有着独特的自我规定性而又不失"人性"共同特征的"真吾"本体确立起来。儒家意义上的"做人"，便可以直观地理解为"在做事中得以成人"。

第二重学习也即人们常说的掌握本领的过程，尤其是对于年轻人来说，"做事"本身不是目的，特别像当年科举考试的准备及日常各种学习和训练，都是为了增长自身的才干，即专业知识和能力，以便将来能够担当更大的职责，做更大、更重要的"事"。这意味着，"做事"的过程，同时也是一个不断积累将来能更好地"做事"的知识和能力的过程。这些具体的知识和能力，总是与其他五个要素紧密联系在一起，大致包括：理解和运用各种规则规范的知识，认识人、理解人、与各种人沟通合作的知识，对各种相互联系的"事"及其随时间而变化的规律进行理解和把握的知识和能力，对"做事"的直接后果和不可预见的溢出后果的领悟能力，对各类环境条件做出恰当分析和判断的知识和能力，等等。只有将这些带有专业性的知识和能力，同内在价值准则整合在一起，人们才能从根本上保证做正确的事和正确地做事。

当然，对于做那些复杂的"事"来说，仅凭一人之力，便会捉襟见肘，这时就需要借助分工与协作。相应地，管理工作的独特性便体现了出来，因而，像王阳明那样立志成为伟大管理者的人，在"做事"的六大要素中，除了内在价值准则外，首先要考虑的要素可能就是如何恰当处理人与人之间关系。尤其是在王阳明所处的历史条件下，这个要素又显得更加突出，而且，处理人际问题的能力，又总是与自我修养及内在价值准则的磨练相辅相成。难怪王阳明会不无夸张地说："除了人情事变，则无事矣。喜怒哀乐非人情乎？自视听言动，以至富贵、贫贱、患难、死生，皆事变也。事变亦只在人情里。"①

以往人们也常将"做事"中这两重学习过程割裂开来，要么只是看重自我修养和内在价值准则磨砺，似乎所应做之"事"就局限在日常点滴生活琐事之上，如"洒扫、应对、进退"②，这些"事"固然可以帮助磨去"良知"之镜上的尘垢，但除此之外，应该还有更复杂的面向自然、面向未来、面向不确定性的挑战之"事"要做；要么又只是侧重专业知识和能力的学习，不屑于讲自我修养和内在价值准则磨砺，认为那是迂腐、软弱、无能的表现，而真正的本事便在于解决各种复杂的专业问题。这种把"做事"中的双重学习过程割裂甚至对立起来的后果是很严重的。脱离开复杂任务情境和专业化能力培养，一味地只是讲自我修养和"做人"，恐怕到头来也没有能力担当更大的"做事"职责，就像王阳明若没有军事知识和能力的学习积累，仓促之间又如何能正确应对"宁王之乱"？

或许有人会说那是因为王阳明有天赋，是"奇人"，是天纵之才，但纵观王阳明的人生经历，即便说他有军事天赋，那也是在别人不屑于学兵法，认为兵法与科举无关，是没用的知识时，他却有意识地去主动学习的天赋，而不是天

---

① ［明］王守仁撰，吴光、钱明、董平、姚延福编校：《王阳明全集》，上海古籍出版社2011年版，卷一，第17页。
② 张钢：《论语的管理精义》，机械工业出版社2015年版，第537—538页。

生就懂兵法、就会领兵打仗的那种所谓天赋。明确这一点很重要,没有一种真正的专业知识和能力是不需要学习就能掌握的。所谓在某个专业领域中有天赋,只不过是意味着对这个专业领域的兴趣要比一般人更大,学习起来也比一般人更心无旁骛、更执着,相对而言也就学得更快、更好罢了。这种意义上的专业学习天赋,不仅与个人的先天素质有关,更与个人的立志密切相关。王阳明的"成圣"之志,正是他全身心投入当时条件下做管理的各种专业知识和能力学习中的真正内在动力源泉。

孟子曾经指出:"君子深造之以道,欲其自得之也。自得之,则居之安。居之安,则资之深,资之深,则取之左右逢其原。故君子欲其自得之也。"①

孟子这里所讲的恰是管理者追求管理之道,便会产生学管理和做管理的内部动机,进而才能全神贯注、脚踏实地学习、掌握和积累各种做管理的专业知识和能力。王阳明也曾反复强调"自得"的重要性。在"心"上用功,并非要做给别人看,"人若着实用功,随人毁谤,随人欺慢,处处得益,处处是进德之资。若不用功,只是魔也,终被累倒"②。

王阳明还明确指出:"君子之学,务求在己而已。毁誉荣辱之来,非独不以动其心,且资之以为切磋砥砺之地。故君子无入而不自得,正以其无入而非学也。若夫闻誉而喜,闻毁而戚,则将惶惶于外,惟日之不足矣,其何以为君子!……君子不求天下之信己也,自信而已。吾方以自信之不暇,而暇求人之信己乎?"③

嘉靖三年(1524)六月,王阳明应弟子黄省曾④之请,为他的书斋"自得斋"专门写了一篇《自得斋说》,对孟子这段话做了深入阐述,并引用《中庸》的"是故君子戒慎乎其所不睹,恐惧乎其所不闻"⑤,对"志于道"方能"自得""深造"进

① 张钢:《孟子的管理解析》,机械工业出版社 2019 年版,第 284－286 页。

② [明]王守仁撰,吴光、钱明、董平、姚延福编校:《王阳明全集》,上海古籍出版社 2011 年版,卷三,第 115 页。

③ [明]王守仁撰,吴光、钱明、董平、姚延福编校:《王阳明全集》,上海古籍出版社 2011 年版,卷六,第 231 页。

④ 黄省曾(1490—1540),字勉之,号五岳山人,江苏吴县人,嘉靖十年(1531)以乡试第一名中举人,后会试屡试不第,遂放弃科举,专攻诗词和绘画,成为明代著名学者。《传习录》下卷中有黄省曾记载的问学语录。

⑤ 张钢:《大学·中庸的管理释义》,机械工业出版社 2017 年版,第 84－86 页。

行了说明:"古之君子,戒慎不睹,恐惧不闻,致其良知而不敢须臾或离者,斯所以深造乎是矣。是以大本立而达道行,天地以位,万物以育,于左右逢源乎何有?"①

从另外的角度来看,一个人若只注重本领,只是学习和掌握"做事"的专业知识和能力,而没有同步进行自我修养和内在价值准则磨砺,结果可能会带来更大的危害,尤其是对于管理者来说,由于掌握着公权力,在自由裁量时,如果没有对内在价值准则的坚守,其结果便可想而知了。

在儒家看来,做管理是广义的概念,既包括自我管理,也包括组织管理,还包括组织治理。虽然组织管理和组织治理是以特定岗位职责为前提的,正所谓"不在其位,不谋其政"②。但是,根据儒家的观点,管理者要能胜任组织管理甚至组织治理,必须先打下坚实的自我管理基础,这便是《大学》提出"八条目",用以指导管理者从自我管理走向组织管理乃至组织治理的内在逻辑。因此,像王阳明那样立志成为伟大管理者的人,即使是在还未获得管理岗位,没有机会做组织管理的情况下,仍不能放弃自我管理的训练,而且,还要有意识地将自我管理也看成一种"公事",即为将来做管理之"公事"做准备的"事"。这种为将来做"公事"进行准备的过程,同样是一种"格物",也离不开双重学习,既包括自我管理训练这个本质上是"良知"磨砺过程的学习,也包括对未来组织管理的专业知识和能力的学习,而这后一种学习,则具有模拟演练的性质。实际上,模拟演练也是一种"做事",是获取未来在现场中"做事"的相关能力的一种有效方式,这显然要比纯粹的知识学习效果好很多。

王阳明在学习兵法的时候,就综合运用了这种模拟演练的方法。对于兵书,他并非死记硬背,而是借助历史案例分析来模拟兵法的运用,同时还在家里用果核等物品推演排兵布阵,后来更是利用在工部实习,负责监造王越墓的机会,将工人按照军队组织原则进行编排,并实施军事化管理,这不仅大大提高了工作效率,也模拟演练了自己的军队管理能力。据说,这期间,一有闲暇,

---

① 　[明]王守仁撰,吴光、钱明、董平、姚延福编校:《王阳明全集》,上海古籍出版社 2011 年版,卷七,第 296 页。
② 　张钢:《论语的管理精义》,机械工业出版社 2015 年版,第 227 页。

王阳明还会推演"八阵图",以锻炼自己的排兵布阵能力。① 这些模拟演练式的
"做事",让王阳明有机会将军事知识部分地转化为军事能力,避免了死读兵书
可能带来的只会纸上谈兵的后果。

　　自我管理关键在于时间和注意力管理,这同时也渗透在其他各种"做事"
的过程之中。因为无论做什么事,都离不开时间和注意力的投入,哪怕将来正
式做管理之"事",同样要首先管理好时间和注意力;而且,时间和注意力的有
效运用,对于那些立志做伟大管理者的人来说,不仅仅关乎管理者和组织"做
事"的成效,更关乎每个组织成员的主观幸福感。毕竟能否自由支配自己的时
间,直接决定着一个人的自主意识和对自由的感受。一位管理者如果不能在
自我管理上建立起对时间和注意力的敏感性,并将其视为最宝贵的资源,那
么,在做组织管理时,恐怕也难以将他人的时间和注意力当作最宝贵的资源来
看待和尊重。试想,一个连自己的时间和注意力都不懂得珍视,甚至连这样的
意识都没有的人,会懂得尊重他人的时间和注意力吗? 所谓理解和尊重他人,
实际上很简单,就是要首先从尊重他人的时间和注意力的宝贵价值入手。

　　除了时间和注意力管理外,自我管理还有一个非常重要的方面,那便是决
策管理,即如何做出取舍或选择的管理,而这方面自我管理的训练,同时又与
时间和注意力管理密切相关,毕竟正是因为时间和注意力的极度稀缺,人们才
不得不取舍、不得不选择,不能什么都想要、什么都想做,更不能不考虑如何选
择更高效的方法来"做事"。在日常生活、学习、工作中,决策选择无处不在,关
键是怎样才能做出有效的决策。这就需要有价值准则、有思维方式、有具体知
识。虽然具体知识会因决策的内容、性质、场景而有所不同,但带有通用性的
价值准则、思维方式则是普遍适用的。一位未来的管理者,在自我管理中对决
策的价值准则和思维方式进行有意识的自我训练,将会对日后做组织管理产
生广泛而深刻的影响。管理者所具有的独特决策风格,相当程度上都是早年
自我管理过程中慢慢养成的,而且,这种个性化的决策风格一旦形成,就很难
改变,将会跨情境地影响不同类型的组织管理决策。因此,经过自我管理训练

---

　　① ［明］王守仁撰,吴光、钱明、董平、姚延福编校:《王阳明全集》,上海古籍出版社 2011 年版,卷三
十二,第 1350 页。

所形成的独特决策风格,正像时间和注意力分配风格一样,是极其重要的管理者素质之一。王阳明后来无论是在一般组织管理还是在军事组织管理中体现出来的独特风格,与他早年在自我管理上矢志不渝的严谨、刻苦、不懈的训练和磨砺密不可分。

当然,自我管理的训练也并非完全是自我封闭的,还必须具有面向未来职业发展的开放性。像王阳明那样要立志做儒家伟大管理者的人,他的自我管理训练本身也是未来组织管理不可分割的组成部分。无论是自我的时间和注意力管理,还是自我的决策管理,实际上都会成为对日后组织管理产生深远影响的一种前瞻式的模拟演练。从这个意义上说,王阳明十二岁立志之后经历的所谓"五溺",即沉溺于"游侠""骑射""辞章""佛""道",其中很多都属于这种前瞻式的模拟演练,也是一种"事上磨练",不过是为日后更好地做组织管理之"事"进行的风格、知识和能力准备而已。

严格来说,王阳明对"格物"的独特诠释包含着两层含义:一是借"物"或"事"来反思自我,擦亮"心镜",让"良知"逐渐彰显为自我的"真吾"本体,这便是王阳明经常讲要在"心"上用功的含义;二是对"物"或"事"本身的理解和把握,尤其是以开放和长远的眼光,将今天的"物"或"事"与更大范围、更长远的职业之"物"或"事"联系起来,从而以超越当下和局部的眼光来理解和把握"物"或"事",这样既有助于更深刻地反思自我,又能真正做到超越自我,在一个更宽广和更长远的视野中来审视自我的职业定位和现实世界的发展变化,让"良知"信念真正融入现实世界,成为自我的无时无处不在的"真吾"本体。这两层含义合二为一,便是"知行合一""致良知"。

这或许表明,王阳明所讲的"格物"或"事上磨练",永远是双向的,不仅指向通常所理解的"借做事来磨练自我、认知自我、把握自我"这个自我管理的方面,同时还指向未来更为专业化和职业化的"做事"方向,那才是一个用立志来引领的更为广大且长远的自我管理的方向。为此,自我管理不仅意味着为今天的"事上磨练""致良知"而"做事",更意味着为明天肩负更大的责任而磨砺"良知",训练做职业之"事"的本领。

正因为在"格物"的内涵中有了这样一个开放的、面向未来的维度,也许才更容易理解"格物"与立志、修诚之间三位一体、互动调整、持续迭代的关系,而且,立志和修诚都深深嵌入了"格物"之中。毕竟对任何人而言,立志和修诚都不可能在真空中发生,也离不开平常的人伦,而"格物"恰是在看得见、摸得着的实实在在的日常生活、学习和工作中展开的。虽然王阳明是在 12 岁时立志的,但他的立志过程也绝非横空出世,而是深深嵌入私塾学习、准备科举考试等这些日常生活和学习活动之中,当然也与他的家庭环境密不可分。

对于 12 岁的王阳明来说,立志"成圣"看似宏大,甚至连他的父亲王华都会笑他,但是,很多志向信念都是在执着追求的过程中慢慢清晰起来的。就像孔子"十有五而志于学",可以合理推想的是,15 岁的孔子对于立志要学的那个"道"到底意味着什么,也未必像后来那么明确,但这并不妨碍孔子在执着追求这个"道"的过程中,慢慢深化着对它的理解。因此,立志本身及立什么样的志才是关键,这正是未来自我定位和职业发展的前提。

立志本身并没有统一的时间要求和方式要求,但重要的是,这个志是否扎根于对自我的人之为人的本质特征的不断觉知,是否扎根于面向未来的职业选择及脚踏实地"做事"之中。一旦这个志能将"人性"的本质特征、未来职业选择和日常"做事"融为一体,那么,不管是多大年龄、处于什么人生阶段的人,都自然会将立志、修诚与"格物"贯穿在一起。这种立志、修诚与"格物"三位一体的典型表现,或许就是,立志前自我的日常言行与立志后自我的日常言行会有明显改变。也就是说,立志便会启动修诚,或者立志必然要求修诚,而修诚一定会在日常的"格物"中进行;在有了立志和修诚之后,日常"做事"的言行表现自然会有所不同。这一点在王阳明身上表现得非常明显。

王阳明一旦立下"成圣"之志,同样是要准备科举考试,但意义就完全不同了。正因为有了"成圣"这个高远的目标牵引,王阳明便能站在一个更高的视角来看待科举,让备考超越功利诉求,这时各种知识的学习和能力的培养,都不再仅仅是为了科举中第,而是要实现更高层次的理想追求。更重要的是,这些知识和能力的学习,也成了反思自我、磨砺"真吾"的重要手段。这样一来,少年王阳明便表现出了不同于其他准备科举考试的同龄人的学习动机和行为,他不仅广泛涉猎各种经典著作,还在 15 岁时要借"格竹"来亲身实证朱熹的"格物致知"之说。其实,即便王阳明后来精研佛、道,也不能说他游离于自己的志向信念之外,而这恰是因为他有了更高远的终极目标追求。当把目标推得更远之后，当下的回旋余地反而更大了，王阳明完全可以脱开科举考试的束缚，在更宽广的领域里，以更博大的知识对象来实现更高层次上的"格物"或"事上磨练"。

对于已经立下"成圣"之志的王阳明来说，不管学习的对象如何变化，万变不离其宗，都不过是借此认识自我、超越自我、理解"人性"的不同阶段和不同方式而已，借此反倒可以更深刻地理解和更坚定地追求"成圣"之志，从而让自己未来的人生方向更加清晰明确。这恰是王阳明在立志和修诚之中的"格物"，也是在"格物"中立志和修诚所要达到的真正目标。如果说这种将立志、修诚和"格物"融为一体的理解、把握和由内而外的践行也是一种知识的话，那么，这种知识则更像是一种只可意会、不宜言传的内隐知识。这种知识只有通过坚信、领悟、承诺和反复实践，才能在日常言行中体现出来，变成一种个人独特的行为风格。也正是这种关于"人性"德性内涵的坚信、领悟、承诺和实践的内隐知识，构成了与关于自然规律之真的知识相对应的关于社会伦理之真的知识的本质内涵。一个拥有这种社会伦理之真的知识的人，必定会做到"知行合一"。

其实，王阳明的"龙场悟道"，正是深切体悟到这种伦理之真只存在于心中，离开了发自内心的坚信、领悟、承诺和实践，只是口头上讲讲的伦理知识，并没有实际意义。王阳明所体悟到的"圣人之道，吾性自足"或"心即理"，其中的"道"和"理"，都不是指有关自然规律之真的知识，而是立足于儒家所坚信、领悟、承诺和实践的关于"人性"的德性前提的知识，也即有关社会伦理之真的知识。理解了这一点，才能真正体会王阳明为什么在"龙场悟道"之后，要反复倡导"知行合一"。

对伦理之真的追求，是儒家管理之道的核心所在，也是儒家管理者必须确立的志向信念。从这个意义上说，王阳明立下的"成圣"之志，也就是要立志追求儒家的伦理之真。王阳明曾深刻地指出："致知二字，乃是孔门正法眼藏，于此见得真的，直是建诸天地而不悖，质诸鬼神而无疑，考诸三王而不谬，百世以俟圣人而不惑！知此者,方谓之知道;得此者,方谓之有德。"①在这里,王阳明点出的"致知"二字,便是他极力倡导的"致良知"。

在王阳明看来,"良知"即儒家的"道",也是"人性"所固有的德性内涵,因此,他要引用《中庸》的观点,以表明"良知"这个儒家的伦理之真是确定无疑的。王阳明引用的《中庸》那段话的原文是:"故君子之道,本诸身,征诸庶民,考诸三王而不谬,建诸天地而不悖,质诸鬼神而无疑,百世以俟圣人而不惑。"②这段话极言儒家管理之道具备坚实的"人性"前提和民意基础,同时也具有充分的历史、自然和社会的合理性。

正因为做管理要"以人为本",包含着"人性"德性前提的儒家伦理之真,才成为每一位儒家管理者都致力追求的终极目标。王阳明自然也不例外。在儒家看来,追求这样的终极目标,并非渺远而不切实际,反倒是每个人都能做到的。

孔子说:"有能一日用其力于仁矣乎？我未见力不足者。"③的确,若在追求"仁"这个儒家伦理之真上都力所不逮,那么,这样的人还能算是真正意义上的人吗？这意味着,"做人"是每个人都能达到的要求,并不需要专门讲,甚至都不需要专门学,"做人"渗透于一切"做事"之中。这也是儒家诉"格物"的意义所在。

孟子就曾经对想跟他学"做人"的曹国国君的弟弟曹交说:"夫道,若大路然,岂难知哉？人病不求耳。子归而求之,有余师。"④伦理之真和"做人"之道,就在日常生活和工作中,如同平日人们走的大路一样清楚明白,但问题是,大路就在那儿,人们却不知道走,反倒要去口头、纸面上找出路,那岂不是要背"道"而驰,落得个"巧言令色,鲜矣仁"⑤的结局吗？

王阳明将立志、修诚和"格物"融为一体,做到了"知行合一",成为一个堂堂正正的人,这是他矢志不渝地进行自我管理的必然结果,也是他后来做好组

---

① ［明］王守仁撰,吴光、钱明、董平、姚延福编校:《王阳明全集》,上海古籍出版社 2011 年版,卷五,第 207 页。
② 张钢:《大学·中庸的管理释义》,机械工业出版社 2017 年版,第 172—175 页。
③ 张钢:《论语的管理精义》,机械工业出版社 2015 年版,第 86—87 页。
④ 张钢:《孟子的管理解析》,机械工业出版社 2019 年版,第 421—423 页。
⑤ 张钢:《论语的管理精义》,机械工业出版社 2015 年版,第 5—6 页。

织管理的根本前提；而且，王阳明在"做人"和自我管理上之所以能达到这样的境界，绝不是因为他天赋异禀，而是因为他坚信儒家的伦理之真、管理之道，并执着地坚守住这个志向信念，持续"格物"不辍，不管是自我的"私事"还是管理的"公事"，都成为他践行志向信念、不断修诚，"致良知"，同时又"致专业知识和能力"的平台和途径。虽然王阳明的事功并非每个人都能做到，其中有太多时势条件的匹配，难再复制，但是，王阳明的"内圣之道"，也即儒家"做人"和自我管理的道路，却是每个人都可以学习并活出自我的。

最后，不能忽略的是，王阳明所理解的"格物"，还包括将各类"事"做好，甚至做到极致的含义。这内含着一种来自内部动机的责任意识，也是儒家对管理者的基本要求，正像曾子所说的那样："士不可以不弘毅，任重而道远。仁以为己任，不亦重乎？死而后已，不亦远乎？"①当然，要把"事"做好并不容易，更别说做到极致了。这就需要早做规划和准备，正所谓"凡事豫则立，不豫则废"，更需要下"工夫"磨砺自己的"良知"信念，锻炼自己的专业知识和能力。对此，《中庸》讲得更是简洁明了："诚之者，择善而固执之者也。博学之，审问之，慎思之，明辨之，笃行之。有弗学，学之弗能弗措也；有弗问，问之弗知弗措也；有弗思，思之弗得弗措也，有弗辨，辨之弗明弗措也；有弗行，行之弗笃弗措也。人一能之己百之，人十能之己千之。果能此道矣，虽愚必明，虽柔必强。"②

在任何时候，对任何组织来说，"做人"都是第一位的。倘若没有"做人"的根基，便很难期望能真正将"事"做好，更难以超越当下之"事"，对组织和社会做出贡献；但是，仅仅做好了人，却不一定必然能做好各种"事"，毕竟"做事"还有很多具体的专业知识和能力要学习，这也是《中庸》强调"博学""审问""慎思""明辨""笃行"的原因。

虽然王阳明在给弟子讲解《中庸》的"博学"和"笃行"之间关系时，曾说："博学只是事事学存此天理，笃行只是学之不已之意。……要使知心理是一个，便来心上做工夫，不去袭义于外，便是王道之真。此我立言宗旨。"③

———————————

①　张钢：《论语的管理精义》，机械工业出版社 2015 年版，第 219—220 页。

②　张钢：《大学·中庸的管理释义》，机械工业出版社 2017 年版，第 143—152 页。

③　［明］王守仁撰，吴光、钱明、董平、姚延福编校：《王阳明全集》，上海古籍出版社 2011 年版，卷三，第 137—138 页。

　　但是,若联系着王阳明自己的自我管理和组织管理实践,便不难理解,他所说的"博学只是事事学存此天理",意味着在学习任何其他的专业知识和技能时,都不能忘了"天理"这个宗旨、这个"头脑"。也就是说,到底是"谁"在学习这些专业知识和技能呢? 是以什么样的宗旨、为什么要学习这些专业知识和技能呢? 将来又会以怎样的目的来使用这些专业知识和技能呢? 若失去了"天理"这个宗旨,没有了学习的"真吾"本体,那样的"博学"岂不成了"袭义于外",专为"谋食"而学吗? 那自然就不再是儒家管理者应有的学习态度和行为了。

　　所以,当王阳明说"王道之真""立言宗旨"的时候,正是要告诫弟子们,若想将"事"做好、做到极致,一定要先有内在价值准则,这才是内部动机的真正源泉,只有确立起内部动机,而不是为了外在的要求,才能做到《中庸》所提出的"博学""审问""慎思""明辨""笃行",进而将"事"做好、做到极致。实际上,《中庸》在讲"博学""审问""慎思""明辨""笃行"之前,之所以要先说"择善而固执之者也",也正在于强调,必须先确立起追求"善"这个终极目标的志向信念,以此为宗旨或"头脑",才能引领"做事"上的持续改进,以达到极致。

　　将王阳明的管理思想和管理实践联系在一起,便不难发现,王阳明所讲的"格物",既包含磨砺志向和修诚的内涵,也包括为把"事"做到极致而训练专业知识和能力的内涵,两者并不冲突。孔子所说的"克己"与"复礼",《大学》所讲的"明明德"与"止于至善",既是对"做人"的要求,更是对做管理的要求。因为儒家管理者不仅肩负着绩效责任,同时也担当着文化责任,而文化责任的具体实施过程就是教育。也就是说,儒家的管理过程同时也是一个教育过程。在这个过程中,管理者关键在于身教而不只是言教。正因为如此,儒家管理者的"做人"才有了双重的含义:一是管理者自己的"做人"是做一切管理之"事"的基础,其中内含着管理决策的价值前提;二是管理者自己的"做人",还向组织成员昭示了"人性"的德性前提,这便是"做人"的准则和方向。这就要求管理者在自我管理时,不仅必须努力将"做人"的信念和价值观融入一切日常生活、学习和工作之中,还必须在建立起笃实的管理决策的价值前提的同时,学习、积累和储备各种涉及管理决策的事实前提的知识和能力。这样才有可能让管理者在面向未来的不确定性决策时,既有信念和价值观的定向,又有可行的知识和能力支撑,还掌握恰当的工具方法和流程。

有一个生动的事例,能够很好地说明王阳明所讲的"格物"具有双重含义。据钱德洪记载,曾经有人问王阳明:"用兵有术否?"

王阳明说:"用兵何术,但学问纯笃,养得此心不动,乃术尔。凡人智能相去不甚远,胜负之决不待卜诸临阵,只在此心动与不动之间。……若人真肯在良知上用功,时时精明,不蔽于欲,自能临事不动。不动真体,自能应变无言。"

有人又问:"人能养得此心不动,即可与行师否?"

王阳明说:"也须学过。此是对刀杀人事,岂意想可得?必须身习其事,斯节制渐明,智慧渐周,方可信行天下;未有不履其事而能造其理者,此后世格物之学所以为谬也。"①

由此可见,做管理,包括带兵打仗的军事管理,既离不开"良知"精明,即价值前提的笃实明确,也不能没有专业知识和能力,即事实前提的周全把握。两者不可偏废,共同构成做出有效管理决策的前提保证。面向未来不确定性条件下管理决策的价值前提和事实前提的学习及磨练,在王阳明12岁立志之后的岁月里,不仅都达到了极高的强度,而且实现了两者完美的结合,从而让王阳明不管在多么复杂多变的情境中,都能以动机至善来妙用策略,应对自如。

但颇为遗憾的是,后人由于常常忽略了王阳明的管理职业定位,更无视儒家之道本质上是管理之道,以至于有意无意地割裂了王阳明所讲的"格物"的两个侧面,也没有看到王阳明立志的双重含义;只是将儒家看成与佛、道两家相竞争的信念和价值观体系,好像一旦选择了其中一个,就必须排斥其他两个,却没有看到儒家之不同于佛、道两家,除了其所具有的独特的思想包容性,更重要的是,儒家与管理密不可分。这不仅突出地表现在先秦孔孟的思想和实践中,即便到了王阳明所处的时代,学习儒家学说,参加科举考试,都意味着选择了一条从事管理的职业道路。但颇具讽刺意味的是,当时的很多儒生举子似乎只看到学习儒家学说,便有可能谋到管理职位,却忘记了儒家所具有的信念和价值观意义。这可能在很大程度上源自历代王朝的刻意片面倡导,据

---

① ［明］王守仁撰,吴光、钱明、董平、姚延福编校:《王阳明全集》,上海古籍出版社2011年版,卷三十九,第1632-1633页。

说，宋真宗赵恒就曾作过一首诗，名曰"励学篇"，其中写道："富家不用买良田，书中自有千钟粟。安居不用架高楼，书中自有黄金屋。娶妻莫恨无良媒，书中自有颜如玉。出门莫恨无人随，书中车马多如簇。男儿欲遂平生志，六经勤向窗前读。"可以想象，怀揣着宋真宗赵恒所倡导的这种动机去学习儒家经典，并通过了科举考试而成为管理者的人，又如何能遵循孔子所说的"君子谋道不谋食""以道事君，不可则止"①呢？他更不可能像孟子说的那样"格君心之非"②了。

　　另外，也有不少人只是看到儒家具有信念和价值观意义这一个侧面，却又忽视了其中所蕴含的管理导向。同样是在北宋，以程颐③为代表的一批儒者，想要做纯粹意义上的儒学研究者，极力排斥科举考试，以至于完全放弃了儒家经世致用、完善现实世界的理想。

　　王阳明重新诠释儒家的"格物"思想，并建立起自己的"心学"体系，同时又将之付诸管理实践。王阳明的伟大之处，恰恰在于要回归先秦孔孟开创的儒家思想本源，将信念和价值观体系同管理实践重新结合在一起，既要在与佛、道两家的清晰区分中凸显儒家的信念和价值观所具有的普遍且永恒的独特意义，又要同当时流行的以朱熹为代表的理学观点区别开来，更要用各种关于管理决策的事实前提的知识和能力来充实儒家的管理导向，从而直面当时所面临的林林总总的迫切现实问题。或许正是因为当时佛、道盛行以及朱熹理学的正统地位，才让王阳明重塑儒家信念和价值观体系的努力显得格外引人注目，以至于遮掩了他致力于凸显儒家管理导向的努力。

　　一旦全面理解和把握了王阳明关于"格物"的思想和实践，那些被忽略的历史片段便会展现出极具针对性的现实意义。以王阳明为典型代表的儒家管理思想和实践，其最大特点之一，便是融理想与现实为一体，在理想中关切现实，在现实中追求理想。这便是儒家所具有的"即凡而圣"④的鲜明特征。儒家

　　①　张钢：《论语的管理精义》，机械工业出版社 2015 年版，第 310—311、460—461 页。
　　②　张钢：《孟子的管理解析》，机械工业出版社 2019 年版，第 254—256 页。
　　③　程颐（1033—1107），字正叔，河南洛阳人，人称"伊川先生"，嘉祐四年（1059），廷试落第后，遂不再参加复试，一生致力于研究和讲授儒学，与其兄程颢并称"二程"，是北宋理学的开创者之一。
　　④　［美］赫伯特·芬格莱特著，彭国翔、张华译：《孔子：即凡而圣》，江苏人民出版社 2002 年版，第62—68 页。

的"凡"与"圣"不可分割,每个凡人都有"成圣"可能,而每个"圣人"无不扎根在凡俗世界。联结儒家的理想与现实、"凡"与"圣"的纽带和桥梁,恰是管理,包括自我管理和组织管理。这不仅使儒家与佛、道两家区别开来,而且也与通常只会高倡"道德"的所谓"儒家观点"截然不同。无论是混淆儒家与佛、道两家的边界,还是刻意将儒家"圣人"绝对化为不食人间烟火,都是至今人们对儒家经常有的误解。

第四章　凡与圣

儒家的"圣人"或简称"圣",并非指现实世界中某个完美无缺的个体,更不是指冥冥之中神一般的存在。儒家意义上的圣,是"人性"德性内涵"仁义礼智四端"或王阳明所说的"良知"的集中体现,也是儒家管理终极目标"至善"以及由此所形成的理想世界的典型代表;但是,无论是"良知"的集中体现,还是理想世界的典型代表,儒家意义上的圣,都不是一种人格化的存在,而是一种非人格化的理想表达,是让相对抽象的"人性"德性内涵和"至善"终极目标得以具体化、形象化的一种表征。

正因为如此,儒家意义上的圣,并不存在于外部世界之中,不管这个外部世界是人们生活于其中的那个外在现实世界,抑或人们认为存在于另外一个地方的彼岸世界,如佛、道两家所说的那种另外的世界。儒家之圣只存在于人们的心中,是一种对"人性"的德性内涵"仁义礼智四端"及其向善倾向性的坚定信念。一句话,儒家之圣是一种独特的信念和价值观。当儒家管理者在现实世界中心怀"成圣"之志,脚踏实地从事各种管理实践时,凡与圣便融为一体了。

在儒家管理思想和实践传统中,"凡人"与"圣人"、"凡世"与"圣世"、"凡界"与"圣界"历来不可分离,凡即圣,圣即凡,而凡与圣之所以能融通无间,关键就在于那些心中有圣的儒家管理者,在由内而外地践行儒家管理之道的管理实践过程中,将"圣人"理想以及作为理想世界的"圣世""圣界"融入现实,不断地持续改进和完善这个现实世界。

孔子曾说:"圣人,吾不得而见之矣;得见君子者,斯可矣。"[①]

---

① 张钢:《论语的管理精义》,机械工业出版社 2015 年版,第 198—199 页。

　　孔子之所以要这样说,意在表明,在现实世界中,并不存在人格化的完美无缺的圣人,人们所能看到的,只有那些笃信儒家管理之道,心中有着圣人理想的管理者。在这里,君子便是儒家意义上的管理者。

　　孔子还曾明确指出:"我非生而知之者,好古,敏以求之者。"当子贡对别人讲孔子是圣人,"固天纵之将圣,又多能也",孔子听到后坚决反对,并予以纠正说:"吾少也贱,故多能鄙事。"①

　　但是,当孔子谈到尧、舜、禹等这些上古的伟大管理者时,又将他们作为圣人的化身,例如,孔子说:"巍巍乎! 舜、禹之有天下也,而不与焉。""大哉尧之为君也! 巍巍乎! 唯天为大,唯尧则之。"②这或许容易让人们产生误解,以为儒家的圣人,就是像尧、舜、禹这样一些人格化的个体,甚至后世儒者也会将孔子视作一位圣人。实际上,当孔子谈到尧、舜、禹,以及后来《大学》《中庸》里讲到尧、舜、禹,还有孟子说到尧、舜、禹、孔子、伯夷、伊尹等人的时候,其隐含的意思都在于说明,尧、舜、禹等这些古代的伟大管理者,代表了儒家理想状态下完全体现"人性"德性内涵及其向善倾向性的管理者形象,而非实指尧、舜、禹这些曾经存在着的个体人物都是圣人,更不是要将他们"神化",说他们一直还存在于冥冥之中的另外一个世界里。

　　孟子曾用"规矩"之于方圆的作用,来类比圣人之于人伦的作用。孟子说:"规矩,方圆之至也;圣人,人伦之至也。欲为君尽君道,欲为臣尽臣道,二者皆法尧、舜而已矣。"③这表明,像尧、舜这样的儒家圣人,只是一种理想化的准则而不是人格化的存在,是用来指导管理者行为的。

　　巧合的是,孟子像当年的孔子一样,在弟子视自己为圣人时,孟子也坚决予以反对,并明确表示:"吾未能有行焉,乃所愿,则学孔子也。"④这意味着,儒家的圣人不可能是身处现实世界中的某个具体的个人,而只能是人们心中坚信的"人性"的德性内涵及其向善倾向性的一种化身,是人们的信念和价值准则的形象化表达;而且,这种形象化表达,一般都会选择古代的伟大管理者,而

---

① 张钢:《论语的管理精义》,机械工业出版社 2015 年版,第 192,第 242—243 页。
② 张钢:《论语的管理精义》,机械工业出版社 2015 年版,第 228—232 页。
③ 张钢:《孟子的管理解析》,机械工业出版社 2019 年版,第 220—222 页。
④ 张钢:《孟子的管理解析》,机械工业出版社 2019 年版,第 89—102 页。

不会选择仍在世的某个人物,原因很简单,任何一位坚信儒家"人性"德性前提和"至善"终极目标的人,都处在一个终生持续修养和学习的无止境进程中,又如何能说已经达到了完美无缺? 这或许正是孔子评价自己"发愤忘食,乐以忘忧,不知老之将至云尔"①的原因。

儒家的圣人虽然并不是现实中某一个特定的人格化存在,但是,儒家的圣人又真实地存在于现实世界中每一个人的心中,并已转化成一种坚定的信念,即坚信每个人都具有"人性"的"仁义礼智四端"及其向善的倾向性,也就是王阳明所讲的"良知"。

当年曹国国君的弟弟曹交曾问孟子:"人皆可以为尧、舜,有诸?"

孟子斩钉截铁地回答:"然。"并进一步明确指出:"尧、舜之道,孝弟而已矣。"②

孟子这里所说的"尧、舜之道",也即儒家管理之道,深深扎根在人伦日用之中,凡与圣有机融合在一起。

理解了儒家圣人的含义及凡与圣的关系,便不难理解王阳明 12 岁立志"成圣"的意义所在。王阳明立下"成圣"之志,就意味着确立起了关于儒家"人性"的德性前提和"至善"终极目标的坚定信念,从而让自己的思言行一致有了一以贯之的内在价值准则,也就为修诚和格物建立起了一定之规。这就和孟子所讲的"规矩,方圆之至也;圣人,人伦之至也"一样。

王阳明从立志到"龙场悟道",中间经历过被称为"五溺"的阶段,即溺于游侠、溺于骑射、溺于辞章、溺于佛、道,但是,万变不离其宗,王阳明的"五溺"不仅没有干扰他的"成圣"之志,反而一方面让王阳明更加清楚地认识到儒家之志与佛、道之志的本质区别,这不仅更有利于他坚定"成圣"之志,也更有助于他向别人明确昭示儒家之志,避免混淆儒家与佛、道两家的界限;另一方面让王阳明培养起未来做管理的专业知识和能力,以能更有效地解决当时普遍存在的现实问题。所以,对王阳明而言,立志"成圣"是非常关键的人生事件。这

---

① 张钢:《论语的管理精义》,机械工业出版社 2015 年版,第 191 页。
② 张钢:《孟子的管理解析》,机械工业出版社 2019 年版,第 421—423 页。

也是他后来反复告诫弟子们务要"立个必为圣人之志"①的原因。

但是,或许正是因为王阳明以 12 岁的年龄便立下"成圣"之志,让人觉得不可思议;若再联想到孔子 15 岁立志学"道",便容易得出这样的结论:王阳明和孔子一样,都是天赋异秉的传奇式人物,远非普通人所能企及,因而,儒家的圣人境界过于高远,对于那些生活在现实世界中的普通人而言,只不过是一个遥不可及的梦,甚至有流于口头"伪圣"之虞。果真做如此想,恰是从根本上误解了儒家的圣人和圣人境界,更是对王阳明的"内圣之道"的彻底扭曲。

在孔子那里,圣人境界是他心中的价值尺度和分析框架,也是做管理的共同职业规范,是儒家管理者信奉的管理之道,并通过像尧、舜、禹、周公等这些历史上伟大的管理者而形象化地体现出来,这让儒家管理之道变得具体而生动。孔子还以此为基础,构建起一个理想世界,即"天道",以区别于现实世界,即"人道";但是,作为"天道"的儒家理想世界,仅是作为"人道"的现实世界的理想化状态而存在,也是为了更好地审视、分析和完善现实世界的参照系,绝不是一种不同于现实世界的所谓"神"的世界或彼岸世界,也不是隐士们所生活的与世隔绝的世界。在这一点上,孔子与同时代的隐士们及后来儒家与佛、道两家,有着本质区别。这正是为什么孔子要说"鸟兽不可与同群,吾非斯人之徒与而谁与"②的原因。孔子从来不曾脱离现实世界去做与世隔绝的隐士,而是怀揣理想,在现实世界中"学而不厌""诲人不倦""知其不可而为之",③不断去探索完善现实世界的途径。

孔子当年之所以坚决反对人们称他为圣人,是因为儒家的圣人只能存在于人的心中,是理想化的伟大管理者的代名词,也是管理之道的形象化表达,而现实中的每一位管理者,都只能是由内而外地认同和践行管理之道的人。虽然由内而外地认同和践行本身已具有圣人品格,但并不能说这样的人就是圣人了,真正的圣人只存在于"人性"的固有德性内涵中,也只存在于人的心中。在孔子去世之后,后人称孔子为圣人,那不过是又将孔子看成像尧、舜、

---

　　① ［明］王守仁撰,吴光、钱明、董平、姚延福编校:《王阳明全集》,上海古籍出版社 2011 年版,卷三,第 119 页。

　　② 张钢:《论语的管理精义》,机械工业出版社 2015 年版,第 519－521 页。

　　③ 张钢:《论语的管理精义》,机械工业出版社 2015 年版,第 174－175,第 424－425 页。

禹、周公那样儒家管理之道的理想化代表而已。被称为圣人的孔子,早已离开了现实世界,也不可能再有现实世界中的任何具体行为表现,他只存在于儒家的理想世界之中,成为集中体现儒家管理之道的形象化表征。这时的孔子已不再是那个有着具体形象及言行的人格化孔子,而是变成了一种儒家理想,能够进入后世人们的心中,以理想和思想的力量来影响着人们。

当孔子被后人视为圣人时,关键不在于当年那个人格化的孔子在现实世界中如何言说和行动,而是那些将孔子作为圣人置于心中的人在现实世界中到底是怎样言说和行动的。这就像当年孔子本人将周公作为自己心中的圣人,让周公作为历史上伟大管理者的典型代表,与自己在现实世界中一路相伴,执着前行一样。这时关键不是周公曾在现实世界中如何做管理,甚至由于历史久远,周公做管理的具体方式和方法也只剩下传说,关键是孔子自己到底应该怎样做,应该赋予周公以怎样的意义,又怎样将周公内化于心,凝华于梦,影响自己的思言行。这才是儒家的圣人理想的真正含义。可以说,周公恰是因孔子而圣,孔子也恰是因后世的儒者而圣。孔子和周公都被赋予了更为丰富的理想世界和理想管理者的意义。儒家的凡与圣,正是因人心而交织在了一起。

在对理想世界的理解上,儒家与佛、道两家完全不同。佛、道两家所谓的理想世界,实际上是一个在性质上完全不同于现实世界的彼岸世界,而那些进入彼岸世界的所谓成佛、成仙的人,已经不在现实世界之中了。在佛、道两家看来,彼岸世界并不是因为人们要改变和完善现实世界而存在的,彼岸世界早已存在,且时刻在召唤着人们尽快抛弃现实世界,进入彼岸世界。在孔子所处的时代,虽然还没有出现这种以彼岸世界为基础构建起来的佛家和道家学说,但已存在着一些意图摆脱现实世界、离群索居的隐士。孔子从不否定隐士们洁身自好的自我选择,但又旗帜鲜明地将儒家的理想世界与隐士们的隐逸世界严格区分开来。

这里需要特别说明的是,孔子与隐士们的区别,以及后来儒家与佛、道两家的区别,都不能简单地用"入世""出世"加以解释,关键还在于内在的信念、价值观定位和由此而形成的思维方式及其运用。孔子和儒家的立足点是现实中的人,并致力于追求更广大且长远的共同利益,即"至善"。儒家的理想世界深深扎根在"人性"的德性之中,并建基于更广大且长远的共同利益。这就使儒家从没有脱离过现实世界,也不曾离开人伦日用;而当人们说儒家"入世"时,似乎隐含着从外部进入现实世界或凡世的含义,这实际上是不恰当的。儒家从来就没有离开过现实世界或凡世,又何谈"入世"?儒家恰是要立足现实,弘扬理想,改变现实,完善现实。在这一点上,孟子表现得更为突出。

孟子对儒家管理思想的重要贡献之一,是更为清晰地界定了儒家"人性"的德性内涵及其向善的倾向性,从而让作为社会规范的"仁义礼智"具有内在的"人性"基础。这就让凡与圣得以有机融合。正因为"仁义礼智"成了"人性"的固有内涵,而向善则是德性的自然倾向性,圣也就成了"仁义礼智四端"及其向善倾向性的自然表征,是每个人的内在潜质,而立下"成圣"之志,也就意味着向内去追求和阐明"人性"的"仁义礼智四端"及其向善的倾向性。这恰是人之为人的根本。人正因为有内在成圣的潜质,才成其为人。这就像孟子所说的:"人之所以异于禽兽者几希,庶民去之,君子存之。舜明于庶物,察于人伦,由仁义行,非行仁义也。"①现实世界中的管理者或"君子",必须以舜这位历史上伟大管理者的典型代表为榜样,牢牢把握住人与动物的本质区别,身体力行地去阐明和践行人之为人的德性内涵。这才是做管理的真正起点。

孟子像孔子一样,从来没有不切实际地谈论儒家理想世界和理想管理者,而是将这种理想诉诸"人性"所固有的本质特征,提醒人们要时刻向内关注人之为人的德性前提,首先让自己成为一个堂堂正正的人,这才是从事任何职业、做任何事的真正根基。当孟子说"学问之道无他,求其放心而已矣"②时,这里的"学问",首先不在于向外求所谓各类知识,而在于向内求人之为人的德性根本,只有立足于"人性"的德性前提,再来运用"心"或思维,才会真正有所收获。这实际上也就意味着,当人们以内心之圣介入现实世界时,才能真正做到以自我的"真吾"本体为主宰,不为外物所动,达到《大学》所讲的"知止而后有定,定而后能静,静而后能安,安而后能虑,虑而后能得"③的境界。一旦达到这个境界,凡与圣自然就融为一体了。

---

① 张钢:《孟子的管理解析》,机械工业出版社 2019 年版,第 291—293 页。
② 张钢:《孟子的管理解析》,机械工业出版社 2019 年版,第 401—403 页。
③ 张钢:《大学·中庸的管理释义》,机械工业出版社 2017 年版,第 8—10 页。

孟子从来没有脱离凡来谈论圣。他认为,在现实世界里,每个人都有成圣的潜质,原因就在于"人性"之中早已蕴含了"仁义礼智四端",而这四端便是圣人的发端或萌芽,即"圣端"。正像每颗正常的种子都有望苗壮成长一样,每个人都有可能将自己内在的"圣端"发扬光大;而且,人与植物、动物、机器等"物"不同,这些"物"只能被动地受制于环境,人则具有主体性和自主性,能够主动地选择环境,甚至改变和创造环境,让内在的"圣端"得到阐明和彰显。人要改变环境,完善现实世界,首先就必须创造一个理想条件下的环境或理想世界,然后才能以此来引领对现实世界的改变和完善;而那个存在于心中的理想世界,便是由人之为人的那个"圣端"衍生出来,并借助"心"或思维能力构建起来的。这恰是人的主体性和自主性的集中体现。正因为如此,人能超越于"物",不必被动地受制于环境,包括自然环境和社会环境,也不必完全屈从于外在标准,更不必只试图成为外在标准下的赢家。

对于自然界中的生物而言,生存竞争是残酷的。不仅食物链上不同物种之间存在弱肉强食,即便是同一物种内部的不同群体之间,甚至同一群体里面的不同个体之间,生存竞争都极其惨烈。但是,人与人之间,组织与组织之间,不应只有赢者通吃的竞争法则。演化动力学的研究表明,人之区别于动物的优势,恰在群体的合作机制上,人类能在跨亲缘的更大范围里产生更长远的有效合作;那些真正具有竞争优势的人类组织,是能建立起更有效的合作机制,产生持续信任的组织。"人之所以为人,也是因为掌握了这一关键的合作机制。"[①]实际上,人类个体之所以能够借助各种工具大大扩展自己的行动能力,都不过是在依赖于其他人类伙伴的分工协作罢了。因此,人之区别于动物,关键不在于个体的智力和体力,而在于群体间分工协作的机制和能力。更重要的是,人类的这种合作能力已随着文明演化的进程,变成了一种文化基因,内置于每个人类个体之中。这也许恰恰说明,儒家将"仁义礼智四端"作为"人性"所固有的独特内涵,具有现实合理性。从这个意义上说,王是"人性"的德性前提,让儒家的理想世界及其典型代表圣人的形象深深地植根于现实世界

---

① [美]马丁·诺瓦克、罗杰·海菲尔德著,龙志勇、魏薇译:《超级合作者》,浙江人民出版社 2013年版,第74页。

之中。

孟子提出了代表儒家理想世界的"义理"概念，而且，孟子在讲"义理"时，已经将"义理"与"心"及"圣人"结合在了一起。孟子说："心之所同然者何也？谓理也，义也。圣人先得我心之所同然耳。故理、义之悦我心，犹刍豢之悦我口。"①在孟子看来，"义理"是人心中不可或缺的共有内涵，正所谓"人同此心，心同此理"，"圣人"不过是其典型代表而已。当王阳明在贵州龙场的特殊情境下，深切体悟到"圣人之道，吾性自足"或"心即理"的时候，实际上就是通过自己的亲身实证，在思想上实现了与孟子的直接对话，并从根源处理解和把握了孟子关于"义理"在心中的真正意义。

王阳明在龙场时所处的环境条件，与孟子设想舜可能身处的环境条件有异曲同工之妙。孟子说："舜之居深山之中，与木石居，与鹿豕游，其所以异于深山之野人者几希。及其闻一善言，见一善行，若决江河，沛然莫之能御也。"②孟子认为，当舜居于深山之中，与木石同住，与鹿豕为伴的时候，他之不同于木石、鹿豕之处，甚至不同于一般山民之处，便在于心中有"义理"，那便是以"仁义"为代表的"人性"的德性内涵，因此，舜一旦听到或想到"仁义"或"义理"时，便由内而外地迸发出无穷无尽的巨大能量。每个人心中都有像舜一样的"仁义"或"义理"，关键是要让这个"圣端"涌动、奔腾，"若决江河，沛然莫之能御"，终将成为自我的"真吾"本体，由内而外地主导思言行，追求理想，改变现实。其实，王阳明在龙场，当面对各种艰难困苦的外部条件时，也曾不断躬身自问："圣人处此，更有何道。"③正是这样的反复追问，开启了王阳明向内心求圣的大门，从而让他真正体悟到了"圣人之道，吾性自足"或"心即理"这个儒家思想的真谛。

虽然孟子的思想里已经蕴含了"心即理"的内容，而且，陆九渊更是明确提出了"心即理"的观点，但是，若不经过亲身实证，只是记诵前人文字，在纸面和口头上去演绎"义理"，那恰是当时盛行的朱熹理学的流弊所在。王阳明 15 岁

---

①　张钢：《孟子的管理解析》，机械工业出版社 2019 年版，第 390－393 页。

②　张钢：《孟子的管理解析》，机械工业出版社 2019 年版，第 484－486 页。

③　[明]王守仁撰，吴光、钱明、董平、姚延福编校：《王阳明全集》，上海古籍出版社 2011 年版，卷三十三，第 1354 页。

时之所以要去"格竹",便是想亲身实证朱熹的"格物致知"之说。王阳明"格竹"失败,已经暗示了向外求圣,此路不通。接下来,王阳明经过 22 年的探索,直到 37 岁"龙场悟道",才真正找回儒家的"成圣"之道。那绝不是一条向外部世界求圣的道路,而是一条儒家独特的"内圣之道"。正是经过王阳明的不懈努力,儒家的凡与圣一体、在平凡中见神圣的"内圣之道",才再次系统而精彩地呈现在世人面前。

关于儒家的圣人,一直都有一种误解,认为圣人是天生的,普通人无法企及;而且还一定要将人分成三六九等,有所谓圣人、贤人、君子、小人、恶人之分。若命定如此,人努力进行自我修养,又有何益? 即便这些等级是由后天不同努力程度所带来的结果,那么,问题是:若后天努力的终点是圣人,那起点又在哪里呢? 总不能说人一出生都是恶人吧? 那很可能又要将人生的起点安排到不同的位置上去。这实际上又是一种命定论或先天论。

说到底,这种将圣人与其他所谓不同类型的人排列成一个线性阶梯的方式,原本就是有问题的,也是对儒家圣人观念的最大误解。儒家的圣人只是一种理想,不过是人心中关于"人性"的德性内涵及其向善倾向性的坚定信念而已,在现实世界里并不存在人格化的所谓圣人。至于君子和小人,则是组织管理中具有对应关系的两种岗位称谓,君子指管理者,小人指被管理者,无所谓好坏;而贤人和恶人,倒是两个带有是非、好坏判断的称谓,那些追求并努力创造共同利益或"善"的人,则是贤人,那些侵占、损害甚至破坏共同利益或"善"的人,便是恶人。

从这个意义上说,圣人、君子与小人、贤人与恶人,是三类性质完全不同的概念,压根儿就不应该硬放在一起,更不可能排列出一个阶梯式等级来。圣人是每个人心中应有的信念坚守,是"人性"的德性内涵的理想化身。在现实世界中,并不存在人格化的圣人,人们只能将"成圣"作为人生的终极目标,却不能说谁在现实世界里已经成了圣人,即便是孔子、孟子,也从没有认为自己是圣人。后人之所以要将尧、舜、禹、孔子、孟子等称为圣人,不过是一种理想类型意义上的形象化表达而已,并不具有人格化含义;而且,若从像王阳明那样立志"成圣"的个体角度来看,或许正因为心中有了如孔子、孟子这般形象化的存在作为精神导师,才能在现实世界里不管经历怎样的艰难困苦,都变得不再孤单,心中总有精神导师相伴,这更有助于增强信心,坚定决心,追求理想,执着前行。当王阳明在龙场的崇山峻岭之间不断追问"圣人处此,更有何道"的时候,恰说明他心中已经有了像孔子、孟子这样的精神导师,而王阳明的追问既是自我的拷问,也是与精神导师的对话。

既然儒家的圣人是"人性"的德性内涵及其向善倾向性的集中体现,存在于每个人的心中,那么,怎样才能让心中的圣人彰显出来,成为自我的"真吾"本体呢?这就需要人们在现实世界中经历"事上磨练",就如同真金一定要经过烈火锻炼而去掉杂质一样。立志、修诚、"格物",便是"成圣"的必由之路。王阳明对此有过精彩论述:

> 圣人之所以为圣,只是其心纯乎天理,而无人欲之杂。犹精金之所以为精,但以其成色足而无铜铅之杂也。人到纯乎天理方是圣,金到足色方是精。然圣人之才力亦有大小不同,犹金之分两有轻重。尧、舜犹万镒,文王、孔子犹九千镒,禹、汤、武王犹七八千镒,伯夷、伊尹犹四五千镒。才力不同而纯乎天理则同,皆可谓之圣人。犹分两虽不同,而足色则同,皆可谓之精金。以五千镒者而入于万镒之中,其足色同也;以夷、尹而厕之尧、孔之间,其纯乎天理同也。盖所以为精金者,在足色而不在分两;所以为圣者,在纯乎天理而不在才力也。故虽凡人而肯为学,使此心纯乎天理,则亦可为圣人;犹一两之金比之万镒,分两虽悬绝,而其到足色处可以无愧。故曰"人皆可以为尧、舜"者以此。学者学圣人,不过是去人欲而存天理耳。犹炼金而求其足色。金之成色所争不多,则锻炼之工省而功易成,成色愈下则锻炼愈难。人之气质清浊粹驳,有中人以上、中人以下,其于道有生知安行、学知利行,其下者必须人一己百、人十己千,及其成功则一。后世不知作圣之本是纯乎天理,却专去知识才能上求圣人。以为圣人无所不知,无所不能,我须是将圣人许多知识才能逐一理会始得。故不务去天理上着工夫,徒弊精竭力,从册子上钻研、名物上考索、形迹上比拟,知识愈广而人欲愈滋,才力愈多而天理愈蔽。正如见人有万镒精金,不务锻炼成色,求无愧于彼之精纯,而乃妄希分两,务同彼之万镒,锡、铅、

铜、铁杂然而投，分两愈增而成色愈下，既其梢末，无复有金矣。[①]

王阳明用"炼精金"来比喻"内圣之道"，既形象，又深刻，而且，以这个比喻来分析时弊，真可谓一针见血。

可能是因为王阳明在用"精金"设喻时，为了说明"分两"虽有轻重，但贵在"足色"，便打了个比方说"尧、舜犹万镒，文王、孔子犹九千镒"，这让弟子们将注意力转移到圣人的"分两"比较上，反倒忘记了这个比喻意在说明"足色"才是根本。这种表现在现实中非常具有代表性，人们常常只是关心"量"，而总是有意无意地忽略"质"。

当时，王阳明的一位弟子刘德章就想为孔子抱不平，说："闻先生以精金喻圣，以分两喻圣人之分量，以锻炼喻学者之工夫，最为深切。惟谓尧、舜为万镒，孔子为九千镒，疑未安。"王阳明对此的回答是：

> 此又是躯壳上起念，故替圣人争分两。若不从躯壳上起念，即尧、舜万镒不为多，孔子九千镒不为少；尧、舜万镒只是孔子的，孔子九千镒只是尧、舜的，原无彼我，所以谓之圣。只论精一，不论多寡。只要此心纯乎天理处同，便同谓之圣。若是力量气魄，如何尽同得！后儒只在分两上较量，所以流入功利。若除去了比较分两的心，各人尽着自己力量精神，只在此心纯天理上用功，即人人自有，个个圆成，便能大以成大，小以成小，不假外慕，无不具足。此便是实实落落、明善诚身的事。后儒不明圣学，不知就自己心地良知良能上体认扩充，却去求知其所不知，求能其所不能，一味只是希高慕大；不知自己是桀、纣心地，动辄要做尧、舜事业，如何做得？终年碌碌，至于老死，竟不知成就了个甚么，可哀也已！[②]

从王阳明的回答，不难理解，如同"炼精金"一样的儒家"内圣之道"，本质上是做"减法"，去"杂质"，以回归内心那个以圣人来表征的"真吾"本体。用王阳明自己的话说就是："吾辈用功只求日减，不求日增。减得一分人欲，便是复

---

①　［明］王守仁撰，吴光、钱明、董平、姚延福编校：《王阳明全集》，上海古籍出版社 2011 年版，卷一，第 31—32 页。

②　［明］王守仁撰，吴光、钱明、董平、姚延福编校：《王阳明全集》，上海古籍出版社 2011 年版，卷一，第 35—36 页。

得一分天理。何等轻快脱洒,何等简易!"①

　　当然,王阳明这里说做减法是何等"轻快""脱洒""简易",仅是相对于那些懵懵懂懂要向外求圣的人,只在"分两"上为着"希高慕大"而做加法、添杂质的方式来说的;其实,向内求圣,做减法,"炼精金"的过程,又何尝不需要下一番苦功夫、练就真功夫呢?正如当代儒学家杜维明教授所言:"内圣也可以被理解为一个动态的自我改造过程。"②

　　对此,孟子早就明确指出:"故天将降大任于是人也,必先苦其心志,劳其筋骨,饿其体肤,空乏其身,行拂乱其所为,所以动心忍性,曾益其所不能。"③孟子所言,就是对儒家管理者向内求圣、自我磨砺、自我修养的根本要求,而且,这种磨砺和修养还必须从"心志"开始。"苦其心志",则是要自觉地对思维和志向进行磨练。像王阳明那样立下了"成圣"之志后,如何才能检验这是自己真诚认同,并愿意为之奉献而不求回报的终极目标?这就需要经由各种磨难来检验。不经历风雨,如何相信会有彩虹出现?未经受磨难,如何发现这才是真承诺?没有经过严格检验,不曾经历"为什么不"的反复拷问的终极目标,很难成为内在的底线坚守。换句话说,若根本就没有机会在艰苦的环境中去考验这根底线,又如何知道这才是必须坚守的内在底线?又如何能说这就是不能放弃的价值准则?

　　既然志是"心"或思维的归宿,那么,人们又是靠什么去持续追求志呢?也只能是靠"心"或思维本身。正如孟子所言:"心之官则思,思则得之,不思则不得也。此天之所与我者,先立乎其大者,则其小者不能夺也。此为大人而已矣。"④孟子这里所说的"大人",仍是指那些坚信并执着践行管理之道的真正管理者。这样的管理者,首先必须用"心"或思维去追求志,坚守志,践行志。若"心"或思维未经过磨砺,不够强大,要想去坚守和践行志,也并非易事。因此,"苦其心志"的前提,乃是"心志"一体。"志于道"与"用心求道"本来就是一致

———————

　　① ［明］王守仁撰,吴光、钱明、董平、姚延福编校:《王阳明全集》,上海古籍出版社 2011 年版,卷一,第 32 页。

　　② 杜维明著,朱志方译:《青年王阳明:行动中的儒家思想》,生活·读书·新知三联书店 2013 年版,第 4 页。

　　③ 张钢:《孟子的管理解析》,机械工业出版社 2019 年版,第 452－456 页。

　　④ 张钢:《孟子的管理解析》,机械工业出版社 2019 年版,第 408－410 页。

的。从这个意义上说,孟子意义上的"心志"与王阳明所讲的"心即理",本质上是一样的。当孟子说"苦其心志"的时候,也就是王阳明所极力倡导的"事上磨练""致良知"。这正是任何一位真正的儒家管理者都必须经历的由内而外的磨砺和修养过程。

从"苦其心志"来看,王阳明 12 岁立志之后,的确曾遭遇过不少磨难和考验。这里首先需要特别指出的是,过往人们似乎更看重生活和身体上的磨练,多将注意力集中在孟子所说的"劳其筋骨,饿其体肤,空乏其身"上。虽然这种磨练非常重要,甚至有可能从根本上改变一个人,尤其是对于青少年来说,更是如此;但是,这种生活和身体上的磨练并不必然等同于"心志"上的磨练,更不能替代"心志"上的磨练;而且,即便暂时还没有经历生活和身体上的磨练,也同样可以有"心志"上的磨练。这在青少年时期的王阳明身上就表现得很明显。

王阳明的家庭背景,决定了他在青少年时期不太会遇到多大的生活和身体上的磨难和考验,但是,即便没有这种生活和身体上的磨练,也不代表王阳明不会经历"心志"上的磨练。典型的例子或许是,王阳明 15 岁去"格竹"七日,以至于心力交瘁而病倒。这对少年王阳明而言,显然是一次"苦其心志"的考验。和王阳明一起因"格竹"而累倒的钱姓伙伴感叹"圣人做不得",好像做圣人都需要有天生资质一样。这不能不说是对王阳明的"成圣"之志的一次磨难和考验。

王阳明在"格竹"事件上所经历的"心志"磨练和考验,已经折射出少年王阳明与当时主流朱熹理学追随者的不同志趣。朱熹理学的真正追随者们,大多是以研究儒家经典、发扬光大儒家思想为己任的纯粹意义上的学者,如当时的大儒陈献章[①]、娄谅等。但是,王阳明不一样,他更注重实践,像 15 岁"格竹"这件事,本身就是一种实践。当绝大多数致力于学习儒家学说的同龄人还在书斋里苦读朱熹著作的时候,王阳明却愿意花七天时间从事"格竹"实践,以亲

---

① 陈献章(1428—1500),字公甫,别号石斋,广东新会白沙里人,人称"白沙先生",景泰二年(1451)会试落第后,拜一心向学、不事举业的江西大儒吴与弼为师,一生致力于研究和传播儒学,是明代著名思想家、教育家、书法家、诗人、古琴家,也是明朝从祀孔庙的四人之一,另外三人是薛瑄、胡居仁、王阳明。

身验证朱熹的"格物致知"之说，由此似乎已经昭示出王阳明主要是一位儒家思想的实践者而非单纯的诠释者。王阳明几乎没有专门的著作留世，他的主要思想大多是与弟子们论学过程中的问答和书信，由弟子们编辑成《传习录》，而在《王阳明全集》中，奏疏和公文所占的比重极高，奏疏有 81 篇，公文有 260 篇，两者合计占王阳明现存文稿篇幅的 1/3 以上。这表明，不能只是单纯从学术思想的角度看待王阳明及其与朱熹理学的区别，而应该将之放到更大的时代背景、职业定位和管理实践中去加以全面理解和把握，正如孟子所言："颂其诗，读其书，不知其人，可乎？"①

　　在"格竹"实践上经受的"心志"磨练，一方面让王阳明对朱熹的"格物致知"之说产生了怀疑，这显然为他回归孔子和孟子思想源头直至"龙场悟道"埋下了伏笔；另一方面则为王阳明跳出当时主流的朱熹理学，去旁涉包括佛、道在内的各种学说和实践，以寻求他山之石，提供了较为充足的理由。王阳明在"格竹"实践上的挫折，并没有动摇他的"成圣"之志，却成为他求索"内圣之道"的重要转折。此路不通，只能另寻它途。因此，在王阳明此后的心路历程和人生道路上，关键不在于是否存在所谓"五溺"，而是他愿意也能够义无反顾地勇敢承受各种"苦其心志"的磨练和考验。

　　磨练和考验王阳明"心志"的另一个重要事件，或许就是连续两次会试落第。在当时的条件下，对于立志要成为儒家伟大管理者的王阳明来说，科举考试虽然不能说是实现理想的唯一途径，却也是非常重要的一条正途，而连续两次科考失利，对王阳明未来职业生涯的影响可想而知。更何况，王阳明小时候就被誉为"神童"，11 岁时写的《蔽月山房》诗——"山近月远觉月小，便道此山大于月。若人有眼大如天，还见山小月更阔"②，便已是洞见深邃，才气袭人。另外，他从 10 岁起就生活和成长在父亲王华的状元光环之下。王阳明 10 岁时，父亲王华高中状元，这既是家族荣耀，也是对后辈的巨大压力。王阳明是家中长子，12 岁便要立志"成圣"，恐怕这也可以理解为少年王阳明对来自父亲状元压力的超越；否则，如果按私塾先生所言，读书只为登第，那么，对于状元

---

① 张钢：《孟子的管理解析》，机械工业出版社 2019 年版，第 371－372 页。
② ［明］王守仁撰，吴光、钱明、董平、姚延福编校：《王阳明全集》，上海古籍出版社 2011 年版，卷三十三，第 1346 页。

的儿子来说,再怎么努力也不过和父亲一样中个状元,要想超越是不可能的。然而,一旦立下"成圣"之志,读书的意义就完全不一样了,不仅能超越那种现实可见的科举中第的目标追求,而且,还能赋予科举中第这个具体目标以更大的意义,让参加科举考试不再仅是一种个体化的私人目标追求,而是融入一种更广大的儒家思想传统之中,成为更广大且长远的共同利益或"至善"这个终极目标的组成部分。

如果将这些背景线索整合在一起考虑,便不难理解,连续两次会试落第对王阳明的"心志"来说,不啻又是一次严峻考验。王阳明再次经受住了考验,还留下了那句发人深省的名言:"世以不得第为耻,吾以不得第动心为耻。"①这表明,王阳明已做到"以志帅气",不因外物动其心了。对于立志成为儒家伟大管理者的王阳明来说,"成圣"之志总要融入日常凡俗生活之中,如何做到身在凡俗而又超越凡俗,给自己找到一个真正的心灵归宿,同时又把日常生活之事当成磨练自己"心志"的契机,这才是王阳明在"苦其心志"上进行探索的要旨所在。

本质上说,"苦其心志"不是某个人生阶段上可能面临的考验,而是伴随儒家管理者终生的自我修养过程。即便王阳明 28 岁进士及第,此后的管理之路也并非一帆风顺,对他的"成圣"之志的考验愈加严酷。儒家凡与圣的一体化关系,在王阳明的管理职业生涯中体现得更是淋漓尽致。其实,就连著名的"龙场悟道",也不过是王阳明在经历职业生涯中一次严苛的"心志"磨砺后所达成的思想升华而已。

正德元年(1506)十月,几位言官上书弹劾宦官刘瑾,被治罪下狱。王阳明时任兵部武选清吏司主事,虽职微力薄,他仍上书武宗皇帝,为言官申辩。王阳明所上奏疏的题目是"乞宥言官去权奸以彰圣德疏",开篇首句便是"臣闻君仁则臣直。大舜之所以圣,以能隐恶而扬善也"②。上这样一封谏疏,结果自然不出所料,王阳明旋即被打入大牢,遭遇了做组织管理以来的第一次重大挫

① ［明］王守仁撰,吴光、钱明、董平、姚延福编校:《王阳明全集》,上海古籍出版社 2011 年版,卷三十三,第 1349 页。
② ［明］王守仁撰,吴光、钱明、董平、姚延福编校:《王阳明全集》,上海古籍出版社 2011 年版,卷九,第 323 页。

折。但是,一个多月的锦衣卫诏狱生活,却成了王阳明磨砺"心志"的特殊场景,他不仅没有灰心和消沉,反而和狱友向周文王学习,一起讲论并推演《周易》,找到了让"心志"得以超越的新方式。① 出狱后,王阳明便踏上了前往贬谪之地贵州龙场的艰辛漫长的路途,而等待他的将是更为严酷的身心磨砺。

正德三年(1508)三月,王阳明到达龙场驿。龙场位于贵阳以西七十多华里处,当时是一个仅有苗族人居住的小村落,处在层峦叠嶂之间,林木丛生,气候潮湿,交通也很不方便,实乃蛮荒瘴疠之地。王阳明初到龙场,甚至连居住的地方都没有,只能搭建茅草屋,后来又发现了一处岩洞尚可栖身,便移居其中,还将之命名为"阳明小洞天"。身处这样的自然环境之中,又与当地人言语不通,王阳明在龙场的生存境况可见一斑。

也许正是如此恶劣的生存环境,让王阳明更切实地感受到,人得以超越环境的真正力量,恰在于内心。当人们身处有着各种各样丰富资源的自然环境和社会环境之中时,可能还感受不到人之为人的根本在内心。对任何人而言,首先感受到的是社会环境的影响,因为每个人从出生开始,便主要成长在社会环境之中;虽然在成长过程中也会同步受到自然环境和社会环境的影响,但对于一个孩子来说,首先感受到的是人与人之间的社会互动,需要不断地向他人特别是成年人学习。正是借助这种社会学习过程,人们才慢慢学会适应社会环境,并在社会环境中成长。从这个意义上说,朱熹将"格物""致知"解释为向外部去学习各种社会规范或"天理",表面上似乎很吻合于人们的直觉经验。

但是,人们一旦有机会暂时屏蔽掉早已习惯了的社会环境,甚至身边连能够深入交流的他人都不存在,只能直面纯粹意义上的自然环境的时候,人之为人区别于"物"的关键特征,便不可能向外部自然环境中去找寻,自然环境最多是启发人们去深入思考人与"物"的本质区别到底在哪里的隐喻对象。只有像王阳明一样身处这种极端情境中,才真正有机会回到内心,在心中找寻到那个用以将人与"物"区别开来,乃至超越生死的伟大内在力量。正如王阳明后来所讲的那样:"学问工夫,于一切声利嗜好俱能脱落殆尽,尚有一种生死念头毫

---

① [明]王守仁撰,吴光、钱明、董平、姚延福编校:《王阳明全集》,上海古籍出版社 2011 年版,卷二十二,第 975 页。

发挂带,便于全体有未融释处。人于生死念头,本从生身命根上带来,故不易去。若于此处见得破,透得过,此心全体方是流行无碍,方是尽性至命之学。"①

当然,王阳明这里说要去掉"生死念头",并不是说不重视生命,更不意味着无视生命的价值,而是强调要回归人之为人的本质特征,找到专属于人的最重要的价值,这便是第一价值,也是"心"或思维的源头、原点、自明前提。在儒家看来,这个第一价值便是"人性"中以"仁"为代表的德性,是超越于生命之上的价值。孔子早就明确指出:"朝闻道,夕死可矣。""志士仁人,无求生以害仁,有杀身以成仁。"②孟子则用鱼和熊掌作比喻,更形象地表达了儒家价值观的优先序:"鱼,我所欲也;熊掌,亦我所欲也。二者不可得兼,舍鱼而取熊掌者也。生,亦我所欲也;义,亦我所欲也。二者不可得兼,舍生而取义者也。生亦我所欲,所欲有甚于生者,故不为苟得也。死亦我所恶,所恶有甚于死者,故患有所不辟也。如使人之所欲莫甚于生,则凡可以得生者,何不用也?使人之所恶莫甚于死者,则凡可以辟患者,何不为也?由是则生而有不用也,由是则可以辟患而有不为也。是故所欲有甚于生者,所恶有甚于死者。非独贤者有是心也,人皆有之,贤者能勿丧耳。"③孔子和孟子这里所讲的,都不意味着不要生命或生命不重要,而只在于说明,人之所以为人,一定有比生命更重要的、带有根本性的价值追求,只不过很少有人能够有机会切身体会到这种内在价值观的优先顺序罢了。

在龙场这种特殊条件下,王阳明真正超越了生理意义上的"生死念头"之后,便容易发现,"圣人之道,吾性自足",一切"义理",不过都在自己的心中。人不可能从外"物"或自然环境中找到"义理"。当年王阳明去"格竹"便已证明,不可能借外"物"认识伦理之真,外"物"不过是用以设喻的对象罢了,自然环境中并不存在伦理之真。若忘记了这一点,想要从万事万物上"格"出一个伦理之真来,那还真是有点像孟子所讲的"缘木求鱼"的味道。

既然"义理"或伦理之真不可能存在于自然环境之中,那么,是否可能存在

---

① ［明］王守仁撰,吴光、钱明、董平、姚延福编校:《王阳明全集》,上海古籍出版社 2011 年版,卷三,第 123 页。

② 张钢:《论语的管理精义》,机械工业出版社 2015 年版,第 88—89、440—441 页。

③ 张钢:《孟子的管理解析》,机械工业出版社 2019 年版,第 398—401 页。

于社会环境之中呢？也就是说，由于人时刻都离不开社会环境，在人与人之间的社会互动之中，特别是在与父母长上、兄弟姐妹的互动之中，人是否可以自然而然地理解和体会到伦理之真呢？这确实是一个值得认真思考的问题。王阳明后来曾对大弟子徐爱说："且如事父，不成去父上求个孝的理？事君，不成去君上求个忠的理？交友治民，不成去友上、民上求个信与仁的理？都只在此心。心即理也。此心无私欲之蔽，即是天理，不须外面添一分。以此纯乎天理之心，发之事父便是孝，发之事君便是忠，发之交友治民便是信与仁。只在此心去人欲、存天理上用功便是。"①

考虑到绝大多数人都不可能孤立地生活在深山之中，即使有机会独自生活在深山之中，也未必有意愿和能力去思考更具一般意义的伦理之真问题，这就让包括朱熹在内的后世儒者，不可能去直观地体验孟子所刻画的"舜之居深山之中，与木石居，与鹿豕游"那种特殊场合下心中的特殊感受。王阳明却不一样，他既有"格竹"的亲身感受，又有对佛、道两家的穷心精研，以此为背景，再被抛到龙场这样一个偏远蛮荒之地，当身外一无所有，只有此身和此心时，若能再将此身放下，了却了生死之患，也就唯有此心了，而此心中还有什么呢？王阳明没有在此心中看到佛，也没有因此心而成仙，但回到此心的源头、原点处，只有亲情还萦绕在此心中，割扯不断，王阳明内心时刻牵挂着祖母和父亲。这表明，即便在如此特殊的环境条件下，人的内心或思维中也并非空寂，而仍充盈着亲情之爱，这便是儒家的伦理之真，也即以"仁义礼智"为核心的"义理"或"天理"。王阳明亲身实证了"心即理"。"理"在心中，"理在故心在，心在故我在"。心中之"理"，才是自我的"真吾"本体。

"龙场悟道"让王阳明有机会亲身实证了儒家之道或"天理"的存在性，也更进一步确证了自己的"成圣"之志这个"心"或思维原点的恰当性。王阳明虽然 12 岁便立下了"成圣"之志，但那时及以后很长一段时间里，都不一定能切实体验到这就是自己的"心"或思维的真正原点或自明前提；即便听别人谈论或者阅读先人著作，或许也能认识到这一点，但只是从口头和纸面上认识到，

---

① ［明］王守仁撰，吴光、钱明、董平、姚延福编校：《王阳明全集》，上海古籍出版社 2011 年版，卷一，第 2—3 页。

与亲身经历并深切体验到是完全不同的。王阳明从 12 岁立志到 37 岁悟道，中间经历了 25 年漫长时光，而很多人虽然也有立志，但可能一辈子都没有机会亲身实证自己的志或思维原点的存在性及其对思言行的真正意义，更何况还有人从未曾立过志。

正因为经历了"龙场悟道"对自己"成圣"之志的确证，王阳明随后才极力倡导"知行合一"。既然"理"是天然存在于"心"或思维之中的原点或自明前提，那么，一切"心"或思维的运用，也就必然有内在的一定之规，而思言行一致或"诚"也就不再是要符合外在的标准要求，反倒成为立足于儒家之"理"的由内而外的自然而然的表现。这恰是孟子所讲的"由仁义行，非行仁义也"，①也正是王阳明所倡导的"知行合一"。王阳明曾这样阐述"知行合一"：

> 未有知而不行者。知而不行，只是未知。……就如称某人知孝、某人知弟，必是其人已曾行孝行弟，方可称他知孝知弟，不成只是晓得说些孝弟的话，便可称为知孝弟。……知行如何分得开？此便是知行的本体，不曾有私意隔断的。圣人教人，必要是如此，方可谓之知。不然，只是不曾知。此却是何等紧切着实的工夫！如今苦苦定要说知行做两个，是甚么意？某要说做一个，是甚么意？若不知立言宗旨，只管说一个两个，亦有甚用？

> 某尝说知是行的主意，行是知的功夫；知是行之始，行是知之成。若会得时，只说一个知，已自有行在；只说一个行，已自有知在。古人所以既说一个知又说一个行者，只为世间有一种人，懵懵懂懂的任意去做，全不解思惟省察，也只是个冥行妄作，所以必说个知，方才行得是。又有一种人，茫茫荡荡，悬空去思索，全不肯着实躬行，也只是个揣摸影响，所以必说一个行，方才知得真。此是古人不得已补偏救弊的说话，若见得这个意时，即一言而足，今人却就将知行分作两件去做，以为必先知了然后能行。我如今且去讲习讨论做知的工夫，待知得真了方去做行的工夫，故遂终身不行，亦遂终身不知。此不是小病痛，其来已非一日矣。某今说个知行合一，正是对病的药。又不是某凿空杜撰，知行本体原是如此。今若知得宗

---

① 张钢：《孟子的管理解析》，机械工业出版社 2019 年版，第 291—293 页。

旨时,即说两个亦不妨,亦只是一个。若不会宗旨,便说一个,亦济得甚事?只是闲说话。①

王阳明一旦确证了"心"或思维的原点,再由原点出发,"心"或思维便豁然开朗,内外通透,浑然一体,而且,即便回头重新思考儒家典籍,也立刻融会贯通了。王阳明在"龙场悟道"之后,特地对儒家经典《五经》进行了系统回顾,发现莫不契合于自己的体悟,为此,他专门写作《五经臆说》。在序言中,王阳明写道:"龙场居南夷万山中,书卷不可携,日坐石穴,默记旧所读书而录之。意有所得,辄为之训释。期有七月而《五经》之旨略遍,名之曰'臆说'。盖不必尽合于先贤,聊写其胸臆之见,而因以娱情养性焉耳。"②

儒家之"理"是关乎人与人之间关系的伦理,只有体现在日常生活、学习和工作的具体"做事"行动上,才有真正的意义,这也是"知行合一"的要义所在。在有关儒家之"理"的理解和把握上,王阳明与朱熹的最大区别,可能正在于这种实践导向上。王阳明立志伊始,便致力于寻找将儒家管理思想付诸实践的可行指导原则和具体实施路径,直至"龙场悟道",才更切实地体悟到,儒家管理之道所内秉的自明前提正是"仁义礼智四端"及其向善倾向性,而且,这个自明前提直接渗透在思言行之中,并通过各种"做事"的广义行动体现出来。因此,儒家管理之道对做管理的要求,就必然是"知行合一",而"知行合一"也即儒家做管理所特有的"凡圣一体"理念。

从实践导向上看,王阳明和朱熹是在两个不同的方向上发展了儒家学说。朱熹是要努力将儒家学说变成一种纯粹的学术知识体系,从而培养起一大批专心向学的儒家研究者,这的确为后来发展出日益丰富的儒家"义理"解释体系,即理学传统,做出了巨大贡献。但不容否认的是,以朱熹为代表的理学家们,在日益完善解释体系的同时,也越来越远离丰富多彩的管理实践。这已经违背了先秦孔子和孟子的思想宗旨。虽然到了王阳明所处时代,朱熹理学还是科举考试的必备知识,但充其量也不过是一大堆书面知识而已,其作用只在

---

① [明]王守仁撰,吴光、钱明、董平、姚延福编校:《王阳明全集》,上海古籍出版社 2011 年版,卷一,第 4—5 页。
② [明]王守仁撰,吴光、钱明、董平、姚延福编校:《王阳明全集》,上海古籍出版社 2011 年版,卷二十二,第 966 页。

于敲开当时做管理的大门，而一旦进入管理之门，这些知识也就失去了实践价值，最多不过是用于获得表面合法性、装潢门面的说辞，而在管理实践中，大多又是说一套、做一套，知行两张皮、言行不一的局面。

王阳明则完全不同，他从立志那一天起，就是要做儒家经世致用的管理实践者。也正是在当时的历史条件下，已踏入管理之门的王阳明，深谙现实中管理实践的症结所在，这才力主回归先秦孔子、孟子思想的实践本质，要将儒家之"理"真正融入自我管理和组织管理实践之中。这或许是王阳明"龙场悟道"后极力倡导"知行合一"所具有的更重要的时代背景和现实意义。

需要强调指出的是，也只有从实践导向的角度，才能更好地理解王阳明如何具体践行儒家"凡圣一体"的思想。儒家的信念和价值观从来都是极其具体而微的，并非抽象的玄学说辞，也不是神秘的彼岸世界，而总是以儒家管理者的理想与实践相结合的形式扎根在现实世界之中。从某种意义上说，王阳明所倡导的"知行合一"，也就是儒家管理者的理想与实践、圣与凡的一体化。当《大学》提出"格物""致知""诚意""正心""修身""齐家""治国""平天下"的时候，难道不正是要将管理者的"知行合一"及自我管理与组织管理，都深深扎根于家、国、天下的丰富管理实践之中吗？

同样，王阳明自己从立志到悟道过程中所致力于探索的"内圣之道"，既在内心中展开，也从来没有脱离过多姿多彩的现实世界。王阳明所探索的是一条因凡而圣、在平凡中见神圣的"成圣"之路。这与佛家所追求的"成佛"之路，道家所追求的"成仙"之路，是完全不同的。佛、道两家都要抛弃凡世生活，想做个超凡脱俗的存在，彻底放下凡世间一切"重负""烦恼"。殊不知，凡世间的"重负""烦恼"，正是人之为人所摆脱不掉的责任，家、国、天下，无不是天然系于"人性"德性内涵的一份责任，尤其是对于那些立志要成为伟大管理者或"圣人"的人来说，若不能立足于这份责任，不去努力追求这份责任，而只是想着放下这些"重负""烦恼"，又怎么能做得了管理呢？因此，王阳明倡导"知行合一"，恰是要提醒人们，儒家的"人性"前提和伦理之真，天然融入不同情境下的行动之中；离开了"行"，去空谈关于伦理之真的"知"，是无意义的，也是危险的。

正德四年（1509）十二月，王阳明离开龙场，前往江西庐陵县任知县。王阳明在龙场驿任驿丞差不多两年,这既是他的"心志"面临的一次巨大考验,也是他的"内圣之道"经历的一个重大转折。此后,王阳明便沿着管理之路矢志不渝地走下去,同时也从未停止过持续的自我管理和自我修养进程。

严格来说,王阳明的"内圣之道"贯穿其人生全过程,而且,还正向影响着当时越来越多的人认同和追求儒家"内圣之道"。自"龙场悟道"之后,王阳明的讲学活动便未曾停止过。还在龙场时,王阳明便创建了龙冈书院,为当地人讲学,后来又受贵州提学副使席书①之邀,赴贵阳文明书院讲学。这里需要特别说明的是,王阳明讲学与当时主流的理学追随者不同,既不是在单纯阐发儒家"义理",也不是要培养儒家学说的研究人才,更不是科举考试的辅导课,而是要拨乱反正,回归先秦孔子和孟子思想的实践本质,培养"知行合一"的儒家管理实践者,同时也是借志同道合者间的切磋交流,磨砺"心志",完善自我,彰显"真吾"本体。

"龙场悟道"之后,王阳明重点讲的是"知行合一",后来在滁州、南京任上又侧重于讲"省察克治",即借助静坐,摈除外在干扰,反思自我,而到平定"宁王之乱"后,则专讲"致良知",因为王阳明最终体悟到"心之良知是谓圣。圣人之学,惟是致此良知而已"②。王阳明还曾专门为弟子们作了四首《咏良知》诗③,其中第一首是:

> 个个人心有仲尼,自将闻见苦遮迷。
> 而今指与真头面,只是良知更莫疑。

王阳明每次讲学侧重点的转变,也可以视为他在"内圣之道"体认上的升华,同时还是他自我修养境界不断提升的表现。儒家的自我管理和自我修养是无止境的,像孔子从 15 岁立志,至 70 岁达到"从心所欲,不逾矩"的境界,便是一个持续不间断的终生修养过程。

---

① 席书(1461—1527),字文同,号元山,四川遂宁人,弘治三年(1490)进士,历任山东郯县知县、工部主事、户部员外郎、河南按察司佥事、贵州提学副使、福建左布政使、右佥都御使、礼部尚书、武英殿大学士等。

② [明]王守仁撰,吴光、钱明、董平、姚延福编校:《王阳明全集》,上海古籍出版社 2011 年版,卷八,第 312 页。

③ [明]王守仁撰,吴光、钱明、董平、姚延福编校:《王阳明全集》,上海古籍出版社 2011 年版,卷二十,第 870 页。

　　另外,王阳明的讲学活动,也集中体现了儒家将管理过程同时视为一个教育过程的理念。这意味着,儒家做管理并非简单地指挥命令他人,以达到管理者和组织所期望的结果,而是要引导人们回归"人性"的德性前提,激活人们内在的价值认同,由内而外地发生改变,主动学习,积极行动。这便是孔子提出的"道之以德,齐之以礼,有耻且格"①的儒家管理模式。儒家管理模式是建立在"人性"的德性前提之上的,相信人人心中有"圣人",也即"人皆可以为尧、舜"。② 关键是要自觉认识到这个前提,为此就需要管理者以身作则、率先垂范,在做管理中去不断阐明和彰显"人性"的德性前提,从而让凡与圣融为一体。

　　王阳明的"内圣之道",更形象地展现出儒家的"凡圣一体","成圣"即"明明德"的思想,而且,也从根本上纠正了关于儒家管理者的种种偏见。

　　首先,人们可能认为,儒家管理者只会高调谈"德",缺少将"德"落地的可行路径。孰不知,儒家之"德",既是"人性"的本质内涵,又深深地扎根在任何人的社会实践之中,是人的社会性的集中体现。德性的"仁义礼智"内涵与社会性所具有的行为规范要求是一体两面的关系。儒家若只有对德性信念和价值观的口头宣讲,而没有切实可行的社会规范下的行为表现,那一定是没办法立得住、行得远并持续影响他人的。更重要的是,儒家管理者关于德性的信念和价值观,都是对自我的要求,而不是对他人的要求。儒家管理者是要像王阳明那样,眼睛向内,不断反思和修养自身,然后才能在由内而外地践行儒家信念和价值观过程中去正向影响他人,一起追求和创造更广大且长远的共同利益。

　　其次,人们可能还会说,即便儒家之"德"的确扎根在社会行为之中,不是空头高调之"德",但由于儒家之"德"与各种策略工具的运用脱节,虽有良好愿望,却根本没有办法付诸实施,更别说改变现实了。特别是在一个竞争激烈、弱肉强食的环境中,儒家管理者更是难以成功,就连孔子、孟子在他们的有生之年,也没能实现理想。既然如此,还有谁会相信并践行儒家管理之道呢? 这

---

①　张钢:《论语的管理精义》,机械工业出版社 2015 年版,第 26—28 页。

②　张钢:《孟子的管理解析》,机械工业出版社 2019 年版,第 421—423 页。

种观点很流行,但其对儒家管理之道的最大误解便在于,错误地认为只要立下"成圣"之志,不断修养德,就可以解决一切问题。这种对儒家的认识,在很大程度上深受佛、道两家的影响。

在佛家那里,一旦"成佛",便法力无边。道家也一样,"成仙"之后就会有无穷功力,正所谓"一人得道,鸡犬升天"。佛、道两家都宣扬要超脱凡世束缚,任何凡世中人都无法与佛、仙相抗衡。以佛、道两家作为参照系,人们自然就想,"成圣"又会怎样?按理说也应该有"功力"才对呀?当人们这样想时,便已经完全忘记了,在现实世界而非想象的神话世界中,一个人彰显出"人性"的德性内涵及其向善倾向性,成为一名真正意义上"大写的人",只是作为人在现实世界中立足的必要条件,而若要取得在特定事业上的成功,自然离不开针对特定事业成功的充分条件。这种充分条件既包括具备有关特定事业的专业知识和能力,也包括相匹配的时势条件,正所谓"时势造英雄"。只有当"做人"的必要条件和"做事"的充分条件相结合,一个人才有可能在现实世界中取得特定事业上的成功。

对于立志做管理的人来说也一样,不能仅有"德",或仅靠"做人"就够了,还必须有相应的管理专业知识和能力,也需要有环境中的时势条件相匹配。当然,管理专业知识和能力,与"做人"或"德"的要求相比,还是有着本质区别的。管理专业知识和能力是领域专有的,并非通用的人之为人的综合素养。一个人具备了人之为人的综合素养,既可以学习管理专业知识和能力去做管理者,也可以学习其他方面的专业知识和能力去做其他专业人员。只不过对于那些选择做管理的人来说,对"做人"的综合素养的要求更高罢了,原因就在于管理工作总是要面对人,影响人,必须从"人性"出发,切实做到"以人为本"。但是,即便如此,也不能混淆对管理者的"做人"的综合素养这个必要条件要求与"做事"的专业素质这个充分条件要求,更不能将这两类条件互相替代,以为有了"德",自然就会有"才",或反过来,有了"才",也就必然会有"德"。这种替代性认识,恰是现实中对儒家产生误解的根本原因。所以,基于"人性"的德性前提,儒家致力于发展的首先是一种具有普遍意义的人之为人的综合素养,进而才是一整套做管理的专业素质要求。

关于"做人"的德性综合素养与做管理的相关专业素质之间的关系,儒家的观点形象而具体。儒家要求管理者必须在做管理时倾听来自内心的声音，响应心中德性的召唤，为追求和创造更广大且长远的共同利益而做管理。

具体地说，儒家所崇尚的德性召唤，是要求管理者必须从自我管理做起。这种召唤不是来自外部环境的强制命令或利益诱导，更不是来自彼岸世界神的启示，而是来自内心对"人性"的德性内涵及其向善倾向性的坚定信念，也即"明明德"，这是自我管理的根本前提。也只有立足于"明明德"，才能真正做到《大学》所讲的"格物""致知""诚意""正心""修身"，而这些不过是自我管理的基本环节罢了。

对于《大学》所讲的自我管理的五个基本环节，王阳明尤其看重"格物""致知""诚意"。在王阳明看来，"格物""致知"便是要"事上磨练""致良知"；只有把对"人性"的德性内涵即"良知"的追求落在实处，融入日常生活、学习和工作之中，才能达到无时无处不"修诚"的境界，这便是"诚意"。王阳明后来结合自己的管理实践体察，将儒家自我管理的"内圣之道"凝炼升华为四句话，被后人称为"阳明四句教"。

嘉靖六年(1527)九月八日，王阳明受命将启程赴两广，去平定思恩、田州之乱。当晚，在天泉桥上，王阳明对弟子钱德洪和王畿说："二君已后与学者言，务要依我四句宗旨：无善无恶是心之体，有善有恶是意之动，知善知恶是良知，为善去恶是格物。以此自修，直跻圣位；以此接人，更无差矣。"

王畿问："本体透后，于此四句宗旨何如？"

王阳明说："此是彻上彻下语，自初学以至圣人，只此功夫。初学用此，循循有入，虽至圣人，穷究无尽。尧、舜精一功夫，亦只如此。"

王阳明最后再次嘱咐道："二君以后再不可更此四句宗旨。此四句中人上下无不接着。我年来立教，亦更几番，今始立此四句。人心自有知识以来，已为习俗所染，今不教他在良知上实用为善去恶功夫，只去悬空想个本体，一切事为，俱不着实。此病痛不是小小，不可不早说破。"①

此事后来也被称为"天泉证道"，王畿还专门写过一篇《天泉证道记》，其中

---

① ［明］王守仁撰，吴光、钱明、董平、姚延福编校：《王阳明全集》，上海古籍出版社 2011 年版，卷三十五，第 1443 页。

所"记录"的王阳明的话竟变成了这样:"若悟得心是无善无恶之心,意即是无善无恶之意,知即是无善无恶之知,物即是无善无恶之物。盖无心之心,则藏密;无意之意,则应圆;无知之知,则体寂;无物之物,则用神。天命之性,粹然至善,神感神应,其机自不容已,无善可名。恶固本无,善亦不可得而有也,是谓无善无恶。若有善有恶,则意动于物,非自然之流行,着于有矣。自性流行者,动而无动;着于有者,动而动也。意是心之所发,若是有善有恶之意,则知与物一齐皆有,心亦不可谓之无矣。"①

王畿后来是"良知现成派"一脉的代表人物,他对"阳明四句教"的解说,已明显脱离了丰富多彩的日常生活、学习和工作实践,颇有禅玄之意。这让王阳明原本深深扎根于管理实践的思想,带上了浓重的玄学色彩。后世对王阳明思想有诸多误读,不能不说王畿和"良知现成派"要负主要责任。

如果将王阳明的自我管理思想和实践结合起来,并放到儒家一以贯之的思想传统中来审视,便容易发现,"阳明四句教"不过是王阳明自立下"成圣"之志以来,对"内圣之道"持续探索和实践之后的总结提炼,也是《大学》自我管理思想的更为清晰明确的表达而已。

《大学》讲"明明德",进而又将"明明德"具体化为"格物""致知""诚意""正心""修身"五个自我管理环节。其中,"修身"是自我管理的外在表现,即他人能看得见、感受得到的符合规范的行为,那么,人们又是如何产生这种符合规范的行为的?是因为外部规范有强制要求,还是因为在众目睽睽之下不得不采取这种行为呢,抑或是在什么激励措施诱导下表现出来的行为?儒家认为,这种"修身"的行为表现,绝不是因为外部力量或诱惑使然,而是来自"格物""致知""诚意""正心"的内在自我修养,这才是自我管理的核心要义。

自我管理并不是要符合外部标准要求,而是由内而外自发的修养过程。在这个过程中,"格物"即"事上磨练",是要用正确的方法做正确的事,"致知"便是"致良知",要彰显"人性"的德性内涵这个"真吾"本体;只有以"格物""致知"为前提或志向追求,才能真正做到"诚意""正心",即"修诚",以实现符合"良知"要求的思言行一致,让思维得以正确运用或保持思维方式的正确。符

---

① 束景南:《王阳明年谱长编》,上海古籍出版社 2017 年版,第 1879—1881 页。

合"良知"的思维方式,便是正确的思维方式;违背"良知"的思维方式,便是错误的思维方式。一旦思维方式错了,便有可能产生南辕北辙的行为结果,其危害极其巨大,尤其是对管理者而言,错误的思维方式所带来的负面影响更是范围广大,贻害深远。因此,管理者的"正心"尤为重要,这也是孟子要强调"君子所以异于人者,以其存心也。君子以仁存心,以礼存心"①的原因。只有建立起正确的内在价值准则,才能确保思维方式正确。

从另外一个角度看,既然思维方式可以正确,也可以错误,这恰恰说明思维本身是中性的,关键在于按照什么样的价值准则来运用。若按照正确的价值准则来运用思维,则思维方式就是正确的;若按照错误的价值准则来运用思维,则思维方式就是错误的。如此一来,基于正确价值准则的思维方式就显得特别重要。那又是什么内在地决定了对正确价值准则的选择呢?那便是"意",也即意念态度,正所谓"态度决定一切",而这个决定一切的态度,首先决定的是思维方式,进而再经由思维方式去影响言语和行为。既然如此,那么,如何才能让"意"立基于正确的价值准则,也即"良知"呢?这就要"诚其意",就是让意念态度完全导向"良知"这个人之为人的德性前提,这也是最根本的正确价值准则。基于融入日常生活、学习和工作中的"良知"准则,也就由内而外地决定了"诚意""正心""修身",从而让儒家的自我管理成为一个持续改进的闭环,即:从日常行为上"致良知"开始,经由"诚意""正心",再达到更高层次、更有效的日常行为上的"修身",进而又开始新一轮的"格物""致知",再经由"诚意""正心",又一次达到新的日常行为上的"修身"境界,如此不断螺旋式上升,最终达到"从心所欲,不逾矩"的境界,也就是孔子认为的"中庸之为德也,其至矣乎"②的境界。

立足于《大学》所阐明的儒家自我管理逻辑,便不难理解,"阳明四句教"实际上是从反向视角更深入地解说了"格物""致知""诚意""正心"之间的内在逻辑关系。

"阳明四句教"的第一句"无善无恶是心之体",说的是"心"或思维本身并

---

①　张钢:《孟子的管理解析》,机械工业出版社 2019 年版,第 308-311 页。

②　张钢:《论语的管理精义》,机械工业出版社 2015 年版,第 168-169 页。

不预设正确还是错误。也就是说，"心"或思维是中性的，并不必然会用到有利于共同利益或"善"的方向，也不必然会用到有损于共同利益或"恶"的方向。

"心"或思维运用得正确与否，关键取决于"意"或意念态度，而"意"或意念态度一旦产生，便自然有了正确与错误之分，这就是"阳明四句教"的第二句"有善有恶是意之动"。

既然如此，那又如何从根本上保证"意"或意念态度的产生符合共同利益或"善"的要求，从而确保"意"或意念态度正确，进而保证"心"或思维的正确运用呢？关键在于正确的价值准则，即"善""恶"标准。但是，在儒家看来，这个有关"善""恶"的标准并不是外部强加的，而是源于"人性"的本质规定性，那便是德性及其向善的天然倾向性，这就是孟子和王阳明都极力倡导的"良知"。正因为有了"良知"这个带有根本性的价值准则，一切外部的社会规范乃至制度规则及相应的行为，才有了内在根据和可行保证。因此，要确保"意"或意念态度正确，关键在于确立"良知"这个内在价值准则，这便是"阳明四句教"的第三句"知善知恶是良知"。这就意味着，人们不必一味地向外部去寻求确保自己的思言行一致或"诚"的标准，即便是外部的社会规范和制度规则，也不过是"人性"所共有的"良知"的外在化表现而已。这便是王阳明在"龙场悟道"时深刻体悟到的"心即理"，也就是说"人同此心，心同此理"。

由此可见，"良知"一定不是那种简单地停留在纸面上、言语中或经验里的知识之"知"，而是必然融入日常生活、学习和工作这样的广义"做事"行动上的根本价值准则之"知"。只有与行动融为一体，才是"良知"。这就是王阳明所讲的"知行合一"。因此，也才有了"阳明四句教"的第四句"为善去恶是格物"。这便是"事上磨练""致良知"的意义所在。

"阳明四句教"是从"正心""诚意""致知""格物"这个反向顺序，更为简明而深刻地阐述了《大学》按照"格物""致知""诚意""正心"顺序展开的自我管理逻辑。由此也充分表明，儒家自我管理的"内圣之道"是首尾一贯、内在圆成、浑然一体、不可支离的。另外，"阳明四句教"还是王阳明对自己一生探索儒家"内圣之道"的总结凝炼，其中既包括"心即理"的体悟，又内含着"知行合一""致良知"的思想，而"致良知"便是要执着追求和实践"成圣"之志。

正德十四年(1519)四月,48岁的王阳明向刚入门的弟子邹守益①始发"致良知"之说,妙悟"良知"之秘。② 此后,王阳明便专讲"致良知"。可以说,王阳明的"致良知"也是对儒家"成圣"之志的精准概括。"圣人"在心中,也就是"良知"的形象化表达;既立下"成圣"之志,便不是要向外部去寻求或达到什么样的标准,做出让他人认可的什么样的功业,而是要让"良知"成为自我的"真吾"本体,来主导思、言、行的一致。这不正是在"致良知",也即追求和实践"成圣"之志吗? 正是这种内在的"成圣"之志,让王阳明打通内外,从自我管理走向组织管理。

儒家认为,自我管理是组织管理的前提。但必须再次强调指出的是,儒家的自我管理绝不是在真空或封闭环境中进行的自我修炼和自我实现,而是深深扎根在日常生活、学习和工作之中,是要将凡世中一切成功和失败都视为自我修养的难得机会。这就是《大学》讲"格物",孟子说"苦其心志",王阳明突出"事上磨练"的意义所在。离开了现实世界中的"事上磨练",空谈自我管理是毫无意义的。

另外,自我管理与组织管理也难以完全割裂。虽然从逻辑上说,自我管理是组织管理的前提,而且,在一定的人生阶段,也是先有自我管理,后有组织管理,毕竟当一个人还没有成年,尚没有机会进入特定组织担任管理者时,自我管理就已经开始了。但是,在儒家看来,自我管理是没有止境的持续自我修养过程,并在时间和空间上具有广泛的渗透性,即便是在做组织管理,也不过还是自我这个主体在做管理工作罢了,而这份管理工作本身,又成为自我管理的新情境和"事上磨练"的新机会。正是借这种更复杂、更具挑战性的管理之"事"的磨练,才有可能让自我管理达到一个更高的境界。从这个意义上说,组织管理又是为自我管理服务的,进一步说,只有有了更高境界的自我管理,才能让组织管理达到更高水平。这就构成了自我管理与组织管理的良性互动、

———————

① 邹守益(1491—1562),字谦之,号东廓,江西安福人,正德六年(1511)列进士第三,即探花,被授翰林院编修,而王阳明即为当年同考官,正德十四年(1519)正式成为王阳明弟子,曾任南京礼部郎中、吏部考功郎中,太常少卿兼侍读学士,南京国子监祭酒等,开创"江右王学"流派,致力于发扬王阳明的"致良知"说,成为王阳明思想最重要的继承者和传播者。

② 束景南:《王阳明年谱长编》,上海古籍出版社2017年版,第1108—1111页。

正反馈循环。王阳明由"内圣"达到"外王",又因"外王"而强化"内圣"的正反馈循环,正是儒家自我管理与组织管理良性互动的典型表现。反之,自我管理与组织管理也容易堕入恶性循环,即弱化的自我管理导致弱化的组织管理,而弱化的组织管理反过来进一步让自我管理弱化,恶性循环,以至于让两者共同崩溃。虽然自我管理与组织管理是不可分割、相辅相成的关系,但又必须牢记的是,自我管理才是逻辑起点或前提,若在起点处就出了问题,那么,两者的循环必然要走向恶性循环。

立足于儒家对自我管理的根本要求,便容易理解,儒家所讲的学习,并不仅是一般意义上的专业知识和能力的学习,还包括自我管理这种本质上是实践导向的学习。当孔子说"古之学者为己,今之学者为人"①时,其中的"学者",并非狭义地指学习某种专业知识的人或从事某个领域研究的人,而是有着更加深刻的内涵,指的是终生从事自我管理,持续修养德行境界,致力于实现"成圣"之志的人。这样的人所从事的学习活动,便是在一切行为情境中持续进行自我管理的"干中学"。这种"干中学"当然是"为己"而非"为人"的。

儒家的"为己"之学,虽然聚焦在自我管理上,但并不排斥专业知识和能力的学习,而是强调两类学习的结合,从而让自我管理与组织管理相得益彰。这样的话,一个人即便没有机会做组织管理,但只要有了自我管理这个坚实基础,哪怕是做一个极其平凡的人,也照样可以实现"成圣"理想。正如王阳明所明确指出的那样,"圣"并不在于"斤两",而在于"纯度"。

儒家历来认为,学"做事",要先学"做人"。儒家的学"做人",首先就在于学习做一名自我管理者,让"良知"成为自我的"真吾"本体,主导丰富多彩的日常实践。其实,王阳明立"成圣"之志及对"致良知"的终生求索,又何尝不是一个由自然人向社会人持续成长和修养的学"做人"过程?在这个过程中,王阳明实现了圣即凡,凡即圣,扎根现实,追求理想,经由内圣通向外王,最终成为"三不朽"式的儒家伟大管理者。

---

① 张钢:《论语的管理精义》,机械工业出版社 2015 年版,第 408—409 页。

下 篇

组织管理：王阳明的外王之路

第五章　明　德

　　组织管理从哪里开始？儒家给出的答案是，组织管理必须从确立"人性"前提开始。组织是由人组成的，而关于人之为人的本质特性即"人性"的认识，直接决定着组织目标的性质和组织管理的方式。儒家坚信"人性"的德性前提，并经由立志、修诚和格物，这个信念早已深深根植于自我管理之中，因而，建基于自我管理，儒家组织管理的出发点也必然是自明的德性前提。

　　儒家管理之道的核心要旨在于"为政以德"①，其中，"为政"即做管理，而做管理，就要从德性出发。在儒家看来，只有立足于"人性"的德性前提，才能建立起包括信念和价值观在内的正确管理观念，从而确保组织管理方式的正确选择和运用。

　　但是，儒家也认为，"人性"不仅只有德性内涵，同时还有生物性内涵。在王阳明所处的时代，前者习惯上称为"天理"，后者则被叫作"人欲"。"人性"是由浅层次的生物性或"人欲"和深层次的德性或"天理"共同构成的双层结构；而且，处于浅层次的生物性是人与动物共有的自然本能，力量强大，容易显现，甚至会遮蔽深层次的德性；当然，也可能会焕发出巨大的创造潜能，关键看如何规约和引导。

　　从"人性"的双层次结构出发，儒家做管理，既要立足于"人性"的德性内涵，又不能无视"人性"的生物性内涵，必须努力寻求两者的协调和平衡。针对"人性"的生物性内涵，就必须认真思考外"物"或资源的合理配置问题。因为要满足人的欲求，便不能没有资源，而资源总是稀缺的，为避免对稀缺资源的恶性竞争，就离不开各种合理的非人格化制度设计，以适当调节人的欲求，实

---

① 张钢：《论语的管理精义》，机械工业出版社 2015 年版，第 24—25 页。

现一定程度的"去人欲"。当然,这里的"去人欲",并非要扼杀"人欲",只是要适当调节,以便在一定程度上"离开"原始的生物性本能。从本质上说,人的生物性是无法被扼杀的,若真的能完全扼杀人的生物性,那也就意味着把人变成了另外一种机器,只要是机器,便会失去个性和创造力。这恰恰表明,人的生物性是把双刃剑,既有可能让人退化为动物,同时又蕴藏着巨大的个性化创造潜能,关键是如何让个性化创造潜能得以合理且有效释放。这就像原子核中蕴藏着巨大能量,既有可能给人类带来毁灭性灾难,也有可能带来清洁能源一样。

从某种意义上说,正是因为人的生物性本能及其资源需求,才需要做出合理的非人格化制度设计,既避免恶性竞争所带来的各种侵害行为,又能激发个性化的创造潜能。孟子曾明确指出:"养生丧死无憾,王道之始也。五亩之宅,树之以桑,五十者可以衣帛矣。鸡豚狗彘之畜,无失其时,七十者可以食肉矣。百亩之田,勿夺其时,数口之家可以无饥矣。""若民则无恒产,因无恒心。苟无恒心,放辟邪侈,无不为已。及陷于罪,然后从而刑之,是罔民也。焉有仁人在位,罔民而可为也? 是故明君制民之产,必使仰足以事父母,俯足以畜妻子,乐岁终身饱,凶年免于死亡。"①

孟子这里说的"王道",即儒家管理之道,而"制民之产",则是儒家意义上的财产制度设计,用以界定和保护民众的财产权,而且,这种制度设计还必须有一个基本底线,即"必使仰足以事父母,俯足以畜妻子,乐岁终身饱,凶年免于死亡"。这种制度设计之所以非常重要,关键就在于"无恒产,因无恒心"。也就是说,人们一旦没有了稳定的财产保障,就会失去对未来的合理且稳定的预期,行为不仅会短期化,而且还有可能胡作非为,这将给组织和社会带来严重的不确定性威胁。因此,合理的制度设计可以通过保护财产权利,约束不良行为,激励价值创造,在一定程度上排除组织和社会中由人的生物性本能可能带来的不确定性。

由此可见,儒家做管理,并不否定"人性"的生物性内涵,也没有无视资源、利益和制度设计的重要性;然而,儒家同时更坚定地认为,"人性"的生物性内

① 张钢:《孟子的管理解析》,机械工业出版社 2019 年版,第 17—20、27—37 页。

涵不是人之为人的本质特性，只有德性内涵才是人之为人的根本。因此，做管理，固然不能没有合理的制度设计，但仅有制度设计是远远不够的，而且，更重要的是，制度设计到底要贯彻怎样的管理观念，这也不是由制度设计本身所能决定的。孔子早已明确指出："道之以政，齐之以刑，民免而无耻；道之以德，齐之以礼，有耻且格。"①孔子这里丝毫没有要否定"政""刑"的意思，而只是要说明，仅靠"政""刑"无法激活人性中固有的德性内涵，也自然无法让人们建立起内在价值准则，并由内而外地去自觉遵循制度规则；"政""刑"的诱导和威慑，充其量也不过是让人们学会如何迎合要求，避免惩罚而已。

在儒家看来，做管理，必须从"人性"的德性，这个人之为人、区别于动物的本质特性出发，通过阐明和彰显德性，来引导和激活每个人心中所固有的德性；即便要设计各种制度规则，也一定要贯彻以德性为核心的管理观念；只有在这种正确观念指导下，来"制民之产"，设计各种制度规则，才能从根本上保证人们的生存和发展权利，也才更有可能让人们由内而外地自觉遵从制度规则，进而创造出更广大且长远的共同利益。儒家认为，做管理，要立足于德性，昭示德性，并以此来指导制度设计和执行，关键是要靠管理者以身作则、率先垂范。

孟子深刻地指出，"君子所以异于人者，以其存心也。君子以仁存心，以礼存心""无恒产而有恒心者，惟士为能"。②孟子这里讲的"君子""士"，都是指儒家意义上的管理者。管理者坚信"人性"的德性内涵，并由内而外地用自己的言行阐明和昭示德性，这样才能在组织管理中真正彰显"人性"的价值和德性的召唤，也才能让制度设计不仅一以贯之，而且能得到有效执行。

一般来说，在组织管理中，制度设计是自上而下层层展开的。作为一种资源配置方式，制度规则越是贴近组织基层的具体事务，往往就越明确，而越是接近组织高层的管理决策，则越难以具体化和条文化，通常只具有原则性。组织中的制度规则有点像空气，越靠近地面则密度越大，海拔越高就越稀薄。这似乎暗示着组织里层级越高的管理者，其自由裁量权就越大，而到了组织最高

---

① 张钢：《论语的管理精义》，机械工业出版社 2015 年版，第 26—28 页。
② 张钢：《孟子的管理解析》，机械工业出版社 2019 年版，第 291—293、308—311、27—37 页。

管理者那里，正所谓"高处不胜寒"，空气稀薄，规则稀少。这时组织对最高管理者的约束和激励，主要不是来自外部的制度规则，而是来自其内心对"人性"的坚定信念及由此派生出来的内在价值准则。由此可见，在组织管理中，对于层级越高的管理者来说，管理决策的价值前提就越重要，而且，基于对"人性"的信念的内部动机和自我激励，也越来越超越来自制度规则的激励。这恰是《中庸》说"君子无入而不自得焉"①，孟子也强调"君子深造之以道，欲其自得之也"②的深刻之处。

　　根据儒家管理之道，在一个组织中，如果从最高管理者开始，整个管理团队都拥有关于"人性"德性前提的信念和价值观共识，并以此为指导思想来设计和执行制度规则，那么，不仅管理成本会大大降低，而且还能更有效地激活组织成员的个性化创造潜能。在这种主要由内部动机和自我激励主导的组织中，制度规则便不会随着组织发展而过度增长，人们反而会因此获得更大自由，这将进一步激发更高程度的内部动机和自我激励；相反，若组织过分看重制度规则的外部激励约束作用，不断研究、细化甚至滥用制度规则，从互动的角度看，这势必引导组织成员将注意力聚焦在制度规则上，更有意识地去研究规则、适应规则，其结果会促发组织制定更多、更细的制度规则，而当组织中的各类制度规则日益膨胀之后，人们的自由就会被严重限制，相应地，内部动机和自我激励也将消失殆尽，这便会从根本上遏制组织成员的个性化创造潜能和组织的创新活动。在现实中，因组织规则持续增长以至于达到规则泛滥的地步，从而扰乱组织成员内心的德性坚守，诱导人们只看到资源和利益，一心只想着怎么适应、利用规则，以满足生物性本能的欲求，最终导致像孟子所说的"上下交征利，而国危矣"③的后果，实在是屡见不鲜。究其原因，关键还在于组织管理的深层指导思想出了问题，而根子则是管理者关于"人性"的信念出现偏颇。

　　管理者有什么样的"人性"信念，组织便会有什么样的终极目标，而组织的终极目标就是组织的第一价值，直接决定着组织的价值观体系。当儒家管理

① 张钢：《大学·中庸的管理释义》，机械工业出版社 2017 年版，第 115－119 页。
② 张钢：《孟子的管理解析》，机械工业出版社 2019 年版，第 284－286 页。
③ 张钢：《孟子的管理解析》，机械工业出版社 2019 年版，第 9－14 页。

者确立起"人性"的德性信念时,由于德性的内涵是"仁义礼智四端"及其向善倾向性,因此,共同利益或"善"自然就会成为组织的终极目标。相应地,一整套儒家做管理的指导思想和价值观体系,也就得以建立起来。在儒家看来,基于"人性"的德性信念的价值观体系和制度规则是相辅相成的,制度规则源于价值观体系,而价值观体系则首先由内而外地体现在管理者的各类决策行为中。儒家做管理,从不否定制度规则的重要作用,但一定要让制度规则服从于信念和价值观体系的导向作用。如果组织管理没有一以贯之的信念和价值观体系,那么,各种制度规则的设计一定会服从于眼前具体事务的需要,这将会导致因事因人而不断增加的百衲衣式的制度规则相互矛盾,不断冲突,规则越多,问题越大。其实,那些迷信制度规则无所不能的管理者,往往是从"人性"的生物性本能出发,将组织成员看成一般生物,很容易被资源和利益诱导到特定方向上去,最多再辅之以惩罚手段就够了。在组织中,无论是资源诱导还是惩罚威胁,都可以借助制度规则来实现。在骨子里,这样的管理者只相信"胡萝卜加大棒"式的管理,而根本不相信人还会有超越于生物性本能的更高层次的价值追求。

儒家管理则完全不同。儒家坚信,人不同于任何"物",包括动物和机器,除了自然属性、生物性本能,人还具有更能体现人之为人的德性追求。德性之人只能是目标而不能是手段。严格来说,在组织中,被管理者是与管理者一起追求共同利益的合作伙伴,而不是管理者用以实现个人或小群体利益的手段。正是基于此,《大学》开篇才提出了儒家管理的"三纲领",即"大学之道,在明明德,在亲民,在止于至善"①。只有立足于"明德"这个前提,方能确立起"至善"的终极目标和"亲民"的管理方式。"明德""亲民""至善"浑然一体,共同构成儒家组织管理的核心指导思想。对于"明德""亲民""至善"三者之间的关系,王阳明也曾有过详细阐述。

那还是在嘉靖四年(1525)一月,上一年刚拜王阳明为师,时任绍兴知府的

---

① 张钢:《大学·中庸的管理释义》,机械工业出版社 2017 年版,第 4—7 页。

南大吉[①]，将自己的办公场所命名为"亲民堂"，特请王阳明作《亲民堂记》。王阳明欣然命笔：

南子元善之治越也，过阳明子而问政焉。阳明子曰："政在亲民。"

曰："亲民何以乎？"

曰："在明明德。"

曰："明明德何以乎？"

曰："在亲民。"

曰："明德、亲民，一乎？"

曰："一也。明德者，天命之性，灵昭不昧，而万理之所从出也。人之于其父也，而莫不知孝焉；于其兄也，而莫不知弟焉；于凡事物之感，莫不有自然之明焉：是其灵昭之在人心，亘万古而无不同，无或昧者也，是故谓之明德。其或蔽焉，物欲也。明之者，去其物欲之蔽，以全其本体之明焉耳，非能有以增益之也。"

曰："何以在亲民乎？"

曰："德不可以徒明也。人之欲明其孝之德也，则必亲于其父，而后孝之德明矣；欲明其弟之德也，则必亲于其兄，而后弟之德明矣。君臣也，夫妇也，朋友也，皆然也。故明明德必在于亲民，而亲民乃所以明其明德也。故曰一也。"

曰："亲民以明其明德，修身焉可矣，而何家、国、天下之有乎？"

曰："人者，天地之心也；民者，对己之称也；曰民焉，则三才之道举矣。是故亲吾之父以及人之父，而天下之父子莫不亲矣；亲吾之兄以及人之兄，而天下之兄弟莫不亲矣。君臣也，夫妇也，朋友也，推而至于鸟兽草木也，而皆有以亲之，无非求尽吾心焉以自明其明德也。是之谓明明德于天下，是之谓家齐国治而天下平。"

曰："然则乌在其为止至善者乎？"

---

① 南大吉（1487—1541），字元善，号瑞泉，陕西渭南人，正德六年（1511）进士，王阳明为当年会试同考官，嘉靖二年（1523）出任绍兴知府，拜王阳明为师，曾修建会稽书院，邀请王阳明讲学，并刻印《传习录》。

曰:"昔之人固有欲明其明德矣,然或失之虚罔空寂,而无有乎家国天下之施者,是不知明明德之在于亲民,而二氏①之流是矣;固有欲亲其民者矣,然或失之知谋权术,而无有乎仁爱恻怛之诚者,是不知亲民之所以明其明德,而五伯②功利之徒是矣:是皆不知止于至善之过也。是故至善也者,明德亲民之极则也。天命之性,粹然至善。其灵昭不昧者,皆其至善之发见,是皆明德之本体,而所谓良知者也。至善之发见,是而是焉,非而非焉,固吾心天然自有之则,而不容有所拟议加损于其间也。有所拟议加损于其间,则是私意小智,而非至善之谓矣。人惟不知至善之在吾心,而用其私智以求之于外,是以昧其是非之则,至于横骛决裂,人欲肆而天理亡,明德亲民之学大乱于天下。故止至善之于明德亲民也,犹之规矩之于方圆也,尺度之于长短也,权衡之于轻重也。方圆而不止于规矩,爽其度矣;长短而不止于尺度,乖其制矣;轻重而不止于权衡,失其准矣;明德亲民而不止于至善,亡其则矣。夫是之谓大人之学。大人者,以天地万物为一体也。夫然后能以天地万物为一体。"

元善喟然而叹曰:"甚哉!大人之学若是其简易也。吾乃今知天地万物之一体矣!吾乃今知天下之为一家、中国之为一人矣!'一夫不被其泽,若己推而内诸沟中'③,伊尹其先得我心之同然乎!"

于是名其莅政之堂曰"亲民",而曰:"吾以亲民为职者也,吾务亲吾之民以求明吾之明德也夫!"

爱书其言于壁而为之记。④

另外,还有一件事,也能很好地反映出王阳明对儒家管理之道和管理模式的深刻洞悉及准确运用。诸暨地方长官朱廷立⑤多次向王阳明请教管理问题,

---

① 二氏:这里指佛、道两家。
② 五伯:这里指春秋五霸,即齐桓公、晋文公、秦穆公、宋襄公、楚庄王。
③ 这句话出自《孟子》,原文是:"思天下之民,匹夫匹妇有不被尧、舜之泽者,若己推而内之沟中,其自任以天下之重如此。"孟子以夏朝末期帮助商汤征伐夏桀的伊尹为例,说明管理者所应具有的更广大的责任意识。详见张钢:《孟子的管理解析》,机械工业出版社 2019 年版,第 342-345 页。
④ [明]王守仁撰,吴光、钱明、董平、姚延福编校:《王阳明全集》,上海古籍出版社 2011 年版,卷七,第 279-281 页。
⑤ 朱廷立(1492—1566),字子礼,湖北通山人,嘉靖二年(1523)进士,曾任诸暨县知事、河南道御史、礼部右侍郎等。

王阳明特作《书朱子礼卷》：

> 子礼为诸暨宰，问政，阳明子与之言学而不及政。子礼退而省其身，惩己之忿，而因以得民之所恶也；窒己之欲，而因以得民之所好也；舍己之利，而因以得民之所趋也；惕己之易，而因以得民之所忽也；去己之蠹，而因以得民之所患也；明己之性，而因以得民之所同也。三月而政举。叹曰："吾乃今知学之可以为政也已！"

> 他日，又见而问学，阳明子与之言政而不及学。子礼退而修其职，平民之所恶，而因以惩己之忿也；从民之所好，而因以窒己之欲也；顺民之所趋，而因以舍己之利也；警民之所忽，而因以惕己之易也；拯民之所患，而因以去己之蠹也；复民之所同，而因以明己之性也。期年而化行。叹曰："吾乃今知政之可以为学也已！"

> 他日，又见而问政与学之要。阳明子曰："明德，亲民，一也。古之人明明德以亲其民，亲民所以明其明德也。是故明明德，体也；亲民，用也。而止至善，其要矣。"子礼退而求至善之说，炯然见其良知焉，曰："吾乃今知学所以为政，而政所以为学，皆不外乎良知焉。信乎，止至善其要也矣！"①

王阳明借朱廷立做管理的典型事例，再次深刻阐述了"明德""亲民""至善"之间的关系。王阳明这里所说的"学"或"为学"，并非指做学术研究或像朱熹理学追随者那样研究儒家学说，而是指学习"做人"和做管理，因此，"为学"和"为政"本为一体，都是从"人性"的德性或"良知"本体上生发出来的，终极目标便是"至善"，即儒家做管理的第一价值准则。这正是王阳明说"止至善，其要矣"的原因。

对于儒家管理之道和管理模式，王阳明之所以能做出如此深入浅出的阐明，关键在于他在组织管理之路上，自始至终都是沿着儒家管理之道指明的方向前进的，而且，他的组织管理实践，又无不是儒家管理模式的生动诠释。将思想融入实践，又从实践体悟思想，再结合实践阐明思想，进而用思想引领实

---

① ［明］王守仁撰，吴光、钱明、董平、姚延福编校：《王阳明全集》，上海古籍出版社 2011 年版，卷八，第 312—313 页。

践,这才是王阳明做管理、讲管理的鲜明特征。

　　王阳明比较正式的组织管理实践,是从江西庐陵县知县任上开始的。虽然从 28 岁中进士后,王阳明便踏上了管理职业之路,但在京城各部做管理者时,主要是在与文牍打交道,很少有机会直面复杂的管理场景,担当职责,做出决策。即便是当年在工部实习时,王阳明有过到现场监造威宁伯王越墓的经历,那也不过只是一个具体的工程项目管理,而非真正意义上的组织管理。后来,王阳明被贬到贵州龙场驿担任驿丞,这严格来说还算不上一个管理职位。在偏远的龙场驿,既没有下属,也没有什么正式管理事务,王阳明在这种艰苦条件下所能做的更多是一种自我磨砺和自我管理。但是,由贵州龙场驿驿丞转任江西庐陵县知县,工作的性质立刻发生了根本改变。在当时的条件下,知县是一个非常重要的基层组织管理岗位,有着完整的岗位职权和责任,而且,知县的管理事务多且杂,当时凡涉及国计民生的各种事项,无不汇聚于知县岗位。这才有所谓知县乃地方“父母官”之称。从另外的角度看,能否胜任知县岗位,在当时也是对一名管理者的综合管理素养的全面考验。王阳明在“龙场悟道”之后,接受的第一份组织管理工作便是知县,这仿佛是上天的有意安排,要检验一下他是否能在组织管理工作中真正做到“知行合一”。

　　正德五年(1510)三月十八日,王阳明到达江西庐陵,正式就任庐陵知县。到任后,王阳明面临的第一个挑战,就是要处理成堆的诉讼案件。断案是当时知县的一项重要岗位职责,而庐陵素有诉讼传统,凡大小纠纷,无不跑到县里递诉状,请官府裁决。王阳明初到庐陵,便有人拦路喊冤,似有莫大冤屈要申诉,王阳明便升堂听讼,结果倒好,闻风前来告状的竟有数千人之多。王阳明仔细阅读这些诉状,发现其中涉及的都是些微不足道的小事,而且,大多还缺乏事实依据,竟有望风捕影、凭空捏造之嫌。① 面对这种情况,王阳明没有采用当堂逐一裁决、判断是非曲直的做法,而是果断地采取了一系列停止接受诉状的措施,以期从根本上改变庐陵喜讼的风气。

　　王阳明首先颁布了《告谕庐陵父老子弟书》,开篇明义:“庐陵文献之地,而

① 　[明]王守仁撰,吴光、钱明、董平、姚延福编校:《王阳明全集》,上海古籍出版社 2011 年版,卷二十八,第 1131 页。

以健讼称,甚为吾民羞之。县令不明,不能听断,且气弱多病。今与吾民约:自今非有迫于躯命,大不得已事,不得辄兴词。兴词但诉一事,不得牵连,不得过两行,每行不得过三十字。过是者不听,故违者有罚。县中父老谨厚知礼法者,其以吾言归告子弟,务在息争兴让。呜呼!一朝之忿,忘其身以及其亲,破败其家,遗祸于其子孙,孰与和巽自处,以良善称于乡族,为人之所敬爱者乎?吾民其思之。"①

王阳明接着便暂时关闭公堂,不再直接听讼断案,而是慎重选择"里正三老",让他们负责在各"申明亭"接待并调节民事纠纷。"里正"是乡村里负责户籍、税收等工作的基层岗位,"三老"则是负责教育工作的基层岗位,多由地方公认的德高望重者担任。"申明亭"也是当时设立的民间机构,在那里,由各基层岗位上的管理者自行调解本地纠纷。②

另外,王阳明还做了两只箱子,箱门上锁,箱盖上开一狭缝,可以投递文书,一只箱子上写四个大字"愿闻己过",另一只箱子上也写四个大字"愿闻民隐"。每天傍晚派人将两只箱子放到县衙门口,天亮后取回。王阳明每天都会仔细阅读两只箱子里投放的意见和诉状,对于所提意见,有则改之,无则加勉,对于诉状,则明察暗访,彻底解决。③

其实,庐陵诉讼案件多,也与盗贼猖獗有密切关系。由于管理不善,加之民众缺乏防御方法,盗窃案件频发,似成庐陵顽疾。王阳明经深入调查研究,决定实施"保甲法",共同防御盗贼。"保甲法"是北宋王安石创建的一种地方自治制度,每十家为一保,设保长,凡家中有两名及以上青壮男子,便要出一人为保丁,配备武器,农闲时接受训练。王安石创建"保甲法"的第一个目的就是"除盗",而且历史也已证明,用这个方法"除盗",效果很好。王阳明于同年四月便再次颁布了《告谕庐陵父老子弟书》,详细申明实施"保甲法"的原委。王阳明写道:"今县境多盗,良由有司不能抚绥,民间又无防御之法,是以盗起益横。近与父老豪杰谋,居城郭者,十家为甲;在乡村者,村自为保。平时相与讲

① [明]王守仁撰,吴光、钱明、董平、姚延福编校:《王阳明全集》,上海古籍出版社2011年版,卷二十八,第1130—1131页。
② [日]冈田武彦著,杨田、冯莹莹、袁斌译:《王阳明大传》(中),重庆出版社2015年版,第34页。
③ 束景南:《王阳明年谱长编》,上海古籍出版社2018年版,第1699页。

信修睦,寇至务相救援。庶几出入相友,守望相助之义。"①据记载,王阳明在庐陵实施"保甲法"后,缉盗遂得实效。②

在几项措施的综合实施下,庐陵的诉讼之风渐息,几月过后,便近于无讼了。这应该是致力于从根本处入手解决问题的儒家管理思路的经典案例。孔子曾说:"听讼,吾犹人也。必也使无讼乎?"③《大学》则通过引用孔子这句话,提出了从根本处入手解决问题的儒家管理思路。《大学》对孔子这句话的评论是:"此谓知本,此谓知之至也。"④其中,第二个"知"是名词,即"良知"的意思。这句话的核心思想在于说明,做管理,就要从根本处入手,而这个根本就是"人性"的德性,即王阳明所说的"良知"。王阳明也曾引用《周易》中"知至,至之",来解释《大学》的"致知"以及这种从根本处入手解决问题的管理思路,他说:"知至者,知也;至之者,致知也。此孔门不易之教,百世以俟圣人而不惑者也。"⑤在王阳明看来,儒家做管理,就是要立足于"人性"的德性内涵或"良知",致力于从根本处入手解决问题。王阳明是这样说的,在庐陵"止讼"上也是这样做的。

同年五月,王阳明在庐陵又不得不面对一次新的挑战,那就是如何应对摊派到庐陵的苛捐杂税。庐陵县隶属于吉安府,每年要上缴各种款项折银约三千五百两,而且还会有很多突发摊派不期而至。例如,正德二年(1507),有钦差大臣按巡吉安府,定下规矩,要求府属各县进贡葛布,不出产葛布的县则折成现银上缴。庐陵不出产葛布,必须上缴折银一百零五两。到正德五年(1510)王阳明知庐陵县时,这项葛布折银摊派不仅没有取消,还增加了更多项目,这一年庐陵要上缴的款项竟增至一万余两,几乎是往年的三倍。加之当时庐陵正值旱灾严重,疫病肆虐,民不聊生。若要再上缴这么多现银,那无异于让庐陵民众雪上加霜。面对现实,王阳明毅然自作主张,免除各项岁额和摊

① [明]王守仁撰,吴光、钱明、董平、姚延福编校:《王阳明全集》,上海古籍出版社 2011 年版,卷二十八,第 1133 页。

② 束景南:《王阳明年谱长编》,上海古籍出版社 2018 年版,第 569 页。

③ 张钢:《论语的管理精义》,机械工业出版社 2015 年版,第 332—333 页。

④ 张钢:《大学·中庸的管理释义》,机械工业出版社 2017 年版,第 31—35 页。

⑤ [明]王守仁撰,吴光、钱明、董平、姚延福编校:《王阳明全集》,上海古籍出版社 2011 年版,卷八,第 309 页。

派,不再增加民众负担,而只是将已经征收上来的现银一百两上缴吉安府,并附上公文,请求知府免除庐陵当年所应缴款项。公文上有这样的文字:"垂怜小民之穷苦,俯念时势之难为,特赐宽容,悉与黜免。其有迟违等罪,止坐本职一人,即行罢归田里,以为不职之戒。"①可以想见,王阳明此举要冒多大的职业风险。

王阳明任职庐陵,真可谓挑战迭至。刚处理了苛捐杂税问题,又要直面火灾流行的考验。是年六月,由于长时间干旱,庐陵城内火灾多发,有一次大火,竟烧毁民房一千多间。这次大火过后,王阳明亲赴现场,详查如此大面积过火而又施救不及的原因,结果发现,城内街道狭窄、房屋密集、架屋太高,又无防火墙,一旦起火,便会迅速蔓延,根本来不及扑救。这表明,庐陵城由于缺少合理规划,留下了严重的火灾隐患。为此,灾后重建时,王阳明对城区民宅建筑做出详细规划和具体规定,例如,"凡南北夹道居者,各退地三尺为街;东西相连接者,每间让地二寸为巷。又间出银一钱,助边巷者为墙,以断风火。沿街之屋,高不过一丈五六,厢楼不过二丈一二"②。正是这些具体可行的规划措施,让庐陵县城此后得以远离大规模火灾威胁。

同年十月,王阳明升任南京刑部四川清吏司主事,离开庐陵。前后加起来,王阳明任庐陵知县不足七个月,但就在这短短半年多一点的时间里,王阳明不仅为庐陵民众做了诸多实事,而且还将儒家从根本处入手解决问题的管理方式真正落到了实处。更重要的是,王阳明再次亲身实证了自己所体悟到的儒家管理之道,并在组织管理实践中切实做到了"知行合一"。

王阳明离开庐陵前,最后一次颁布《告谕庐陵父老子弟书》,书中写道:"谕告父老子弟,县令到任且七月,以多病之故,未能为尔民兴利去弊。中间局于时势,且复未免催科之扰。德泽无及于民,负尔父老子弟多矣。今兹又当北觐,私计往返,与父老且有半年之别。兼亦行藏靡定,父老其各训诫子弟,息忿罢争,讲信修睦,各安尔室家,保尔产业,务为善良,使人爱乐,勿做凶顽,下取

① 〔明〕王守仁撰,吴光、钱明、董平、姚延福编校:《王阳明全集》,上海古籍出版社 2011 年版,卷二十八,第 1136 页。

② 〔明〕王守仁撰,吴光、钱明、董平、姚延福编校:《王阳明全集》,上海古籍出版社 2011 年版,卷二十八,第 1134 页。

怨恶于乡里,上招刑戮于有司。呜呼! 言有尽而意无穷,县令且行矣,吾民其听之。"①

　　王阳明在庐陵任职期间,共颁发《告谕庐陵父老子弟书》十一次。几乎在每次针对特定现实问题,出台相关政策、采取某项具体措施之前,王阳明都会写一封这样的"告谕书",向民众详细解说问题的性质、政策措施的内涵及意义,并提出明确可行的要求,同时还借此来启发和正向影响民众。王阳明之所以会这样做,恰在于他坚信人人皆有"良知",正所谓"人同此心,心同此理","良知"或"理"才是人与人之间、管理者与被管理者之间达成理解的前提;由这个前提出发,人们便拥有了共享价值和共同利益,成为真正意义上的共同体。在共同体中,又有什么想法不能沟通,什么问题不能讲清楚,什么事情不能达成共识? 这再次表明,当一位儒家管理者确立起"人性"的德性或"良知"前提之后,就会超越自身利益的局限,站在共同利益或"善"的立场来思考管理问题,做出管理决策,并将管理过程也同时视作一个教育过程。这样做的结果自然就会不一样,而且也更容易为广大民众所认同和理解。

　　纵观王阳明从庐陵县正式开始的组织管理之路,不难发现,王阳明做管理,时刻遵循"管理过程也是一个教育过程"这个儒家管理的基本理念,将儒家迂回式管理方式运用得恰到好处。做管理通常会有两种方式:一是直接要求被管理者怎么做,这似乎立竿见影,但行为的质量和可持续性难以保证;二是引导被管理者认同目标和规范,慢慢形成内在的是非、善恶标准,并达到相应的知识和技能要求,从而使行为结果水到渠成。第二种管理方式,便是典型的由内在准则培育到外在行为规范养成的迂回式管理方式,其得以发挥作用的关键在于管理者自身的素养及表率示范。假如管理者本人都不认同组织的目标和规范,迂回式管理所赖以成立的教育功能便无从谈起了。儒家崇尚的正是这种迂回式管理方式,孟子就曾明确地说:"善政不如善教之得民也。善政民畏之,善教民爱之。善政得民财,善教得民心。"②这也是儒家如此看重管理者的自我管理素养的原因所在。

————————

　　① 　[明]王守仁撰,吴光、钱明、董平、姚延福编校:《王阳明全集》,上海古籍出版社2011年版,卷二十八,第1134—1135页。
　　② 　张钢:《孟子的管理解析》,机械工业出版社2019年版,第482—483页。

　　王阳明的组织管理实践，总是从人心中固有的"良知"出发，以心为本，实施管理。哪怕是需要克敌制胜的军事管理，王阳明也坚信"良知之在人心，不但圣贤，虽常人亦无不如此。若无有物欲牵蔽，但循着良知发用流行将去，即无不是道"①。在激烈的战事中，王阳明从来都不只是以歼灭贼寇为目标，更不用杀敌数量作为指标，而是从根本处入手解决问题，昭示"良知"，教化人心，让当地以后不再有匪患。因此，正像在庐陵时努力达到"使无讼"一样，王阳明在后来的剿匪、平乱时，也秉持着儒家从根本处入手解决问题的管理思路，遵循着管理也是教育的迂回式管理方式，开县治，兴学校，化风俗，以期彻底根治当地产生匪患的深层顽疾。王阳明曾明确指出："古之善治天下者，未尝不以风俗为首务。"②王阳明这里所讲的"风俗"，其根基便在于"人性"。也就是说，"风俗"总是建基于如何看待人之为人及人的共同体所达成的价值共识。当王阳明确立起"人性"的德性或"良知"前提，自然也就让移风易俗这种迂回式管理方式有了内在一定之规，也让自己的组织管理实践有了"明德"出发点，由此才能真正打通儒家的"内圣"与"外王"，做到"知行合一""致良知"。

　　具体地说，王阳明从"明德"出发的组织管理实践，其鲜明特点主要体现在三个方面：

　　第一，必须首先想清楚，做管理，到底要干什么？这个问题不解决或解决不好，管理者不仅选择管理这个职业是盲目的，而且，在做管理时，也会就事论事，让各项具体管理措施碎片化，缺乏系统性；更重要的是，当真的遇到困难和危机时，也会逃避、推诿、不负责任。王阳明曾分析过当时普遍存在的管理者怠政问题，他深刻地指出："大抵天下之不治，皆由有司之失职；而有司之失职，非独小官下吏偷惰苟安侥幸度日，亦由上司之人，不遵国宪，不恤民事，不以地方为念，不以职业经心，既无身率之教，又无警戒之行，是以荡弛日甚，亦宜分受其责可矣。"③

---

　　① ［明］王守仁撰，吴光、钱明、董平、姚延福编校：《王阳明全集》，上海古籍出版社 2011 年版，卷二，第 78 页。

　　② ［明］王守仁撰，吴光、钱明、董平、姚延福编校：《王阳明全集》，上海古籍出版社 2011 年版，卷二十二，第 954 页。

　　③ ［明］王守仁撰，吴光、钱明、董平、姚延福编校：《王阳明全集》，上海古籍出版社 2011 年版，卷十八，第 698 页。

王阳明既然要立志"成圣",也就是要成为儒家伟大的管理者,那么,他对于做管理,便想得很清楚,一定要立足于"人性"的德性或"良知"前提,去追求和创造更广大且长远的共同利益或"至善"。其中,德性或"良知",就是"心"或思维的原点,也常被称为"初心",这是人"心"或思维得以合理、有效运用的自明前提;共同利益或"善",则是终极目标及其所产生的超越于个体和小群体的广泛意义,也常被称为"使命",这是人"心"或思维合理、有效运用所能创造的真正价值所在。由此可见,作为儒家管理者的典型代表,王阳明做管理的"初心",定位于德性或"良知",而他做管理所肩负的"使命",便在于追求和创造更广大且长远的共同利益或"至善"。关于儒家的"初心""使命",王阳明的确想得很清楚、说得很明白、行得很笃实。

但问题是,怎样才能让儒家管理者都像王阳明一样,在管理实践中真正做到思言行一致,避免口号意义上的"初心""使命"呢?儒家给出的解决方案,便是打通家庭管理与组织管理,由内而外,由近及远,由小到大,脚踏实地,一步步地立足"初心",完成"使命"。《大学》提出了儒家"修齐治平"的内在逻辑,并明确指出:"所谓治国必先齐其家者,其家不可教而能教人者,无之。故君子不出家而成教于国。……所谓平天下在治其国者,上老老而民兴孝,上长长而民兴弟,上恤孤而民不倍,是以君子有絜矩之道也。所恶于上,毋以使下;所恶于下,毋以事上;所恶于前,毋以先后;所恶于后,毋以从前;所恶于右,毋以交于左;所恶于左,毋以交于右。此之谓絜矩之道。"[①]这里的"君子",仍是指管理者。王阳明曾对儒家的"修齐治平"总结道:"修齐治平,总是格物。"[②]只不过在组织管理中,要"格"的是管理之"事"罢了。

不过,现实中也的确有不少管理者,将儒家"修齐治平"的内在链条割断,要么一味地高调倡导那个更为广大且长远的共同利益或"至善",而没有脚踏实地从自我和身边做起;要么则只是关注个人、小群体或所在组织的利益,而无视更广泛的利益相关者的共同利益,甚至将"至善"看成不切实际的虚妄之言。前者让"至善"脱离了现实中可行的依托,演变成一个纯粹的抽象名词,反

① 张钢:《大学·中庸的管理释义》,机械工业出版社 2017 年版,第 44—53 页。
② [明]王守仁撰,吴光、钱明、董平、姚延福编校:《王阳明全集》,上海古籍出版社 2011 年版,卷五,第 202 页。

而极其容易蜕变成掩盖私人利益的旗号或手段，结果造就了一批口头上高调"至善"，行动上贪得无厌的两面人；后者则因不相信"至善"的现实性，而否定一切共同利益的存在，结果更是不顾一切地大肆追求私人利益和小群体利益。面对这两种看似极端的行为表现，人们甚至会说，后者那种明目张胆地追求私人和小群体利益，反倒要比前者那种虚伪地暗中追求私人和小群体利益好些。这种两害相较取其轻的认识，无异于为管理者公然追求私人和小群体利益鸣锣开道，似乎给了这种管理行为以正当性和合法性，其潜在危害同样不能忽视。

这里丝毫没有要为那种口头"至善"张目的意思，而是要再次强调，千万不能将这种口头"至善"的做法混同于儒家管理之道和管理模式。儒家绝不允许管理者空洞地谈论"至善"。真正的儒家管理者，一定会像王阳明那样，将高瞻远瞩的"至善"目标与脚踏实地的管理实践融为一体，让"圣"落实在"凡"中。这就像孔子所明确指出的那样，"弟子，入则孝，出则弟，谨而信，泛爱众，而亲仁。行有余力，则以学文"①。孔子这样说，意在表明，管理者在家里，就要首先追求家这个组织的共同利益，而不是个人的一己私利，同时还要将家的共同利益追求与终极目标联系起来，赋予家这个组织的共同利益以更广大的意义，这样才能做到不因追求自己家的共同利益而损害他人、他家乃至组织和国家的共同利益；同样，在家以外的任何组织中，管理者都要首先从这个组织的共同利益出发，并将这个组织的共同利益融入更大范围的共同利益之中，以建立起不损害其他组织和更大范围共同利益这个底线原则。这正是儒家做管理的"恕"道，即推己及人，"己所不欲，勿施于人""己欲立而立人，己欲达而达人"②的原则。

王阳明做管理，真正打通了"初心"和"使命"，让"初心"成为做管理须臾不能偏离的准绳，同时又把"使命"落实在做管理的每一步具体行动之中。不管是在什么规模的组织中做管理，也不管涉及怎样的共同利益范围，王阳明都能将"良知"和"至善"内化于各种管理行为，超越个人和小群体利益的考量。如

---

① 张钢：《论语的管理精义》，机械工业出版社 2015 年版，第 9—10 页。
② 张钢：《论语的管理精义》，机械工业出版社 2015 年版，第 319—320、169—170 页。

此一来,王阳明遇人遇事反而能站得高、看得远,具备战略思维。战略思维与管理岗位并没有必然联系,不是说只有高层管理者才具备战略思维。战略思维取决于"心"或思维的立足点,正所谓"站得高,看得远"。孟子曾形象地表达了这个观点:"孔子登东山而小鲁,登泰山而小天下。故观于海者难为水,游于圣人之门者难为言。"①"心"或思维立足于什么样的高度,直接决定了管理者思维所具有的战略性高度。也正是"心"或思维的立足点,决定了管理者怎样看待"利益",形成怎样的"利益"观念。人们往往习惯于把"利益"狭义地界定为生存机会,但到底是谁的生存机会,以怎样的方式生存,对于管理者而言,这才是更为根本的问题。

儒家认为,管理者为职责所系,便不能只考虑个人的生存机会,也不能只是从"物"的意义上去思考生存机会,更要考虑的是组织和社会的生存机会,而且还要从人之为人的精神价值角度去思考生存机会。这才是管理职业从业者所必须具备的思维方式,也才是管理者形成战略思维的基本前提。即便身处龙场驿驿丞这样卑微的管理岗位上,王阳明也完全超越了个人的生存机会考量,能够从更广大的共同利益视角来进行战略思考。

明朝在边境地区设有宣慰司,用以安抚边疆少数民族,而宣慰使一职,则由当地少数民族头领担任。王阳明在龙场时,贵州宣慰使是安贵荣,他同时还兼任贵州布政司右参议,应该说是当地少数民族中职位最高的管理者。安贵荣曾多次给王阳明送来食品、金帛、马匹等礼物,都被王阳明婉拒。安贵荣为扩张自己在贵州水西地区的势力,意欲削减此地的驿站,为此专门给王阳明写信征求意见,也是想请王阳明给出出主意,看如何才能达到削减驿站的目的。王阳明洞悉安贵荣的意图,回信晓以利害,彻底打消了他裁撤水西驿站的念头。

后来,又发生了一件更严重的变故。水西地区另一豪族宋氏的部下酋长阿贾和阿札发动叛乱,严重危害地方治安。安贵荣身为宣慰使,也握有兵权,却迟迟不出兵平叛。面对紧急情势,王阳明以驿丞之职给宣慰使安贵荣写了一封信,力劝其出兵平叛。王阳明在信的开头写道:"阿贾、阿札等叛宋氏,为

---

① 张钢:《孟子的管理解析》,机械工业出版社 2019 年版,第 496—498 页。

地方患,传者谓使君使之。此虽或出于妒妇之口,然阿贾等自言使君尝赐之以毡刀,遗之以弓弩。虽无其心,不幸乃有其迹矣。"在信的结尾处,王阳明又说:"且安氏之职,四十八支更迭而为,今使君独传者三世,而群支莫敢争,以朝廷之命也,苟有可乘之隙,孰不欲起而代之乎? 然则扬此言于外,以速安氏之祸者,殆渔人之计,萧墙之忧,未可测也。使君宜速出军,平定反侧,破众谗之口,息多端之议,弭方兴之变,绝难测之祸,补既往之愆,要将来之福。某非为人作说客者,使君幸熟思之!"①后续的事态发展表明,王阳明这封信的确起了作用,安贵荣随后即出兵平叛了。王阳明之所以能写出这样有说服力的信,完全是因为他早已跳出了为个人职位和利益考量,能站在更大范围共同利益之上去考虑问题,自然就会有更超越的眼光和不一样的战略思维。

王阳明后来在庐陵知县任上,虽只有不到 7 个月时间,但他的每一项管理举措,无不超越了个人利益或者说政绩表现的考量。典型者如在庐陵"止讼"这件事,按理说,知县处理的讼案越多,越有机会塑造一个"青天大老爷"的形象,尤其是通过断一些疑难杂案,更容易留下"传奇"式口碑,甚至"神话"般的故事。试想,凭王阳明的才气,在断案中还真说不定会流传点千古美谈。但是,王阳明的立足点更高,他要秉承从根本处入手解决问题的儒家管理思路,像孔子那样"必使无讼"。其实,若站在更广大且长远的共同利益视角来审视,反而容易看得更清楚,有很多所谓利益纠葛,不过是由于人们拘泥于个人和小群体利益而臆想出来的纠纷罢了,并没有什么事实依据。作为管理者,如果过分关注这些没有什么事实依据,也很难给出合理解决方案的所谓利益纠纷,其结果倒是更可能将人们的注意力彻底转移到各自私利上,以至于模糊甚至掩盖了更重要的共同利益。这岂不是从根本上违背了儒家管理之道,让管理的教育功能不是导人向善,而是变成引导人们更加斤斤计较于本位利益了吗? 当然,儒家管理要导人向善,绝不意味着不要个人利益,王阳明在庐陵致力于"必使无讼",也绝不是要推卸知县审案的责任,而是要让个人利益融入共同利益,让那些真正损害他人利益和共同利益的诉讼案件,获得更充分的办案资

---

① [明]王守仁撰,吴光、钱明、董平、姚延福编校:《王阳明全集》,上海古籍出版社 2011 年版,卷二十一,第 885—886 页。

源,从而得到更有效的解决。事实证明,王阳明在庐陵"止讼"的效果非常好,同时也让社会风气发生了改变,但这都不是用当时的政绩指标能衡量出来的。

另外,王阳明还为免除庐陵县的年度税赋摊派做出了不懈努力,最后庐陵县只上缴了100两现银,这很可能对于王阳明做知县的政绩非常不利,但是,王阳明早已超越了个人利益考量,既立足于"明德",又追求"至善",义无反顾地这样做。还有在庐陵县城火灾后重建的规划上,王阳明同样顶住了来自居住习惯和私人利益的巨大压力,出台强制措施,要求各家各户面向街道和小巷的房屋都要向后退,并限制房屋的高度,还要求集资共建防火墙。像这些在当下不讨巧却利在长远的决策,管理者若没有坚定的价值立足点、高远的战略思维和超越一己之私的勇气,是不可能做出来的。

第二,明德作为儒家管理的出发点,首先是指向自己的,而不是上来就要求他人怎样。当孔子说"为政以德,譬如北辰,居其所而众星共之"①时,强调的是管理者必须坚信"人性"的德性内涵,并让德性始终如一地贯彻在管理行为之中,成为真正意义上的德行;而不是说管理者要用德性去要求他人,甚至管理他人,让他人表现出德行。试想,若管理者只是要他人有德行,甚至自己都可以不信德性、没有德行,那又如何能达到"居其所而众星共之"的组织状态呢?

这再次清楚地表明,即便是在做组织管理,儒家管理者也同样注重自我管理。儒家的自我管理,从来都是渗透在组织管理的全过程之中,并不是说只有在正式做组织管理之前。先进行自我管理,用自我管理来赢得组织管理的入场券,而一旦得到了组织管理岗位,便将自我管理抛到脑后。若果真如此,自我管理岂不成了谋求组织管理的手段?这恰与儒家的观点背道而驰。儒家历来认为,自我管理比组织管理更根本,也更重要,因为自我管理直接关乎人之为人的问题,也即"做人"的问题;只有先"做人",再"做事",包括做管理之"事",那才是人在做事,而不是动物或机器在做事。更重要的是,"做人"不仅在逻辑上先于"做事",而且,"做事"之中无不渗透着"做人"。即便由于年幼,还没有参与做正式的公共之"事",或由于退休,不再做正式的公共之"事"了,

① 张钢:《论语的管理精义》,机械工业出版社2015年版,第24—25页。

但只要活着,任何人都无法摆脱"做人",除非是已不想再成为人。

根据王阳明的说法,要"做人","只在此心去人欲、存天理上用功便是"。①这意味着,"做人"便是要让"人性"的德性内涵及其向善倾向性时时彰显出来,即明德。明德并不是个体在封闭条件下的自我实践过程,而是一个社会学习过程,正所谓"德不孤,必有邻"②。在正式组织中,对于明德和"做人"而言,管理者责无旁贷,必须成为这个社会学习过程的中心,甚至成为社会学习的对象或榜样。这里需要说明的是,在组织中,德行的榜样与专业的榜样,甚至绩效的榜样,有着本质区别。严格来说,"做人"或德行是很难评价的,或许也只能盖棺才能定论,因此,要在组织中树立"做人"或德行榜样,让人们去学习和模仿,几乎是不可能的。那应该怎么办?难道组织中就不用倡导德行和"做人"了吗?当然不是。但组织必须选择另外的途径,不能简单地用人为树立榜样的方式。儒家认为,组织中弘扬德行、倡导"做人"的最有效方式,不是大张旗鼓地树典型、立标杆,而是将管理岗位本身作为一种自然而然地彰显德行的平台,让管理者在日常管理过程中成为德行的代言人,在无形之中,以润物细无声的方式,来昭示德性、展现德行。这正是"为政以德,譬如北辰,居其所而众星共之"的真谛所在。儒家这种观点,实际上意味着,要按照德性及其向善倾向性来配置组织中的管理权力,而以德性来配置管理权力,本质上就是要让有德行的人来选择有德行的人,进而实现德行的社会学习,这样才有可能部分地解决人为地树立德行标杆可能带来的尴尬局面。

另外,儒家的德性内涵是"仁义礼智四端"及其向善倾向性,由此所产生的德行表现则是"利他"行为,而"利他"又必然有一种"吃亏"的意思在里面。这就使得管理者在树立其他组织成员作为德行榜样时,不可避免地面临一个困境:难道管理者希望组织成员都甘愿"吃亏"以为组织奉献吗?那管理者为什么自己不首先"吃亏"并为组织奉献呢?更进一步,既然在组织中树立起这样甘愿"吃亏"和奉献的典型,那么,对这样的典型是否要给予奖励,尤其是物质奖励呢?若给予奖励,尤其是物质奖励,这岂不是有损于真正的德行?正因为

---

① [明]王守仁撰,吴光、钱明、董平、姚延福编校:《王阳明全集》,上海古籍出版社 2011 年版,卷一,第 3 页。

② 张钢:《论语的管理精义》,机械工业出版社 2015 年版,第 106—107 页。

存在这样的困境,在组织中人为地树立德行榜样,容易诱发各种各样的问题,甚至产生南辕北辙的效果。因此,儒家还是坚持认为,只有从管理岗位设计和管理者选择入手,才能从根本上突破这种困境。

管理工作与其他专业工作相比,有一个非常鲜明的特点,那便是管理工作一定要首先立足于组织乃至社会,而不能只是立足于自身所具有的某个特定领域的知识和能力。严格来说,组织乃至社会的发展,很难用某个单一维度来衡量,就如同一个完整意义上的人难以用一个尺度去度量一样。也正因为如此,完整意义上的人是不可比的,组织乃至社会也是不可比的,但在某个维度上的专业知识和能力及其运用效果,却又是可以比较的。必须牢记的是,一个人、一个组织乃至一个社会,在某个维度上的可比性,并不等同于在整个人、整个组织乃至整个社会上的可比性。大部分其他专业工作是立足于那些具有可比性的某个特定维度上的工作,但管理工作是首先立足于整体意义上的人、组织乃至社会的工作。

如果一个组织的管理者总是从单一维度来思考组织的存在和发展,来激励组织成员,那么,他实际上只不过是将人和组织都看成了一种单维度的存在。从这种思维方式出发,管理者很容易就把人和组织都视为达成自己目标的手段。这便从根本上违背了儒家关于做管理要立足于明德,追求"至善"的宗旨。之所以会出现这种管理者将人和组织工具化或手段化的现象,究其原因,关键在于管理者逾越了公私界限,化公为私,将本质上具有公共性的组织和管理变成了实现私人目标的手段,而完全无视人及人的组织所具有的共享价值和共同利益。以王阳明为代表的儒家管理者则完全不同,他们从明德出发,首先要做到公私分明,而这种公私界限不仅仅体现在看得见的管理行为上,更根植于心中对"人性"德性前提的坚定信念。孔子曾明确指出:"君子之于天下也,无适也,无莫也,义之与比。"[①]这意味着,儒家管理者必须由内而外地肩负起弘扬"人性"的德性、创造共同利益的责任,此乃管理角色和岗位职责的必然要求,不需要去刻意高调宣扬,更不能去自我标榜,而只要脚踏实地做下去,便是在不经意间塑造着组织的良好德行氛围。

---

① 张钢:《论语的管理精义》,机械工业出版社 2015 年版,第 91 页。

　　王阳明用自己始终如一的自我管理和组织管理实践证明，恪守儒家管理之道的管理者，总是首先从自身做起，确保公私分明，让私德与公德相得益彰；无论是在公共领域还是在私人场合，都不是先想着要求他人怎么样，而是眼睛向内，严格要求自己，由内而外自然地影响他人，为他人创造各种成长的机会，让组织乃至社会实现可持续发展，从而在根本上避免了"其人亡，则其政息"①的局面。

　　第三，儒家做管理，强调从明德出发，注重文化感召，但并不忽视制度建设和战略管理的重要作用，只不过认为，无论是制度还是战略，都源自文化，要让制度和战略发挥作用，必须正本清源，让文化扎根在"人性"的德性前提之中。

　　做管理，一定离不开他人和物化资源。只凭管理者个人，无法履行管理职责。管理工作一定是将他人和物化资源有机整合在一起，创造出更广大且长远的共同利益。做管理，就是要达成整体大于部分之和的效果，而那个大于的部分，便是管理工作的着力点。不仅如此，管理者还必须让组织成员在一起工作而产生远远超过单独工作的创造潜能，也就是说，在那个大于部分之和的部分，不仅有分工协作的制度设计所带来的增益效果，更应该有每个组织成员远超个体想象的潜能发挥所创造的超额贡献，而这种个体的超水平发挥，更体现出管理者所创设的组织氛围和工作环境的重要性。

　　但是，不管是由分工协作的制度设计所带来的增量，还是由个体超水平发挥所创造的贡献，都只能是由人及其团队和组织做出的，不可能是由物化资源本身带来的。哪怕是再高级的机器，也无法持续产生非预期的正向结果。严格来说，任何物化资源都不具有主动创造和创新的能力，而只有人及其团队和组织才能创造和创新。组织管理的真正意义，恰在于如何让人结合在一起，比分散地各自工作，更容易超水平发挥，并创造出更伟大的非预期的正向结果，那便是更广大且长远的共同利益。

　　当管理者面对人和物时，必须以人为本，从"人性"的德性前提来理解人，将人与"至善"目标视为一体。这意味着，"至善"目标同时包含人的物质和精神两方面的幸福，而管理工作的价值追求，便在于导人向善，实现更多人的物

---

　　①　张钢：《大学·中庸的管理释义》，机械工业出版社 2017 年版，第 134—142 页。

质和精神两方面幸福。当然,这并不是要管理者站在德性和"至善"的制高点上去展开宣贯或说教,让他人向"善",而是要管理者坚信"人性"的德性内涵及其向善倾向性,以此来指导战略制订和制度设计,进而与他人一起共同追求和创造"至善";而且,这个追求和创造"至善"的过程是无止境的,不可能有谁说自己已经实现了这个目标,回过头来再去要求和教化他人。孟子讲"君子莫大乎与人为善"①,正是这个意思。

王阳明做管理,一直奉行观念先行的儒家信条,将管理之道融入各项战略制订和制度设计之中,在策略性手段的具体运用上,更是达到了随心所欲、信手拈来的境界。这在他的军事管理活动中表现得可谓淋漓尽致。

军事管理不能没有战略。每一次军事行动都是整体战略的组成部分,绝不能为了赢得某一次战斗的胜利而盲目行动。正德十一年(1516)九月十四日,王阳明接到新的任命,以都察院左佥都御史,巡抚南、赣、汀、漳等处,负责清剿江西、福建、湖广、广东四省交界地区的匪患。王阳明接受剿匪任务后,便以儒家管理观念为指导,制订周全的战略,致力于从根本上解决匪患问题,而不是为了完成这次任务,以剿匪的数量和速度为指标来订立一个短期的战术目标。此前该地区数次剿匪不利,甚至匪患越剿越严重的原因之一,恰在于管理者只看重短期功效,为求速战速决,不惜代价地征调外地正规军前来剿匪,看似短期内端掉了多少匪巢、消灭了多少匪寇、取得了多大战果,但官军班师后没多久,匪患便又死灰复燃,且相较以往,有过之而无不及。使用正规军剿匪,表面上声势浩大,有让匪众望风而逃的功效,但同时也给当地带来莫大困扰,劳民伤财不说,还给民众人身安全带来威胁,说不准就被当成乱匪充数法办了。这无疑又有逼上梁山之嫌,也难怪匪患屡剿不绝。

王阳明秉持儒家管理观念,致力于从根本处入手解决问题,采取了与以往完全不同的剿匪战略。他选择训练当地民兵而不是征调远方正规军来剿匪,这样既可以加强地方防御能力,又避免外来军队扰民,还让剿匪与民众利益完全一致,通过剿匪来创造更广大且长远的共同利益。另外,只是铲除匪巢,消灭匪众还远远不够,关键在于彻底根除滋生匪患的土壤,实现当地的长治久

① 张钢:《孟子的管理解析》,机械工业出版社 2019 年版,第 118—120 页。

安。为此,王阳明还系统考虑了相应的制度设计,包括设立新县、兴办学校等,不仅努力解决地方民生和治理问题,还致力于解决当地的教育问题,这才是地方社会能够长期和谐发展的根本保证。

说到底,战略不仅仅是对事态发展、各种工作的全局且长远的谋划,并以战略规划的形式表现出来;战略更集中体现为管理者的一种思维方式,即战略思维。战略思维的本质是一种系统思维,遇到事情及其变化的时候,不是就事论事,从本位出发、从眼前出发来考虑问题,而是能主动地站在全局和长远的角度来考虑问题,真正做到未雨绸缪,防患于未然。其实,王阳明在剿匪问题上考虑得如此周全,恰表明他具备卓越的战略思维。

王阳明之所以具备卓越的战略思维,一方面当然得益于他具有更高的思维立足点,站得高,才能看得远,也才能看得全面,而思维立足点,便是思维得以运用的自明前提,这对于王阳明来说,就是明德或"良知"。正因为有了这样的自明前提,王阳明的思维运用才得以超越个人的患得患失,早已将这次任务完成得好会怎样、不好又会怎样的个人荣辱得失置之度外。这样一来,反而能有更超然的胸怀和眼光来思考问题,自然就能以更广大且长远的视角看待这次剿匪。这让王阳明在涉及管理决策的复杂事实前提时,能够看到比别人更多、更全、更清晰的信息线索,也能够对之加工得更深入和周全。这恰体现出管理决策的价值前提对事实前提的决定作用。

另一方面要有战略思维,也离不开思维得以有效运用的知识和能力储备。通常说"要学会站在巨人的肩上",意思就是要借鉴前人在类似问题解决上所积累起来的知识和经验。若当年王阳明没有对兵法如饥似渴的学习和演练及相应的思考和总结,当他接受这项剿匪任务时,要想临时抱佛脚,现学军事知识,到了现场恐怕也只会纸上谈兵。这表明,只有超越的思维立足点是不够的,就像一个人登得再高,仅凭肉眼,终究还是看不到多远,即使的确比平地上看得远些,也只不过是看个大概。这种大而化之般的概貌了解,别说对于打仗这种生死攸关活动的组织和管理,即便对于日常管理来说,也是远远不够的。人们常说"细节决定成败",战略思维并不等于大而化之,战略思维同样要关注细节。正是在细微之处,往往蕴藏着具有长远意义的玄机和趋势,正所谓"风起于青萍之末"。那种见微知著的功夫,恰是战略思维所不可或缺的。但问题是，管理者如何才能做到既看得远，又看得细呢？这就必须将提高思维立足点与运用思维工具相结合。若将提高思维立足点比喻为登高望远的话，那么，登高之后要避免看得模糊，就必须使用望远镜这种工具，而且，望远镜的倍数越高，看得就会越清楚。正是望远镜这种工具大大克服了人在视力上固有的不足。知识之于思维，就像望远镜之于视力一样。对于王阳明在军事管理上的战略思维而言，兵法知识就像望远镜一样，能让王阳明在军事问题上不仅思考得更长远，而且思考得更细致。当王阳明立足于明德前提，又带着早已烂熟于心的各种兵法知识和基于模拟演练所形成的军事能力去剿匪时，自然就会看得更远，看得更广，也看得更细。这不仅是前几任剿匪负责人所达不到的，更是王阳明的对手所远远不及的。其实，战事尚未开始，仅从军事管理者的战前准备上看，胜负早已分明。

当然，要克敌制胜，仅靠王阳明个人的战略思维肯定不够，还有赖于调动他人潜能和创造力以及结合环境特点充分发挥资源效力的程度。王阳明之所以能在很短时间内激活他人的战略思维能力和其他方面的潜能，这固然离不开王阳明的知人善任，但更重要的是在共同信念和共享价值基础上的志同道合及给他人以充分自由的制度设计。王阳明通过合理的制度设计，一方面与其他管理者共享权力，另一方面也给其他管理者以充分的自由，让制度规则来保证人们的自由裁量空间。

王阳明之所以愿意也敢于在战前、战中、战后与其他管理者充分共享权力，一个非常重要的前提是，他与这些管理者共享了"人性"的德性前提和"至善"的终极目标。虽然当时的管理者在儒家管理之道和管理模式的理解上会有所差异，但是，通过科举考试上来的大多数管理者，很容易就终极目标和共同利益达成共识，建立信任。王阳明到赣州开府履行职责时，并没有自带一兵一卒，管理者都是当地各府县的在任管理者，民兵都是从各府县临时抽调上来的，训练时间也不长，但很快就融为一体，产生了较强战斗力。从正德十二年（1517）正月王阳明到赣州开府，到同年四月基本扫清了闽、广交界地区的匪患，仅用三个月时间就取得了南赣剿匪的第一阶段胜利，不能不说共同信念和共同利益在其中起到了重要作用。

除此之外，王阳明还在战前制定了明确的制度规则，其中最具典型性的便是"十家牌法"和"选拣民兵"制。王阳明在庐陵任知县时曾采用过"保甲法"以御盗,到赣州后,结合当地实际情况和战时需要,王阳明又在"保甲法"的基础上推行了"十家牌法",这是一种户籍登记与查验制度。

正德十二年(1517)正月,王阳明到赣州不久,便颁布了《十家牌法告谕各府父老子弟》,让民众了解"十家牌法";同年三月,再颁《案行各分巡道督编十家牌》,要求各府县加紧推行"十家牌法"。王阳明制定并推广"十家牌法"制度的初衷,是从根本上防止当地匪民串通、内外勾结,从而孤立各匪巢的顽匪,切断其信息和物资来源,以达到各个击破的目的。王阳明在《十家牌法告谕各府父老子弟》中写道:"今为此牌,似亦烦劳。尔众中间固多诗书礼义之家,吾亦岂忍以狡诈待尔良民。便欲防奸革弊,以保安尔良善,则又不得不然,父老子弟,其体此意。自今各家务要父慈子孝,兄爱弟敬,夫和妇随,长惠幼顺,小心以奉官法,勤谨以办国课,恭俭以守家业,谦和以处乡里,心要平恕,毋得轻意忿争,事要含忍,毋得辄兴词讼,见善互相劝勉,有恶互相惩戒,务兴礼让之风,以成敦厚之俗。吾愧德政未敷,而徒以言教,父老子弟,其勉体吾意,毋忽!"①

王阳明不仅申明了"十家牌法"制度设计的缘由和背景,而且让制度设计始终贯彻着儒家价值观。制度设计本身不是目的,借助制度设计达到更广大且长远的共同利益或"至善",才是终极目标。根据"十家牌法"的制度规定,每户人家都要做一个家牌,上面登记相关信息,包括家中户主姓名、人口数、户籍、家人姓名、年龄、体貌特征、职业、技能特长等,同时还需标明家中成年人数及男女比例,是否有重病病人,是否有为官者等。若有租用房屋者,也要登记租住者的相关信息。按照规定,各家各户应将上述信息同时抄录于门前告示板上,以备官府随时核查。每日傍晚时分,当地公务人员会挨门挨户核对告示板上的信息是否与家牌录入内容相符。如遇某户某人外出办事,要查清此人所在地、办理何种事务以及确切的返乡日期。如有临时借住者,要查清此人的姓名、籍贯以及此行目的。官府对当地民众进行详细调查,并将相关信息通告给各家各户,民众一旦发现可疑人员,要立即报告。

---

① [明]王守仁撰,吴光、钱明、董平、姚延福编校:《王阳明全集》,上海古籍出版社2011年版,卷十六,第587页。

"十家牌法"将十户居民编为一甲,甲即为连坐单位,如发现私通匪患者,同一甲的十户连坐受罚,而且,对每甲十户人家,还有外部负责人予以监督。实施"十家牌法"不久,王阳明又在各村镇实行"保长制",由村镇的一位负责人即"保长"负责监督实施"十家牌法",并肩负村镇安全保卫责任。这样便建立起比较牢固的地方治理制度,确保剿匪有了稳定和坚实的民众基础;同时,也彻底阻断了匪众与民众的一切可能联系,从根本上扭转了当地剿匪的不利局面,营造出全民剿匪的态势。

至于"选拣民兵"制,也是王阳明甫到赣州任上便着力推行的制度,从根本上解决了剿匪的武装力量来源和构成问题。王阳明到达赣州十天后便颁发了《选拣民兵》布告,其中明确规定:"为此案仰四省各兵备官,于各属弩手、打手、机快等项,挑选骁勇绝群、胆力出众之士,每县多或十余人,少或八九辈;务求魁杰异材,缺则悬赏召募。大约江西、福建二兵备,各以五六百名为率;广东、湖广二兵备,各以四五百名为率。中间若有力能扛鼎、勇敌千人者,优其廪饩,署为将领。召募犒赏等费,皆查各属商税赃罚等银支给。……所募精兵,专随各兵备官屯扎,别选素有胆略属官员分队统押。教习之方,随材异技;器械之备,因地异宜;日逐操演,听候征调。……如此,则各县屯戍之兵,既足以护防守截;而兵备募召之士,又可以应变出奇。盗贼渐知所畏而格心,平良益有所恃而无恐,然后声罪之义克振,抚绥之仁可施,弭盗之方,斯惟其要。"①

用于剿匪的兵力在精而不在多,而且,在兵力部署上,还要剿防兼顾,用于进剿出击的兵力更是要精干强悍。这便是王阳明在设计"选拣民兵"制,积极备战时的战略指导思想。事实证明,王阳明临时组建和训练的这支剿匪队伍非常具有战斗力,首战盘踞福建汀州、漳州大帽山地区数十年的詹师富、温火烧匪部,仅用三个月时间就取得全面胜利,不仅将詹师富、温火烧斩首,而且将所部匪众悉数消灭干净,未留任何遗患。

正是通过一系列制度设计,王阳明把看似高远的儒家"至善"终极目标落到实处,变成与每个地方乃至每个人密切相关的共享价值和共同利益,进而又

---

① [明]王守仁撰,吴光、钱明、董平、姚延福编校:《王阳明全集》,上海古籍出版社 2011 年版,卷十六,第 585—586 页。

从管理即教育的儒家理念出发,让每一项制度的颁布和实施都有一以贯之的观念指导,同时也是一次正向影响人们追求和创造共同利益的教育活动。

王阳明从明德出发,追求"至善"终极目标,并将之融入战略制订和制度设计,才会在这么短时间内便赢得民众支持,组建起一个强有力的管理团队和军事组织,使其比过往剿匪从外地征调来的正规军更有战斗力。这再次表明,做管理,的确团结就是力量,凝聚力才能带来战斗力,而要能凝聚人心,快速建立信任,除了管理者个人的信念、价值观、战略思维和综合素质外,更重要的是,管理者必须将这些个人因素转化为有效的信任机制设计,那便是建立在文化价值观和制度规则之上的信任机制。王阳明正是通过将儒家文化和制度设计融为一体,建立起超越个人的信任机制,才有效地将个人的影响力转化成组织影响力,让组织在更大范围的社会中创造出更大的正能量和价值贡献。

当然,战略再好,制度再合理,若没有灵活有效的战术,临阵也不一定能确保胜利。做管理,要取得最后的成功,还必须依赖于临场发挥的战术运用。在这一点上,王阳明的出色表现早已为人们所津津乐道。这里仅举王阳明南赣剿匪第一阶段消灭詹师富、温火烧匪军的战役为例,而其他更多有关王阳明精彩的战术运用例子,后续还会详加分析。

当时,詹师富、温火烧盘踞在深山之中,凭险固守,与王阳明的军队处于僵持状态,加之两军在长富村的首次遭遇战,官军便有两位将领阵亡,匪军还成功突围,让战局陷入胶着状态。在这种情况下,王阳明及时调整战术,对外广泛散布消息说,考虑正值春暖播种时节,加之深山雨水渐多,瘴气逼人,不宜进攻,只好暂时撤兵,待秋收后天气转凉,再回师围剿。为让匪军相信这一消息属实,王阳明还要求各军事要隘只保留少数兵力作防御,其余人马依次撤回,撤军时定要大张旗鼓,给外人感觉的确是在裁撤军队。对内则整训备战,那些假装撤回的军队都在离开要隘不远处分散隐蔽,相机而动。同时,暗中派出探马四处搜集情报,捕捉战机,随时准备大举进攻。詹师富、温火烧等大小头目果然中计,以为王阳明当下不会再进攻,放松了警戒,防卫也出现了漏洞。至二月十九日,距王阳明虚张声势地撤兵尚不足半月,战机便出现。王阳明当机立断,命官军于二月十九日夜三路并进,一举攻克天险,歼敌主力,其余匪众四散奔逃,王阳明率军乘胜追击,彻底扫荡各处大小匪巢,詹师富、温火烧伏诛,到三月底,王阳明南赣剿匪第一阶段便告结束。①

是否在具体管理情境中使用战术或策略性手段是一回事,能否合理且恰当地使用又是另外一回事。虽然人们或许不再否认,做管理,尤其是做军事管理,不可能不使用战术或策略性手段,这也是管理的工具维度应有的题中之义;但问题是,到底应该怎样使用战术或策略性手段才合理、恰当、可行呢? 在这一点上,王阳明的管理实践,无疑给出了很好的回答。

在管理的工具维度上,战术或策略性手段的运用,必须以管理的价值维度为基础,离开了价值维度的定向和规范,战术或策略性手段的运用很可能走向为手段而手段,甚至不择手段,无所不用其极的极端,而这种极端状态,也就是常说的"结果会自动证明手段的合法性"或成王败寇的状态。有人也许会用效率标准来为这种极端状态辩护,说什么组织间的竞争,尤其是在战争条件下,关键是效率的竞争,没有效率,就会被淘汰,而为了高效率,就必须无所不用其极,最终胜出者,一定是使用了最有效的手段或策略者。鉴于此,一个值得深思的重要问题是:以价值维度为准绳的策略性手段的选择和运用,一定会在效率上低于不受价值维度规范的策略性手段的选择和运用吗? 儒家对这个问题,早已给出了自己的答案。

就以战争这种极端惨烈的竞争来说,人们或许认为,到了两军阵前,那可是你死我活的竞争,还有什么终极目标和价值可言? 只要能将对手消灭,那就是最重要的目标,也是最大的价值。为此,什么方法和手段不可以用呢? 关键是看谁赢了,胜者自然是有理的一方。成王败寇的逻辑由此便诞生了。果真如此,战争,甚至推而广之,所有竞争,也都没有了所谓正义与非正义的价值关切,而只剩下输赢的结果判断。但是,儒家不接受这种成王败寇的逻辑。孟子早就明确区分了正义战争与非正义战争。孟子指出:"国君好仁,天下无敌焉。南面而征,北狄怨;东面而征,西夷怨。曰:'奚为后我?'武王之伐殷也,革车三百两,虎贲三千人。王曰:'无畏! 宁尔也,非敌百姓也。'若崩厥角稽首。征之为言正也,各欲正己也,焉用战?"②

---

① [明]王守仁撰,吴光、钱明、董平、姚延福编校:《王阳明全集》,上海古籍出版社 2011 年版,卷九,第 335－340 页。

② 张钢:《孟子的管理解析》,机械工业出版社 2019 年版,第 534－536 页。

孟子用当年商汤征伐夏桀、周武王征伐商纣的典型案例,意在表明,战争不是目的,而只不过是达到"保民""平治天下"的手段而已;战争是为达到持久和平服务的,这才是区别正义战争和非正义战争的根本所在;即便是作为"保民""平治天下"的手段之一,战争也是排在优先序等级最后的手段,只有万不得已才会使用。当年商汤征伐夏桀时,各地民众都说"为什么不从我们这里先开始",而周武王征伐商纣时,对当地民众说"不要怕,我是来保护你们的,不是来与你们为敌的"。在孟子看来,只有为更广大的民众所认可、接受和拥护的战争,才是以仁爱价值观和天下共同利益追求为宗旨的正义战争,而这种正义战争一定以"不嗜杀"①为根本前提。战争不可避免会有伤亡,但正义战争永远站在最广大的民众的共同利益一边,让军队成为与民众打成一片的"仁义之师",这样的军队在战争中绝不以杀人为目的,而是要尽量避免伤亡,哪怕是对于敌人,也要尽量"不战而屈人之兵",而不是以赶尽杀绝为能事。这种"不嗜杀"的"仁义之师",当然就会"得道多助""仁者无敌"②。在这样的价值前提下,再来使用各种战术或策略性手段,其有效性难道不会更强吗?或者说,儒家管理的价值前提不仅与战术或各种策略性手段的运用不矛盾,而且一旦明确了价值前提,战术或策略性手段的运用会更顺理成章。王阳明的军事管理实践便充分证明了这一点。

在对詹师富、温火烧匪巢展开总攻前,王阳明首先重申军纪,明确指出,进攻的目的,以擒获匪首和大小头目为主,而不在于杀伤多少匪众。"若贼首未尽,探其所如,分兵速蹑,不得稍缓,使贼复得为计。已获渠魁,其余解散党与,平日罪恶不大,可招纳者,还与招纳;不得贪功,一概屠戮。乘胜之余,尤要肃旅如初;遇敌不得恃胜懈弛,恐生他虞。归途仍将已破贼巢,悉与扫荡,经过寨堡村落,务禁剽掠,宜抚恤者,即加抚恤;宜处分者,即与处分;毋速一时之归,复遗他日之悔。"③这充分表明,王阳明已经将儒家管理的价值前提与各种战术或策略性手段的巧妙灵活运用有机融合在了一起。

---

① 张钢:《孟子的管理解析》,机械工业出版社 2019 年版,第 25—27 页。
② 张钢:《孟子的管理解析》,机械工业出版社 2019 年版,第 123—125,22—25 页。
③ [明]王守仁撰,吴光、钱明、董平、姚延福编校:《王阳明全集》,上海古籍出版社 2011 年版,卷十六,第 592 页。

在王阳明看来,让战术或策略性手段的运用立足于明德这个价值前提,绝不意味着将明德和策略性手段,或通常所说的"道"和"术",当成两个并列的外在东西,分别做出权衡和选择。若是这样理解的话,岂不是将人与明德这个价值前提或"道"割裂开来了吗?这会给人一种错误的认知,以为明德这个价值前提或"道",不过是与策略性手段或"术"一样,都是一种外在的知识或其他形式的存在,人们只需要向外去学习、掌握和选择就可以了。这样的话,人又是一种怎样的选择主体呢?难道只是一种生物意义上的存在吗?其实,这种把明德这个价值前提或"道"与人这个主体割裂开来的理解,是对王阳明和儒家管理思想产生误解的重要根源之一。

在王阳明和儒家看来,做管理,首先要确立起人这个主体,而人这个主体并非抽象的、脱离现实的存在,也不能混同于动物、机器等外"物",人之为人的独特性在于德性,德性也即儒家意义上的"道"或"理"或"天理"或"良知"。虽然用词不同,但含义一致,都是指人这个主体得以确立的内在根据。虽然人这个主体也具有生物性本能,但那不过是人与动物所共有的特点,并不是人之为人的独特规定性,也难以确立起人的真正主体性。只有让德性成为自我的"真吾"本体,人这个主体才能真正立得住,也才能更自觉地阐明、发扬和传播德性或"道",这便是孔子讲"人能弘道"①的意义所在。当德性或"道"成了人的"真吾"本体时,立足于明德这个价值前提来灵活运用策略性手段,或者如儒家所说的"道以御术",也就变得自然而然、顺理成章了。

王阳明立足于明德这个价值前提来选择和运用各种战术或策略性手段,达到真正意义上的"道以御术",那完全是一个由内而外、自然而然的结果。这时候,明德或"道"都不再是外在于王阳明的一种知识或其他存在,而是他得以做出各种判断和选择的"真吾"本体,也即使用各种策略性手段或"术"的真正主体。根据王阳明和儒家的观点,以明德或"道"为"真吾"本体确立起来的决策主体,才是真正意义上的人;否则,失去了明德或"道"这个"真吾"本体,剩下来的不过是行尸走肉,最多也就是个衣冠禽兽,充其量比动物更懂得运用各种策略性手段或"术"以满足自己的生物性本能的需要罢了。正如王阳明曾深刻

---

① 张钢:《论语的管理精义》,机械工业出版社 2015 年版,第 458—459 页。

指出的那样："若违了天理，便与禽兽无异，便偷生在世上百千年，也不过做了千百年的禽兽。"①

　　儒家坚持认为，做管理，首先必须学以成"人"，也就是要学"做人"和自我管理；否则，又如何能在管理中恰当而又灵活地运用各种策略性手段？所谓"道以御术"岂不成了一句空话？虽然"做人"与做事，包括做管理之"事"，总是交织在一起的，但无论做什么，都要先明确主体，这是做一切事的真正逻辑前提。也只有明确了逻辑前提，人们才能真正认识到明德或"道"的"真吾"本体含义及其逻辑在先性。《大学》曾明确指出："物有本末，事有终始，知所先后，则近道矣。"②这里讲的便是一种逻辑的在先性，也深刻指出了"道"作为"真吾"本体来"御术"的逻辑优先性。

　　正是基于明德或"道"的逻辑优先性，儒家讲"道以御术"才具有更深刻的内涵。从明德出发，以"至善"为终极目标，来选择和运用各种策略手段或"术"的过程，就是所谓"道以御术"。试想，王阳明若不曾"志于道""龙场悟道"，并执着地"弘道"，又如何能真正做到"道以御术"？当然，这里丝毫也不否认，要达到对特定策略性手段或"术"的灵活运用，一定还离不开特定专业知识的学习和专有能力的培养。正是明德或"道"与军事知识和能力的有机融合，才让王阳明的"道以御术"达到出神入化的境界，真正实现了做管理所要求的原则性与灵活性相结合、具体问题具体分析。

　　儒家做管理，很讲究"权"，也就是原则性与灵活性相结合、具体问题具体分析。孔子早就说过："可与共学，未可与适道；可与适道，未可与立；可与立，未可与权。"③孔子这段话，意在指出，做管理，最大的困难莫过于灵活地运用共同确立起来的管理之道或根本原则。孟子则从反面事例出发，深入分析了关于"权"的错误理解。

　　孟子说："杨子取为我，拔一毛而利天下，不为也。墨子兼爱，摩顶放踵利天下，为之。子莫执中，执中为近之。执中无权，犹执一也。所恶执一者，为其

　　①　［明］王守仁撰，吴光、钱明、董平、姚延福编校：《王阳明全集》，上海古籍出版社 2011 年版，卷三，第 117 页。

　　②　张钢：《大学·中庸的管理释义》，机械工业出版社 2017 年版，第 10—12 页。

　　③　张钢：《论语的管理精义》，机械工业出版社 2015 年版，第 264—266 页。

贼道也,举一而废百也。"①

　　孟子这里讲了三种当时流行的观点,一是杨子的极端自利观,二是墨子的极端兼爱观,三是子莫坚持走中间路线的观点。子莫的观点表面上看似折中、稳妥,实则既没有内在一定之规,又不知权衡变化,本质上与走极端是一样的,只不过更容易误导人们,以为权变就是要在不同观点之间进行折中调和。实际上,像子莫这折中调和观,恰是一种没有内在原则坚守的典型表现,与儒家所说的原则性与灵活性相结合、具体问题具体分析,简直是天悬地隔。难怪孟子要说"为其贼道也,举一而废百也",意思是,这种观点严重损害了管理之道,以偏概全,抓住一点不及其余。

　　儒家讲究"权",则是以更高层次的价值原则或"道"为前提的,强调的是在原则指导下,在具体的情境中,面对具体问题时,对具体规则和操作手段的灵活运用,而绝不是一味灵活,完全忘记甚至压根儿就不知道还有原则。王阳明早已确立起了儒家的价值原则,那便是明德前提和"至善"终极目标,以此为基础,王阳明不管遇到什么具体情境,面对什么具体问题,做出什么具体决策,都自然而然地贯彻着这种价值前提或原则,来运用专业知识和能力,对各种事实前提进行分析。这样一来,哪怕在策略性手段上再灵活多变,那个"真吾"本体总是不变的,正所谓"万变不离其宗",又如何会偏离原则性去追求灵活性呢?这才是儒家讲究"权"的真正涵义。这与那种为了眼前功利目的,一味地讲灵活性,努力钻规则空子,根本就没有任何内在原则底线的所谓灵活性,决然不同。

　　当然,有了坚定的内在价值原则,并不一定就能自然达到做管理中的原则性与灵活性相结合、具体问题具体分析。原因在于,管理决策除了价值前提,一定还离不开事实前提;而且,坚守了价值前提,立足于原则性,并不必然就能充分运用事实前提,具有灵活性。要想在管理决策中充分运用事实前提,还必须有对各种丰富的情境信息的充分获取和深度加工才行。从本质上说,事实前提就是由各种丰富的情境信息构成的,尤其是对于军事决策而言,信息或情报更是至关紧要。同时,决策者对各种情境信息进行加工的专业知识和能力

---

　　① 张钢:《孟子的管理解析》,机械工业出版社 2019 年版,第 499—501 页。

也同等重要。对任何成功的管理决策而言,内在的价值原则、丰富的情境信息、专业知识和能力,三者缺一不可。

在现实中,人们往往只看到像王阳明这样伟大的管理者,他们所做的灵活多样的策略选择及眼花缭乱的随机应变,而没有去追溯他们做出这些成功决策的价值前提和事实前提到底是什么;即便人们会去考虑他们所做决策的前提问题,也通常只对事实前提感兴趣,而且尤其感兴趣的是事实前提中通过逸闻趣事呈现出来的情境信息,却几乎完全忽略了价值前提这个更为根本的起着核心、决定作用的决策条件。由此带来的结果便是,很多管理者缺乏内在价值准则坚守,甚至连专业知识和能力积累、情境信息搜集这种做决策的基本事实前提都不想考虑,整日只想着从别人那里寻求使用策略性手段、用计以达到立竿见影效果的所谓"妙方"。这岂不是在做缘木求鱼之想?王阳明从明德出发的组织管理思想和实践,恰是对此所下的一剂猛药,至今仍不失其疗效。

第六章　尽　责

　　做组织管理,的确离不开权力。如果说管理就是决策,那么,决策本身就是拥有权力的体现。组织中的管理决策,意味着替他人或组织的利益相关者做出选择,这涉及公共资源的运用和共同利益的创造。实际上,管理决策就是组织中权力的运用。也许这正是人们习惯于把决策和权力合起来,简称为"决策权"的原因。

　　但必须明确的是,权力只不过是组织管理的一个侧面,代表着管理者对组织中公共资源的运用,而组织管理还有另外一个不可分割的、更加重要的侧面,代表着管理者在为谁运用资源、怎样运用资源及运用资源到底要达成什么样的结果,这便是责任。责任和权力是组织管理的一体两面,不能割裂。有权力,必然要有责任,而有责任,一定要有权力。从根本上说,正是责任内在地决定了权力的合法性、合理性和可行性。

　　做组织管理,管理者首先要追问的是对谁负责。这个责任对象,同时也就决定了权力的合法性来源。一般来说,组织中管理者的权力有两个来源:一是直接来源,即权力的上级授予者;二是终极来源,即从根源上说,层层授予的权力最终来自何处。直接来源决定了权力的当下合法性,而终极来源则决定了权力的根本合法性。这两者在通常情况下并不矛盾,因为组织中的权力是从终极来源经由层层授予而达到某个具体权力节点,即管理岗位。从理论上讲,在组织的整个权力链条上,每个具体权力节点或管理岗位的权力合法性具有内在一致性。但是,在现实组织中,经常会出现权力的当下合法性与根本合法性不一致,甚至以牺牲根本合法性为代价来满足当下合法性的情况。究其原因,一方面,在于权力的直接来源和终极来源的表现形式不一样,直接来源经常表现为一个明确的人格化上级,而终极来源则表现为一种相对模糊的非人格化观念形态,如组织的利益相关者或一般意义上的民众,本质上都是一种观念,而非看得见、摸得着的现实存在;另一方面,则在于直接来源的权力路径短,信息传输快且不太容易失真,而终极来源的权力路径长,信息传输慢且极易失真,特别是对于那些规模大、层级多的组织,情况可能会更加严重。这恰表明,对组织中任何岗位的管理者而言,拥有权力不仅意味着外在的岗位职责担负,同时也意味着更为广大的内在责任意识;而且,管理者还必须由内而外地让这种更为广大的内在责任意识一以贯之地渗透到岗位职责担负中去,这样才能从根本上确保权力的终极来源与直接来源的作用在组织各级管理者那里始终保持一致。

儒家管理者要从明德出发做管理,自然就必须具备内在的责任意识,以此来主导权力的运用,将运用权力视为切实履行职责的过程。用权的本质在于尽责,这也是儒家组织管理的核心要义所在。

在回答子张问政时,孔子曾说:"居之无倦,行之以忠。"曾子也说:"为人谋而不忠乎?"①在这里,"政"即做管理,"为人谋"也是做管理的意思。孔子和曾子都强调做管理必须恪守"忠",而"忠"在儒家管理思想体系中有着特殊的意义。

从字形上看,"忠"为"中"在"心"里。《中庸》说:"天命之谓性,率性之谓道,修道之谓教。……喜怒哀乐之未发,谓之中。"②王阳明对此的解释是:"'未发之中'即良知也,无前后内外而浑然一体者也。"③这意味着,"中"就是人之为人的本性,是儒家"人性"的德性内涵及其向善倾向性的另外一种表达方式,也即王阳明所讲的"良知"。既然如此,那么,本性或"良知"以及经后天学习所获得的专业知识和能力要得以充分发挥,并产生更广大且长远的正向影响力,还必须有现实的环境和平台,这便是个人所承担的岗位职责。对于那些已经或将要成为管理者的人来说,本性或"良知"及专业知识和能力同特定岗位职责的匹配,便显得尤为重要。由此不难理解,儒家意义上的"忠",是"尽己尽责"

---

①　张钢:《论语的管理精义》,机械工业出版社 2015 年版,第 333—334、6—8 页。

②　张钢:《大学·中庸的管理释义》,机械工业出版社 2017 年版,第 82—88 页。

③　[明]王守仁撰,吴光、钱明、董平、姚延福编校:《王阳明全集》,上海古籍出版社 2011 年版,卷二,第 72 页。

的意思。其中，"尽己"意味着将人之为人的本性或"良知"充分彰显出来，而"尽责"意味着让本性或"良知"融入职责担负之中。一切责任的履行，无不是本性或"良知"的集中体现以及相应的专业知识和能力的具体运用。"忠"所具有的"尽己""尽责"两方面含义是一个整体，不能人为分割。"尽己"不可能凭空实现，必然体现在"尽责"中，而"尽责"又离不开真正的主体，没有"尽己"所确立的"真吾"本体，"尽责"也只能成为一句空话，甚至假话。儒家讲"尽责"，而"尽己"自在其中；儒家讲"尽己"，又必然通过"尽责"体现出来。这便是儒家管理之"忠"道的本质内涵。

这里必须强调的是，儒家管理之"忠"道，绝不是指向任何人格化个体的所谓"忠于某某"，而是要忠于人之为人的本性或"良知"以及由此所派生出来的信念、价值观和具体岗位职责。换句话说，儒家管理之"忠"道，本质上就是要求管理者建立起对更广大且长远的共同利益负责的内在意识，并将之融入一切具体岗位职责的履行中。正因为严格恪守着这样的"忠"道，真正的儒家管理者在面对上级乃至"君王"的时候，才能做到孔子所讲的"以道事君，不可则止"①，也才会有孟子所说的"格君心之非"②的勇气。

在儒家看来，管理权力的终极来源绝不是君王，而是代表"天意"的"民意"。孟子早已提出了"天意"即"民意"的观点，并用《尚书·太誓言》中的两句话"天视自我民视，天听自我民听"③加以说明。这两句话的意思是：所谓上天在看，实际上是民众在看；所谓上天在听，实际上是民众在听。所以，孟子才明确指出："民为贵，社稷次之，君为轻。是故得乎丘民而为天子，得乎天子为诸侯，得乎诸侯为大夫。诸侯危社稷，则变置。牺牲既成，粢盛既洁，祭祀以时，然而旱干水溢，则变置社稷。"④

孟子在这里系统阐述了儒家关于管理权力的终极来源的观点。儒家做管理，就是要全心全意地对以民众为代表的最广大利益相关者的共同利益和共同成长负责，也即对"至善"这个终极目标的实现负责。这也是儒家管理者必

---

① 张钢：《论语的管理精义》，机械工业出版社 2015 年版，第 310—311 页。
② 张钢：《孟子的管理解析》，机械工业出版社 2019 年版，第 254—256 页。
③ 张钢：《孟子的管理解析》，机械工业出版社 2019 年版，第 336—339 页。
④ 张钢：《孟子的管理解析》，机械工业出版社 2019 年版，第 547—549 页。

须肩负的第一重责任内涵,它根植于管理者心中所固有的德性,管理者必须将之变成一种内生的责任意识和思维方式。在这个前提下,管理者所做的每项具体工作,都是对实现这个终极目标的一种贡献,而依据每项具体工作对终极目标的贡献程度不同,责任大小也就可以区分出来了。在儒家看来,管理者要对结果负责,要注重贡献,都不是就某个孤立任务或事项本身来说的,而是将该任务或事项同终极目标的实现程度联系起来考虑的,并据此来判断管理者的责任履行情况。如果只是就事论事,很可能看似某个任务或事项已完成,并取得眼前收益,但从实现终极目标的角度来看,这个结果很可能有着负向的作用。因此,孔子才告诫说:"无欲速,无见小利。欲速,则不达;见小利,则大事不成。"①

儒家管理者必须时刻铭记"至善"这个终极目标,以内在的责任意识来切实履行各项具体的管理职责,正像曾子所说的那样:"士不可以不弘毅,任重而道远。仁以为己任,不亦重乎? 死而后已,不亦远乎?"②孟子也讲:"君子所以异于人者,以其存心也。君子以仁存心,以礼存心。"③这里的"士""君子",均指管理者而言。既然管理者"以仁存心""以礼存心",那就必须在日常管理行为中体现出来,这便是孟子进一步强调"尽心"的意义所在。

孟子说:"尽其心者,知其性也。知其性,则知天矣。存其心,养其性,所以事天也。"④在这段话中,隐含的主语是管理者。"尽心",意指管理者要全面深刻地反思和认识思维中固有的"人性"的德性内涵,这样才能达到"知性",也即真正理解人之所以为人的本性,或孟子所说的"仁义礼智四端";以此为基础,才能更深入地理解各种社会规范,这便是"知天",这里的"天"乃"天理"的意思,也可以理解为天然合理的、自然而然存在的社会规范。"天理"或社会规范看似外在的行为规范,实则源自内在的"人性"的德性前提。只有向内认识和把握住"人性"的德性内涵,才能深入理解和自觉践行社会规范,从而尽到管理者所内秉的人之为人的根本责任。

---

① 张钢:《论语的管理精义》,机械工业出版社 2015 年版,第 364—365 页。
② 张钢:《论语的管理精义》,机械工业出版社 2015 年版,第 219—220 页。
③ 张钢:《孟子的管理解析》,机械工业出版社 2019 年版,第 308—311 页。
④ 张钢:《孟子的管理解析》,机械工业出版社 2019 年版,第 462—465 页。

在孟子看来,"尽心""知性""知天"是管理者内在责任意识形成的认知路径。也正是基于这样的认知路径,孟子认为,为了更好地践行社会规范或"天理",管理者就必须先向内把握住自己的思维方式,并将思维运用于不断开发和培养内在固有的"人性"德性内涵上,这样才能达到对社会规范或"天理"的内在认知,进而才会由内而外地把对社会规范或"天理"的自觉践行,落实到各种各样的管理事务之中,这便是"事天"。这样一来,"存心""养性""事天"也就变成管理者在具体情境中尽到岗位职责的实践路径。由此可见,无论孟子讲"尽心"还是"存心",对管理者而言,均意味着尽责。管理者不仅要尽到"人性"的德性内涵所赋予的人之为人的内在责任,同时还要尽到职业角色和管理岗位所赋予的各项具体的管理责任。对此,王阳明曾有过精彩阐述:

> 吾之一家饱暖逸乐矣,而天下有未饱暖逸乐者焉,其能以亲乎? 义乎? 别、序、信乎? 吾心未尽也。故于是有纪纲政事之设焉,有礼乐教化之施焉,凡以裁成辅相、成己成物,而求尽吾心焉耳。心尽而家以齐,国以治,天下以平。故圣人之学不出乎尽心。①

对王阳明来说,"尽心"即尽责,尽责亦"尽心"。王阳明做管理,时刻铭记权力的终极来源,那便是以民众为代表的最广大的利益相关者,并以此为根本准则,来合法、合理、有效地运用权力,追求和创造更广大且长远的共同利益,即"至善"。

弘治十二年(1499)五月,28 岁的新科进士王阳明奉命出使关外,考察边关军务,归来后上了《陈言边务疏》②。这是王阳明管理生涯的第一道奏疏,从中不难体会到刚中进士 3 个多月的王阳明所内秉的责任意识。在奏疏的开篇,王阳明写道:

> 臣愚以为今之大患,在于为大臣者外托慎重老成之名,而内为固禄希宠之计,为左右者内挟交蟠蔽壅之资,而外肆招权纳贿之恶。习以成俗,互相为奸。忧世者谓之迂狂,进言者目以浮躁,沮抑正大刚直之气,而养

---

① [明]王守仁撰,吴光、钱明、董平、姚延福编校:《王阳明全集》,上海古籍出版社 2011 年版,卷七,第 287 页。

② 束景南:《王阳明年谱长编》,上海古籍出版社 2017 年版,第 167 页。

成怯懦因循之风。故其衰耗颓塌，将至于不可支持而不自觉。今幸上天仁爱，适有边陲之患，是忧虑警省，易辕改辙之机也。此在陛下，必宜自有所以痛革弊源、惩艾而振作之者矣。

新进小臣，何敢僭闻其事，以干出位之诛？至于军情之利害，事机之得失，苟有所见，是固刍荛之所可进，卒伍之所得言者也，臣亦何为而不可之有？虽其所陈，未必尽合时论，然私心窃以为必宜如此，则又不可以苟避乖剌而遂已于言也。谨陈便宜八事以备采择：一曰蓄材以备急，二曰舍短以用长，三曰简师以省费，四曰屯田以足食，五曰行法以振威，六曰敷恩以激怒，七曰捐小以全大，八曰严守以乘弊。

在对上述八条建议展开详尽论述之后，王阳明于奏疏的结尾处写道：

右臣所陈，非有奇特出人之见，固皆兵家之常谈，今之为将者之所共见也。但今边关将帅，虽或知之而不能行，类皆视为常谈，漫不加省。势有所轶，则委于无可奈何；事惮烦难，则为因循苟且。是以玩习弛废，一至于此。陛下不忽其微，乞敕兵部将臣所奏熟议可否，传行提督等官，即为斟酌施行。毋使视为虚文，务欲责以实效，庶于军机必有少补。臣不胜为国惓惓之至！①

王阳明上这道奏疏还有两个重要背景：一个是弘治十一年（1498）十月，有彗星出现，这被认为是灾异征兆，孝宗皇帝遂下诏，要"群臣修省"，并"求直言"；另一个则是弘治十二年（1499）四月，北方少数民族接连侵犯辽东、宁远、义州等地，②这或许也是王阳明于同年五月奉命考察边关的重要原因。在这样的背景下，王阳明管理职业生涯的第一道奏疏直陈当时的军务和军备之弊，便不难理解了，而且，这第一道奏疏的内容似乎也暗示着王阳明的管理思想将在他的军事管理实践中大放异彩。

王阳明这道奏疏直言不讳地指出当时管理者中普遍存在的华而不实，不作为、不担责、得过且过的问题。对于一名新科进士来说，这需要多么足的底

---

① ［明］王守仁撰，吴光、钱明、董平、姚延福编校：《王阳明全集》，上海古籍出版社 2011 年版，卷九，第 316－322 页。

② 束景南：《王阳明年谱长编》，上海古籍出版社 2017 年版，第 167 页。

气和多么大的勇气,若没有源自坚定信念和价值观的责任意识,实难想象。多年以后,王阳明和弟子谈起这道奏疏时,曾说:"是疏所陈亦有可用。但当时学问未透,中心激忿抗厉之气。若此气未除,欲与天下共事,恐事未必有济。"①王阳明这样说,意在表明,仅有责任意识,单凭一腔热血,还不足以将儒家追求"至善"这个终极目标的责任担当落到实处;要真正让儒家的责任意识变成切实的尽责行为,一定离不开融价值前提与事实前提为一体的管理权力的恰当运用,这中间充满了各种挑战,也需要管理者在"良知"及专业知识和能力上的持续磨砺。因此,王阳明说自己"当时学问未透"并非谦辞,而是在经历了一系列管理实践磨砺之后回头审视自我的清醒认识。王阳明所说的"学问",并非仅指专业知识和能力,更指的是对"人性"的德性前提或"良知"的深刻体悟。王阳明在南赣剿匪和平定"宁王之乱"后明确提出"致良知"主张,实际上就是在经历一系列管理挑战,对尽责有了更深入理解之后的管理思想升华。

正德十二年(1517)五月,在剿灭詹师富、温火烧匪部,取得南赣剿匪第一阶段胜利后,王阳明对第一阶段剿匪得失进行了系统总结和分析,深刻认识到在四省交界地区剿匪的特殊性。虽然各府县都拣选和训练了民兵,但由于这些府县分属不同省份,各有上级,当要联合剿匪、协同行动时,便面临着事权和政令不统一、奖励和惩罚不分明的问题。更严重的是,剿匪不仅是军事行动,还有复杂的后勤保障问题,正所谓兵马未动,粮草先行。一旦涉及车马钱粮供应,便又要仰仗各府县的财力支持,这更需要四个省的通力协作,但问题是,如何才能有效调动四个省的力量呢?这表面上看需要的是相对集中的权力,而实质上需要的则是肩负起地方和谐发展、民众安居乐业的更大责任。

为了让接下来艰巨的剿匪任务能够顺利完成,更是为了让地方长治久安,王阳明在深思熟虑之后,于五月八日上了《申明赏罚以励人心疏》。在这道奏疏中,王阳明首先深入分析了此前在该地区屡次剿匪不利的原因:"卷查三省贼盗,二三年前,总计不过三千有余;今据各府州县兵备守备等官所报,已将数万,盖已不啻十倍于前。臣尝深求其故。寻诸官僚,访诸父老,采诸道路,验诸

① [明]王守仁撰,吴光、钱明、董平、姚延福编校:《王阳明全集》,上海古籍出版社2011年版,卷四十一,第1749页。

田野,皆以为盗贼之日滋,由于招抚之太滥;招抚之太滥,由于兵力之不足;兵力之不足,由于赏罚之不行。"

紧接着,王阳明便运用丰富的事实素材,分别详细论证了为什么说"盗贼之日滋,由于招抚之太滥""招抚之太滥,由于兵力之不足""兵力之不足,由于赏罚之不行"这三个核心观点。最后得出结论说:"今朝廷赏罚之典固未尝不具,但未申明而举行耳。古者赏不逾时,罚不后事。过时而赏,与无赏同;后事而罚,与不罚同。况过时而不赏,后事而不罚,其亦何以齐一人心而作兴士气?"

为此,王阳明建议道:"诚使得以大军诛讨之赏罚而行之平时,假臣等以便宜行事,不限以时而惟成功是责,则比于大军之举,臣窃以为可省半费而收倍功。……特敕兵部俯采下议,特假臣等令旗令牌,使得便宜行事。"①

要及时赏罚,鼓舞士气,当然需要有权力,赏罚本身就是权力的运用。表面上看,这道奏疏是向皇帝要"便宜行事"的特权,也就是更大的自由裁量权。当时若被授予"令旗令牌",便意味着有了兵权,可以先斩后奏。但实际上,这更代表着巨大的责任,正如奏疏所言"惟成功是责",而且还要"省半费而收倍功"。这难道不是更为重大的责任担负吗?

五月二十八日,王阳明又给礼部尚书兼东阁大学士毛纪②和兵部尚书王琼③分别写了一封信。两封信的内容相似,都是请求撤去南、赣、汀、漳巡抚一职,设置军务提督,总制四省军务,统一事权。王阳明在给毛纪的信中写道:"今南、赣之事,诚亦有难为者。盖闽寇虽平,而南、赣之寇又数倍于闽,且地连四省,事权不一,兼之敕旨又有不与民事之说,故虽虚拥巡抚之名,而其实号令所及,止于赣州一城,然且尚多抵牾,是亦非皆有司者敢于违抗之罪,事势使然也。今为南、赣,止可因仍坐视,稍欲举动,便有掣肘。守仁窃以为南、赣之巡抚可无特设,止存兵备,而统于两广之总制,庶几事体可以归一;不然,则兼于

---

① [明]王守仁撰,吴光、钱明、董平、姚延福编校:《王阳明全集》,上海古籍出版社2011年版,卷九,第340—345页。

② 毛纪(1463—1545),字维之,号鳌峰逸叟,山东掖县人,明成化二十一年(1485)乡试第一,成化二十二年(1486)进士第一,曾任户部右侍郎、吏部左侍郎、礼部尚书兼东阁大学士等。

③ 王琼(1459—1532),字德华,号晋溪,山西太原人,明成化二十年(1484)进士,历任工部主事、户部郎中、河南右布政使、右副都御史、户部左侍郎、户部尚书、兵部尚书、吏部尚书等。

江西之巡抚,虽三省之务尚有牵碍,而南、赣之事犹可自专,一应车马钱粮,皆得通融裁处,而预为之所,犹胜于今之巡抚,无事则开双眼以坐视,有事则空手以待人也。夫弭盗所以安民,而安民者弭盗之本。今责之以弭盗,而使无与于民,犹专以药石攻病,而不复问其饮食调适之宜,病有日增而已矣。今巡抚之改革,事体关系,或非一人一议之间便可更定,惟有申明赏罚,犹可以稍重任使之权,而因以略举其职。"①

王阳明在信中阐述得非常清楚,剿匪并非一件孤立的任务,更不能仅为完成剿匪任务而剿匪,剿匪的根本目的在于"安民",也就是王阳明在信中所讲的"夫弭盗所以安民,而安民者弭盗之本"。忘记了这一点,就像只想着用药治病而忘记了饮食调养恢复一样,到头来可能会适得其反。这恰体现出王阳明所具有的内在责任意识和不一样的战略眼光。

毛纪是内阁重臣,王琼是王阳明的顶头上司,得到他们的认可和支持,对于王阳明获得授权、履行职责,非常关键。王阳明的建议很快得到批准,同年七月十六日,朝廷便下达了改任王阳明为提督军务的命令。命令上说:"江西南安、赣州地方,与福建汀、漳二府,广东南、韶、潮、惠四府,及湖广郴州桂阳县壤地相接,山岭相连,其间盗贼不时生发,东追则西窜,南捕则北奔,盖因地方各省,事无统属,彼此推调,难为处置。先年以此之故,尝设有都御史一员,巡抚前项地方,就令督剿盗贼。但责任不专,类多因循苟且;不能申明赏罚,以励人心;致令盗贼滋多,地方受祸。今因尔所奏,及该部覆奏事理,特改命尔提督军务,常在赣州或汀州驻扎,仍往前各处抚安军民,修理城池,禁革奸弊,一应军马钱粮事宜,俱听便宜区画,以足军饷,但有盗贼生发,即便严督各该兵备、守备、守巡,并各军卫有司,设法调兵剿杀,不许踵袭旧弊,招抚蒙蔽,重为民患。其管领兵快人等官员,不拘文职武职,若在军前违期,并逗留退缩者,俱听以军法从事。……军卫有司官员中政务修举者,量加奖劝;其有贪残畏缩误事者,文职五品以下,武职三品以下,经自拿问发落。"②

从命令内容可以看出,王阳明的意见和建议被悉数采纳,他被新任命的提

---

① 束景南:《王阳明年谱长编》,上海古籍出版社 2017 年版,第 952—955 页。
② [明]王守仁撰,吴光、钱明、董平、姚延福编校:《王阳明全集》,上海古籍出版社 2011 年版,卷十六,第 605—606 页。

督军务一职,不仅拥有兵权,而且还有着非常大的自由裁量空间。对此,兵部尚书王琼的敷奏中也表述得非常清楚:"假以提督军务,名目照提督军务文臣事例,给与旗牌应用,以振军威,一应军马钱粮事宜,照依原拟,径自便宜区画,文职五品以下,武职三品以下,径自拿问发落。……所部官军,若在军前违期逗留退缩者,俱听以军法从事。"①这相当于给王阳明以生杀予夺的大权。权力有多大,责任就有多大。拥有权力是一回事,合法、合理且有效地运用权力又是一回事。要用好权力,首先就必须具有强烈的内在责任意识,同时还要有勇气和能力去切实履行职责,不辱使命。

其实,在朝廷新任命还没有下来之前,王阳明便已开始为第二阶段剿匪做各方面准备,而不是坐等朝廷命令。这再次彰显出王阳明的尽责意识和主动精神。王阳明南赣剿匪第二阶段面对的是盘踞在江西、湖广、广东三省交界处,以横水、桶冈、左溪等为主要据点的谢志珊、蓝天凤、萧贵模等匪部,大小匪巢有数十个,匪众近万。他们凭借天险,活动猖獗,就是在王阳明实施第一阶段剿匪时,也未曾有丝毫收敛,反有变本加厉之势。很明显,王阳明第二阶段的剿匪任务更加艰巨。面对占据天险的顽匪,没有充分的军事、后勤和策略准备,显然是不行的。

还在五月下旬时,为整顿军队体制,王阳明制订了两项重要措施:一是"兵符节制",二是"预整操练"。"兵符节制"关乎军队组织结构设计。按照新规,"每二十五人编为一伍,伍有小甲;五十人为一队,队有总甲;二百人为一哨,哨有长、协哨二人;四百人为一营,营有官、有参谋二人;一千二百人为一阵,阵有偏将;二千四百人为一军,军有副将。偏将无定员,临阵而设。小甲于各伍之中选材力优者为之,总甲于小甲之中选材力优者为之,哨长于千百户义官之中选材力优者为之。副将得以罚偏将,偏将得以罚营官,营官得以罚哨长,哨长得以罚总甲,总甲得以罚小甲,小甲得以罚伍众"。在此基础上,设置"伍符""队符""哨符""营符"。每五人给一牌,列上同伍二十五人姓名,便于相互联络和熟悉,这称为"伍符";每队各设置两个牌,编立字号,一个交给总甲,一个留在总部,这称为"队符";每哨也各设置两个牌,编立字号,一个交给哨长,一个

___
① 束景南:《王阳明年谱长编》,上海古籍出版社2017年版,第960页。

留在总部,这称为"哨符";每营也各设置两牌,编立字号,一个交给营官,一个留在总部,这称为"营符"。凡有军事行动,都必须有兵符随行,以防有假。更重要的是,依据兵符组织训练,各级军事单位的成员,便更容易形成集体归属感、认同感和荣誉感。这将有助于统一号令、协同行动,从而彻底根除原本由各府县临时抽调的民兵组成的队伍纪律涣散、组织性不强的痼疾。①

"预整操练"则有关平时军事训练。其中明确规定:"除耕种之月,放令归农,其余农隙,俱要轮班上操。仍于教场起盖营房,使各有栖息之地;人给口粮,使皆无供馈之劳;效有功勤者,厚加犒赏;违犯约束者,时与惩戒。如此则号令素习,自然如身、臂、手指之便;恩义素行,自然兴父兄子弟之爱;居则有礼,动则有威,以是征诛,将无不可矣。"②

王阳明这些关于军事组织和军事训练的改革措施,都不只是着眼于完成当下的剿匪任务,而是要建设一支真正有战斗力的地方军队,这样不仅能更高效地完成此次剿匪任务,也将有能力保证地方的长治久安。虽然王阳明当时并没有预见到一年多以后宁王朱宸濠会在江西南昌叛乱,更无法预料那时的自己会临危且无授命的情况下,在吉安府仓促调集周边府县的民兵来平叛,而也正是因为有了一年多前对该地区民兵的组织和训练改革,才为后来的成功打下了坚实的基础。这不能不说,正是王阳明的内在责任意识和尽心尽责的努力,让他超越当下,放眼未来,创造出巨大的非预期正向溢出效应。这恰是儒家管理者立足明德、致力尽责的典型表现。

军事行动一定离不开财力支撑。为了从根本上解决接下来更为艰巨的剿匪任务所面临的经费问题,王阳明于六月十五日上了《疏通盐法疏》,同时写信给兵部尚书王琼,请求朝廷改革盐税制度,鼓励食盐跨境流通,以增加的盐税收入来补充军费所需。王阳明在奏疏中写道:"但闻广东以府江之师,库藏渐竭;湖广以偏桥之讨,称贷既多;亦皆自给不赡,恐无羡余可推。若不请发内帑,未免重科贫民。然内帑以营建方新,力或不逮;贫民则穷困已极,势难复

① 〔明〕王守仁撰,吴光、钱明、董平、姚延福编校:《王阳明全集》,上海古籍出版社2011年版,卷十六,第601—602页。
② 〔明〕王守仁撰,吴光、钱明、董平、姚延福编校:《王阳明全集》,上海古籍出版社2011年版,卷十六,第602—603页。

征。及照前项盐税,商人既已心服,公私又皆两便,庶亦所谓不加赋而财足,不扰民而事办。"①

另外,当时南、赣二府的商税主要在两处征收:一是折梅亭,二是龟角尾。但由于折梅亭地处偏僻,难以监督,部分商户遂行贿以避税,流失了不少税银。王阳明了解了情况后,于九月二十五日再上《议南赣商税疏》,建议裁撤折梅亭,统一在龟角尾征收商税,堵塞漏洞。王阳明在这封奏疏中写道:"若革去折梅亭之抽分,而总税于龟角尾,则事体归一,奸弊自消,非但有资军饷,抑且便利客商。"②

王阳明的这两项建议均被采纳,从而既让军费开支有了保障,又没有给当地民众增加负担,也没有让各府县承受财政压力,还有利于跨境通商,给经营者创造市场机会,真可谓一举多得。王阳明之所以能从根本处着手解决军费开支问题,关键还在于他所具有的源自内在信念和价值观的责任意识。王阳明接受的是剿匪任务,首要职责是打胜仗,即便要考虑后勤保障,也可以向朝廷伸手要军饷或向地方府县摊派,而不一定非要自己想办法解决;但是,王阳明不一样,他心中的责任意识不只聚焦在此次剿匪任务的完成上,更关注于当地民众更广大且长远共同利益的实现。如果王阳明只是向朝廷要军饷或向地方府县摊派军费开支,那么,这笔费用不可避免地还是要转嫁到当地民众身上,这绝不是王阳明愿意看到的,或许也是他早已预料到的,所以,他才会在《疏通盐法疏》中说"贫民则穷困已极,势难复征"。

王阳明提出的两项解决军费开支的建议,第一项立足于放开食盐流通以增加税源,第二项则是减少偷漏税损失。这两项建议将开源和节流相结合,既增加了地方税收,又没有给当地民众带来任何负担,然后用增加的税收来支付军费,便从根本上解决了剿匪行动的后勤保障问题。这不能不说是王阳明那源自"良知"的责任意识与通达的管理思路相结合的完美体现。

有了组织严密、训练有素的军队和充足的财力支持还不够,还必须有充分

---

① [明]王守仁撰,吴光、钱明、董平、姚延福编校:《王阳明全集》,上海古籍出版社 2011 年版,卷九,第 359—360 页。

② [明]王守仁撰,吴光、钱明、董平、姚延福编校:《王阳明全集》,上海古籍出版社 2011 年版,卷九,第 374 页。

的策略准备,才能确保克敌制胜。王阳明经过详细谋划,拟定了三省夹剿策略,并于九月十五日上《议夹剿方略疏》,全面阐述了第二阶段剿匪的各项策略准备和行动计划。

要在第二阶段彻底干净地剿灭三省交界处的谢志珊、蓝天凤、萧贵模等顽匪,除了要考虑这几个主要匪部本身的问题,还要防止他们与盘踞在广东龙川县境内浰头地区的大匪首池仲容所部联络,这些匪巢之间原本就有勾结,所以,既要预防谢志珊、蓝天凤、萧贵模等遭到攻打时向池仲容寻求增援,又要防备官军出动剿匪后,池仲容等匪众乘机侵扰地方,有恃无恐。这都必须有相应的策略准备。为此,王阳明拟定策略,先稳住池仲容,孤立谢志珊等,以便顺利完成对谢志珊等的夹剿。王阳明在九月间便派人对浰头池仲容匪部进行安抚,送去告谕和礼物,希望他们弃暗投明,改恶从善。王阳明在《告谕浰头巢贼》中写道:

> 自吾至此,未尝遣一人抚谕尔等,岂可遽尔兴师剪灭;是亦近于不教而杀,异日吾终有憾于心。故今特遣人告谕尔等,勿自谓兵力之强,更有兵力强者,勿自谓巢穴之险,更有巢穴险者,今皆悉已诛灭无存。尔等岂不闻见?
>
> 夫人情之所共耻者,莫过于身被盗贼之名;人心之所共愤者,莫甚于身遭劫掠之苦。今使有人骂尔等为盗,尔必怫然而怒。尔等岂可心恶其名而身蹈其实?又使有人焚尔室庐,劫尔财货,掠尔妻女,尔必怀恨切骨,宁死必报。尔等以是加人,人其有不怨者乎?人同此心,尔宁独不知;乃必欲为此,其间想亦有不得已者,或是为官府所迫,或是为大户所侵,一时错起念头,误入其中,后遂不敢出。此等苦情,亦甚可悯。然亦皆由尔等悔悟不切。尔等当初去从贼时,乃是生人寻死路,尚且要去便去;今欲改行从善,乃是死人求生路,乃反不敢,何也?若尔等肯如当初去从贼时,拼死出来,求要改行从善,我官府岂有必要杀汝之理?尔等久习恶毒,忍于杀人,心多猜疑。……我每为尔等思念及此,辄至于终夜不能安寝,亦无非欲为尔等寻一生路。惟是尔等冥顽不化,然后不得已而兴兵,此则非我杀之,乃天杀之也。今谓我全无杀尔之心,亦是诳尔;若谓我必欲杀尔,又非吾之本心。……尔等好自思量,若能听吾言改行从善,吾即视尔为良

民,抚尔如赤子,更不追咎尔等既往之罪。如叶芳、梅南春、王受、谢钺辈,吾今只与良民一概看待,尔等岂不闻知?……

吾今特遣人抚谕尔等,赐尔等牛酒银钱布匹,与尔妻子,其余人多不能通及,各与晓谕一道。尔等好自为谋,吾言已无不尽,吾心已无不尽。如此而尔等不听,非我负尔,乃尔负我,我则可以无憾矣。呜呼! 民吾同胞,尔等皆吾赤子,吾终不能抚恤尔等而至于杀尔,痛哉痛哉! 兴言至此,不觉泪下。①

王阳明这篇告谕极具感染力,不仅稳住了浰头匪众,让第二阶段剿匪得以无后顾之忧,而且还让部分山寨首领良知显现,纷纷率部投诚。据后来王阳明所上《浰头捷音疏》记载,前来归顺的大小首领包括黄金巢、卢珂、刘逊、刘粗眉、温仲秀等。② 可以说,王阳明的安抚策略完全达到了稳住池仲容所部,孤立谢志珊等匪众,以实现各个击破的预期目标。这为接下来"三省夹剿"策略的实施奠定了基础。

正因为王阳明在军事、后勤和策略准备上的尽心尽责,接下来两个阶段的剿匪变得异常顺利。正德十二年(1517)十月七日,第二阶段剿匪正式拉开序幕,到十二月三日便干净彻底地剿灭了盘踞于横水、左溪、桶冈等处的顽匪,谢志珊、蓝天凤、萧贵模等大小匪首八十余人均被斩杀,第二阶段剿匪实际用了不到两个月时间便大获全胜。王阳明南赣剿匪的第三阶段,也是最后阶段开始于正德十三年(1518)正月初七,到三月八日便告完胜,在成功诱杀大匪首池仲容后,仅用两个月时间便一举荡平浰头地区的大小匪巢。若从正德十二年(1517)正月,王阳明抵达赣州,正式履行在四省交界处剿匪的职责算起,到正德十三年(1518)三月圆满完成任务,不过只有一年多一点时间,可谓神速。尤其是对比过往屡剿不利、越剿越多的无奈,愈发显示出王阳明剿匪成效卓著。

这不仅是能力问题,在能力的背后,是更为根本的源自信念和价值观的责任意识和尽责行为在发挥作用。王阳明从来没有将目光只放在剿匪任务上,

---

① [明]王守仁撰,吴光、钱明、董平、姚延福编校:《王阳明全集》,上海古籍出版社2011年版,卷十六,第622-625页。

② [明]王守仁撰,吴光、钱明、董平、姚延福编校:《王阳明全集》,上海古籍出版社2011年版,卷十一,第399页。

他更关注的是人心问题和民众更广大且长远的共同利益实现问题，而这才是作为儒家管理者所要肩负起的责任，与之相比，剿匪岂不是太简单了吗？所以，王阳明才会说："破山中贼易，破心中贼难。区区剪除鼠窃，何足为异？若诸贤扫荡心腹之寇，以收廓清平定之功，此诚大丈夫不世之伟绩。"①也正因为具有如此深沉广大的责任意识，王阳明在完成每个阶段剿匪任务后，都会从当地长治久安出发，上书朝廷，建议设立新县，以确保地方治理不留空白。例如，在南赣剿匪第一阶段结束后仅一个多月，王阳明便经过亲自勘察，于正德十二年（1517）五月二十八日，上《添设清平县治疏》；在第二阶段剿匪结束后一个月，于正德十二年（1517）闰十二月五日，又上《立崇义县治疏》；在第三阶段剿匪结束后，于正德十三年（1518）五月一日，再上《添设和平县治疏》。论证设立新县治的合理性、勘察新县城的地址、明确新县的管辖范围等工作，严格来说都不在剿匪任务之列，但王阳明尽心尽责去做，并努力做到极致，这不能不说是他心中的那份深沉广大的责任意识使然。也正是这份深沉广大的责任意识，让王阳明不期而至地肩负起平定"宁王之乱"的历史使命。

宁王朱宸濠是明太祖朱元璋第十七子朱权的后代。第一代宁王朱权原本封在北方边疆，后在明成祖朱棣时因故迁往南昌，一直到第四代宁王朱宸濠，在江西甚至南方地区形成了较大势力。从正德初年开始，宁王朱宸濠便意欲取武宗皇帝而代之，到正德十四年（1519）六月十四日发动叛乱时，已经谋划了近十年，豢养死士两万余，联络结盟四方匪众也有万余，外加护卫及随从人员等又有六七万人。②

宁王朱宸濠在南昌发动叛乱时，王阳明正在赶往南昌的船上。正德十四年（1519）六月九日，王阳明奉命从赣州去福建，处置卫所军人哗变事件，走水路先往南昌，再去福建。六月十三日是宁王朱宸濠生日，地方上各级管理者纷纷前往贺寿，正好被一网打尽。六月十四日，宁王朱宸濠便发动叛乱，而到十五日，王阳明行至距南昌不太远的丰城县黄土脑这个地方，才听闻宁王朱宸濠

---

① ［明］王守仁撰，吴光、钱明、董平、姚延福编校：《王阳明全集》，上海古籍出版社 2011 年版，卷四，第 188 页。

② ［明］王守仁撰，吴光、钱明、董平、姚延福编校：《王阳明全集》，上海古籍出版社 2011 年版，卷十二，第 440 页。

在南昌叛乱的消息。事出紧急，王阳明当机立断，要返回赣州，调兵平叛。六月十八日，当舟行至吉安府时，知府伍文定①建议王阳明坐镇吉安府指挥平叛，毕竟赣州尚远，恐怕贻误战机。王阳明接受了伍文定的建议，留在吉安，主动肩负起平定"宁王之乱"的重大责任。

此时，王阳明的正式任务是赶往福建，处理卫所军人哗变事件，而宁王朱宸濠叛乱，事发突然，又关乎社稷安危，王阳明则正好处在叛乱风暴的中心，且拥有兵权，应该如何抉择呢？这无疑是对管理者的内在责任意识的严峻考验。王阳明不仅经受住了考验，而且再次彰显出儒家管理者发自内在德性或"良知"的尽责行为所产生的巨大正向影响力。

还在始闻叛乱消息，从丰城黄土脑急返赣州的途中，王阳明已详细研判了局势，分析了宁王朱宸濠下一步可能选择的策略，并有针对性地做出了谋划和安排。据记载，当王阳明赶往赣州，途经临江府时，知府戴德孺②曾问王阳明："闻宁王兵势甚盛，何以御之？"

王阳明回答说："濠出上策，乘其方锐之气，出其不意直趋京师，则宗社危矣。若出中策，则径攻南京，大江南北亦被其害。但据江西省城，则勤王之师四集，鱼游釜中，不死何为。此下策矣。"

戴德孺又问："以老大人明见，度之当出何策？"

王阳明说："宁王未经战阵，中情必怯。若伪为兵部咨文，发兵攻南昌，彼必居守，不敢远出。旬日之间，王师四集，破之必矣。"③

王阳明的分析判断异常精准，策略安排一环扣一环，而接下来的局势发展也果不出王阳明所料。

六月十八日甫到吉安，王阳明便一方面安排人四处散布消息、制造舆论，说朝廷早有防备，各路兵马即刻便要合围南昌，意在拖住宁王朱宸濠，逼他选择固守南昌的下策；另一方面，则秘密调集各府县民兵，筹集粮草，为平叛进行

---

① 伍文定（1470—1530），字时泰，号松月，湖北松滋人，明弘治十二年（1499）进士，历任常州推官、吉安知府、江西按察使、右副都御史、兵部右侍郎、兵部尚书等，随王阳明平定"宁王之乱"，身先士卒，功勋卓著。

② 戴德孺（？—1523），字子良，号双江，浙江临海人，明弘治十八年（1505）进士，历任工部员外郎、临江知府、云南右布政使，随王阳明平定"宁王之乱"，因功擢升三级。

③ ［日］冈田武彦著，袁斌、孙逢明译：《王阳明大传》（下），重庆出版社2015年版，第13页。

军事和后勤准备。

六月十九日,王阳明即上《飞报宁王谋反疏》,六月二十一日,又上《再报谋反疏》。

六月二十六日,王阳明正式颁布军令《案行南安等十二府及奉新等县募兵策应》,要求各府县整备军队,向各个战略要冲集结,准备参与平叛作战。到此时,王阳明在江西省内的兵力部署已基本就绪。为防不测,王阳明还向周边省份福建、湖广、广东等发出调兵军令,以增援江西平叛,而此时的宁王朱宸濠则完全被王阳明一系列巧妙的计策安排所迷惑,滞留南昌,不断加固城防,以待官军,可是直到七月一日,也没有等到官军来攻打南昌。这时距离六月十四日宁王朱宸濠发动叛乱,已经过去了十七天,而在这宝贵的十七天里,王阳明不仅做好了平叛的军事和后勤准备,也早已通报了京城和南京,从南昌到北京、南京必经之路上的主要城池都已做好防备,让宁王朱宸濠采取上策直攻北京、中策径取南京的战机完全丧失。

七月一日,宁王朱宸濠才决定留下一万余人防守南昌,自己亲率六万多人,号称十万大军,经安庆攻取南京。结果宁王叛军在安庆受阻,久攻不下。

七月十三日,王阳明自吉安府发兵去攻打南昌,到十五日,各路兵马已集结于南昌附近的临江樟树镇。同日,宁王朱宸濠久攻安庆不克,又听说王阳明兵临南昌城,决定回兵解救南昌之危。

七月十八日,王阳明大军到达丰城,进行了攻打南昌的最后部署和动员,十九日傍晚,兵发市汊,二十日攻破南昌城,当天王阳明即上《江西捷音疏》。

七月二十一日,王阳明从南昌出兵,一举击溃宁王朱宸濠回救南昌的先头部队。

七月二十四日,王阳明大军与宁王朱宸濠叛军正面交锋,激战黄家渡。

七月二十五日,两军再战于八字脑。

七月二十六日,王阳明大军在樵舍大败叛军,活捉宁王朱宸濠。

七月二十七日,清除叛军余部,"宁王之乱"遂平。

宁王朱宸濠从六月十四日发动叛乱,到七月二十六日被活捉,前后不过四十二天时间,皇帝梦何其短暂;而王阳明从七月十三日正式从吉安府发兵,到七月二十七日彻底平定叛乱,只不过用了十四天时间,用兵真可谓神奇。若从敌我双方的力量对比来看,那就更能深刻体会王阳明用兵之精妙。据考证,王阳明临时调集的军队共 34850 人,除去镇守各战略要地的部队外,真正可用于阵前的不过 14000 余人①,而宁王朱宸濠发动叛乱时号称有十万大军,其中的精锐部队则经过多年训练准备,另外还有凶悍的鄱阳湖匪众加盟。从兵员数目和构成上来看,可谓敌众我寡、敌强我弱。就是靠这样一支临时集结起来的队伍,王阳明不仅攻破了宁王朱宸濠多年苦心经营的南昌城,而且在鄱阳湖决战中全歼叛军,生擒宁王朱宸濠。更让人惊诧的是,在这一系列战役中,王阳明的军队仅有 68 人阵亡,这不能不说又是一个奇迹。②

或许正因为惊心动魄的战事和神机妙算的策略更容易吸引眼球,以至于人们忘记了这一切的背后,是一位儒家管理者的内在责任意识在起着带有根本性的导向作用。还在局势不明、前途未卜的六月二十二日,追随王阳明来到吉安府的弟子邹守益看到当时人心惶惶,莫衷一是,不无担心地请示王阳明该怎么办,王阳明正色道:"此义无所逃于天地之间,使天下尽从宁王,我一人决亦如此做。人人有个良知,岂无一人相应而起者?若夫成败利钝,非所计也。"③由此不难窥见王阳明由内心深处所迸发出来的责任意识的强大力量。

其实,王阳明面对"宁王之乱"时所具有的自觉责任意识和主动尽责担当,与一年多前在南赣剿匪时完全一致。也正是这种一以贯之的内在责任意识和切实尽责努力,让王阳明南赣剿匪和平定"宁王之乱"不仅都取得全功,而且前后呼应,浑然天成。试想,若王阳明南赣剿匪时没有不避嫌疑、勇于担责,主动向朝廷请求改授提督军务、拥有旗牌兵权,那么,当突遇宁王朱宸濠叛乱时,王阳明又凭什么能迅速征调各府县的军队呢?再若王阳明南赣剿匪时没有全面改革地方军事组织、拣选训练民兵、严明军令纪律,那么,到了要平定宁王叛乱时,王阳明又如何能在这么短时间内让临时组建的军队有战斗力呢?又若王阳明南赣剿匪时没有超越职责范围去关心当地民生,更没有从根本处入手解决地方长治久安的问题,那么,到了面对反叛这样的巨大危机时,王阳明又怎

① [日]冈田武彦著,袁斌、孙逢明译:《王阳明大传》(下),重庆出版社 2015 年版,第 50 页。
② [明]王守仁撰,吴光、钱明、董平、姚延福编校:《王阳明全集》,上海古籍出版社 2011 年版,卷三十一,第 1267 页。
③ 束景南:《王阳明年谱长编》,上海古籍出版社 2017 年版,第 1135 页。

能做到振臂一呼，应者云集呢？当时，不仅各府县管理者倾力参与平叛，而且广大民众也全力支持王阳明，"远近居民，亦皆遮拥呼号"①。又有谁能预先想到，王阳明的南赣剿匪，竟为一年后平定"宁王之乱"埋下了如此精妙的伏笔呢？这正说明，管理者凭"良知"去尽责，必定会产生长远而广泛的非预期正向影响。

有一个典型事例，能非常好地说明王阳明南赣剿匪对一年后平定"宁王之乱"所产生的巨大非预期正向影响。据记载，王阳明尚在吉安为平叛积极备战时，有一天，弟子邹守益来报告说，宁王朱宸濠用封侯诱使原南赣降匪叶芳反叛，要率军夹攻吉安。王阳明则坚定地说叶芳绝不会跟从宁王朱宸濠反叛。叶芳原本是南赣地区一大匪首，后被王阳明招降，受赠"新民义官"称号，曾率部参加了剿灭横水、桶冈、浰头等诸匪的战斗，表现英勇。正如王阳明所料，叶芳不仅没有跟从宁王朱宸濠反叛，反而率部加入了王阳明的平叛军队，再立新功。② 这既显示出王阳明由内而外地影响他人的巨大力量，也清楚地表明，王阳明之所以能具有如此大的影响力，恰在于他的内在责任意识和切实尽责努力，都不只是为了当下的绩效，更早已超越了个人利害得失，而是完全从明德出发，立足于"至善"这个终极目标。这才是一位儒家管理者所必须具备的责任意识和尽责努力。

透过王阳明在南赣剿匪和平定"宁王之乱"中尽心尽责的经典案例，不难发现，儒家管理者之所以能具备超越岗位职责和具体任务的更深沉广大的责任意识，甚至达到孔子所说的"志士仁人，无求生以害仁，有杀身以成仁"的境界，至少有这样三重机制在由内而外地发挥作用。

第一，内在的文化认同机制。儒家历来强调，管理者必须首先向内求，让内在的德性或"良知"成为自我的"真吾"本体。这样才能建立起做管理的内在价值前提，从而使得"以天下为己任"的儒家管理责任意识真正发乎于内而非来自外。这种文化认同机制，也是一种个人职业发展中的社会化机制，只不过儒家所讲的这种社会化机制，更侧重于管理者由内而外的自我管理实践，也即

---

① ［明］王守仁撰，吴光、钱明、董平、姚延福编校：《王阳明全集》，上海古籍出版社 2011 年版，卷十七，第 634 页。

② ［日］冈田武彦著，袁斌、孙逢明译：《王阳明大传》（下），重庆出版社 2015 年版，第 60 页。

《大学》所说的"格物""致知""诚意""正心""修身";由此确立起内在信念和价值观后,再来面对管理岗位和具体任务时,管理者的眼睛才不会只是盯住看得见的资源及其可能带来的有形物质利益,而是能够从内在信念和价值观出发,理解和把握住那些超越于当下资源及利益的更广大的目标和意义,进而赋予看得见的资源及利益以价值,将之变成广义的共同利益或"善"。这样一来,当儒家管理者从自我管理走向组织管理的时候,便有一根红线将自我管理和组织管理贯穿了起来,那根始终如一的红线便是儒家管理者心中源于信念和价值观的责任意识。培育并强化这根将自我管理和组织管理贯穿起来的红线,就是儒家自我社会化过程的典型特征。

其实,儒家自我社会化过程的真谛,便在于向内发掘人之为人的德性内涵的"仁义礼智四端",立足其上,扩充开来,自然就会具备深沉广大的内在责任意识。正如孟子所深刻指出的那样:"恻隐之心,仁之端也;羞恶之心,义之端也;辞让之心,礼之端也;是非之心,智之端也。人之有是四端也,犹其有四体也。有是四端而自谓不能者,自贼者也。谓其君不能者,贼其君者也。凡有四端于我者,知皆扩而充之矣,若火之始然,泉之始达。苟能充之,足以保四海;苟不充之,不足以事父母。"①这表明,儒家管理者所应具备的深沉广大的责任意识,是源自内在"人性"的德性内涵,而非来自外部,这就好比子女所肩负的尽孝责任,并不在父母那里,而在子女的心里一样。对此,王阳明曾有过清晰阐明:"且如事父,不成去父上求个孝的理? 事君,不成去君上求个忠的理? 交友治民,不成去友上、民上求个信与仁的理? 都只在此心。"②在王阳明看来,人之为人、管理者之为管理者,要担当起那份深沉广大的责任,就必须从内在的德性出发,由内而外地去切实尽责。

要尽责,首先要明确责任对象,但儒家管理者绝不能只把上级或直接授权者视为责任对象,只想着要对上级或直接授权者负责。对上级或直接授权者负责,固然是做管理所必须肩负的责任,不过,在儒家看来,仅此远远不够,而且若一味地强化这种对上级或直接授权者的责任,也容易使管理责任退化成

---

① 张钢:《孟子的管理解析》,机械工业出版社2019年版,第110—114页。

② [明]王守仁撰,吴光、钱明、董平、姚延福编校:《王阳明全集》,上海古籍出版社2011年版,卷一,第2—3页。

对个人负责、对眼前绩效负责。儒家意义上的尽责，其责任对象超越了上级或直接授权者，建基于信念和价值观，面向以民众为代表的更广泛利益相关者的共同利益或"善"；惟其如此，儒家管理者才能更好地对上级或直接授权者负责，因为正是深沉广大的内在责任意识，让儒家管理者对上级或直接授权者的尽责行为变得更坚定，更可持续。也就是说，有了那种基于信念和价值观的内在责任意识，管理者的具体尽责行为才成为有源之水、有本之木。王阳明立志、修诚、格物的"内圣之道"，正是这种内在责任意识培育和养成的自我社会化过程。不经历这个过程，要想在做管理的具体实践中超越眼前功利，将是非常困难的。

第二，要有合理的制度规范机制。制度就是规则及其应用。规则让管理权力有了相对明确的边界，而规则的合理应用，则让管理者建立起对规则的敬畏意识，这也是管理尽责行为的重要保障机制。

制度规则是一种资源配置方式。由于组织中的资源只有与人相结合，才能实现其价值创造功能，也即获得利益，而组织中人对于资源的支配和运用的过程，实际上是一个权力运用过程。也就是说，组织内部的资源配置与组织外部不一样，组织外部的资源配置可以通过市场交易来实现，组织内部则是通过权力运用来实现的，因此，在组织内部，制度规则看似是对资源进行配置，实则也是对权力进行配置。根据制度规则，每一个拥有特定资源并能自由使用这些资源的部门、团队和岗位，也就相当于拥有了相应的权力，而制度规则同时也从外部明确界定了特定岗位上权力的边界。

之所以说制度规则是从外部对权力的边界进行界定，原因在于两个方面：一是任何正式的制度规则都首先体现为一系列书面的条文规定，而一旦作为书面文本存在，制度规则便成为一种外在的有形物，即看得见、摸得着、能理解、可传播的文件形式。这种形式的制度规则的确具有不依赖于任何个体而独立存在的文本价值，它能够更广泛和长远地传播，也能够在一定程度上避免不必要的歧义和误解，这也是正式制度规则所具有的优势，但正式制度规则也有劣势，那就是书面形式的制度规则难以自动执行，必须由人来发挥其作用。如果不管是制订制度规则的人，还是执行制度规则的人，抑或监督制度规则制订和执行的人，都不能发自内心地认同、理解和奉行规则，那么，制度规则的作用效果便要大打折扣，甚至可能造成组织中阳奉阴违，说一套、做一套的局面，这要比没有制度规则更为糟糕。

二是制度规则只能针对行为，而行为不过是人的外部表现，但人之为人区别于"物"的关键，不只在于外部行为表现，更在于内在德性及思维方式所激发的创造力。问题是，虽然人的行为是可观察的，但外部行为与内在思维并不一定会一致，因此，仅凭借针对外部行为表现的制度规则，无法保证人们做到表里如一，特别是当组织中的管理者在制度规则下拥有较大自由裁量权的时候，若无法保证管理者表里如一，那么，制度规则便有形同虚设的危险。

正因为如此，从外部对权力进行界定的制度规则，并不必然能产生预期效果。更加之制度规则都是预先制定的，不可能考虑到未来组织将要面临的各种变化，尤其是当组织中的管理者既是规则的制定者，又是规则的执行者，还是规则的监督者时，这种正式制度规则的局限性便愈加明显。为了克服制度规则的局限性，组织就必须致力于确立和阐明制度规则所内含着的指导思想。也就是说，组织首先要明确制度规则立足于怎样的信念和价值观，其核心便是有关"人性"的信念。儒家坚信"人性"的德性内涵及其向善倾向性，这成为儒家制定各项制度规则的根本指导原则。立足于"人性"的德性前提来制定制度规则，远比立足于"人性"的生物性本能来制定制度规则更为合理。

当组织的高层管理者坚信"人性"的生物性本能占据主导地位，并以此来指导制度规则的制定时，必然会假定他人总想着滥用资源和权力去谋求私利。如果将这个指导思想贯彻到底，那么，组织中的其他成员也会这样看待组织的高层管理者，认为他们制定制度规则的目的也不过是谋求他们自己的私利。既然"人性"是由生物性本能所主导，那么，谁又能比谁好到哪里去？不过是"五十步笑百步"罢了。组织中无论是制定制度规则者，还是执行制度规则者，或者监督制度规则制定和执行的人，抑或不得不遵守制度规则的人，相互看来竟都变成只是为了满足各自生物性本能的需要，去千方百计谋求私人利益的人。将这个逻辑推到极端，结果只能是，组织中的人都利用各自的聪明才智去仔细研究制度规则，要么想滥用制度规则，要么想钻制度规则的空子，不过都是在制度规则下相互竞争，看谁更能"作恶"。这样一来，人将不成其为人，组织也将不成其为组织。由此可见，在组织管理中，若管理者坚信"人性"由生物性本能主宰，那他的思维逻辑根本就无法贯彻到底。

儒家管理者的指导思想和思维逻辑则与此完全不同。儒家管理者立足于"人性"的德性前提，在坚信德性的主导作用的同时，也不否认生物性本能所具有的影响作用，以此来指导制度规则的制定，就必然会兼顾制度规则的三项功能，即保护、激励和约束。制度规则首先不是要去限制他人，而是要保护"人性"的德性不被生物性本能所侵犯。具体来说，就是在组织中预防和约束那些被生物性本能一时所左右的个体，防止他们去损害他人利益和组织的共同利益。同时，当组织通过制度规则来捍卫"人性"的德性时，也就是在向人们昭示一种正向的信念和价值观，从而避免人与人之间从生物性本能出发的相互猜忌，这样才有可能激励人们去追求和创造更广大且长远的共同利益。如此一来，制度规则的三项功能便整合在一起发挥着正向引导组织和谐可持续发展的作用。严格来说，制度规则若不能进入人们的内心，为人们所认同、承诺和践行，便只能形同虚设，而制度规则要进入人们的内心，除了其指导思想必须立足于"人性"的德性内涵，恐怕一个极其重要的保障条件就是，管理者必须坚信"人性"的德性前提，并始终保持对制度规则的敬畏，严守规则，尽心尽责。

管理者的规则意识，也就是责任意识的集中体现。虽然表面上管理者的权力是来自上级或直接授权者，但在那些已经建立起严格的制度规则体系的组织中，来自上级的授权，又总是通过制度规则完成的。也就是说，管理者看上去是被上级任命到某个管理岗位，才拥有了这个岗位的职权，但实际上，这个岗位的权力及其应用范围，并不是上级个人意志的体现，而是由关于该岗位的制度规则所决定的，也正是相关的制度规则，决定了某个管理岗位所能支配和运用的资源性质和范围及必须担负的责任。因此，管理者的责任意识，也就表现为一种规则意识。管理者若连制度规则都不敬畏，一心只想着资源和权力，又谈何责任意识？

这表明，制度规则要真正发挥作用，并成为管理者尽责行为的重要保障机制，离不开文化认同机制。制度规则若不能以基于"人性"前提的信念和价值观为指导进行设计和执行，便不可能成为管理者内在的规则意识，那么，看上去再好的制度规则，也只能是一纸空文，而更糟糕的结果或许是，在这样的制度规则下，组织中还会成长起一大批说一套、做一套的"两面人"。但是，要让制度规则进入管理者的内心,成为他们的内在规则意识,由内而外地保证做管理的尽责行为,单靠个别管理者的努力还不够,必须经由志同道合的管理团队的共同努力。

第三,良性的团队互动机制。管理者绝不是靠单打独斗来为组织和社会做出贡献,管理者必须融入团队之中,借助志同道合者团队来影响更多人,去追求和创造更广大且长远的共同利益。更值得一提的是,团队的良性互动还有助于克服个体管理者的意志无力。

对于大多数人来说,意志无力可能是常态。所谓意志无力,指的是明明知道什么是好的,却无法坚持追求下去;明明知道什么是不好的,却又难以放弃。个体的意志无力的确普遍存在,而要仅凭个体力量去克服它,也并非易事。原因或许正在于"人性"的双层结构。虽然"人性"的本质是德性,但也不能忽略"人性"中还具有生物性本能;而且,生物性本能处在"人性"的浅层次,很容易被外部环境的各种刺激所激活,甚至掩盖了深层次德性内涵,成为在特定情境下支配行为的主导力量。当人被生物性本能所主导的时候,人之为人所具有的主动性、能动性、超越性就会被抑制。这也就意味着那种想要摆脱内在生物性和外在环境束缚的努力都消失了,只想着退回到靠生物性本能而生存的状态。这样一来,一个人还有意志力可言吗?那岂不是典型的意志无力的表现?

意志力则刚好相反,指的是要努力摆脱生物性本能所带来的行为惯性和心理舒适区,超越环境条件的限制,去创造真正属于人的更加美好的未来和环境。如果说意志无力的原因是"人性"的生物性本能,那么,意志力的源泉则是"人性"的德性内涵及其向善倾向性。正是德性,让人有了持续向上追求理想状态的内在动力。德性才是人之为人的独特性,也是专属于人的意志力的真正源泉。由于"人性"所具有的双层结构,个体总是处在德性和生物性、意志力和意志无力的纠结之中。当生物性和意志无力占主导之后,一个人虽然仍具有德性和意志力的潜能,却处在被抑制的状态,无法有效地影响思言行,反而有退回到动物中去的危险。实际上,这种意志无力在个体行为上的典型表现,就是本能地或不自觉地推卸责任。一个意志无力的人,连对自己负责都做不到,哪里还谈得上对工作岗位负责,更不要说对那种无形的利益相关者的共同利益负责了。虽然管理者或许也知道这种深沉广大的责任意识非常重要,正是这种责任意识引领着管理者和组织去创造更美好的未来,但问题是,若一位管理者的意志无力让他连岗位职责都千方百计要推卸,又怎么可能具备这种深沉广大的责任意识呢?这确实是一个值得管理者深思的问题。

既然每个人都会面对意志无力的困扰,那有什么好办法能够帮助人们克服自身的意志无力呢?在儒家看来,一种有效克服个体意志无力,从而让责任意识战胜卸责本能的方法,就是依靠良性的团队互动机制。正像曾子所说的那样,"君子以文会友,以友辅仁"①。儒家的"友",即志同道合者。德性总是与社会性相统一,人只有处在志同道合者之中,通过相互鞭策、互相监督、彼此劝勉,才更有可能让自己的"志"和"道"摆脱生物性本能的束缚,进而克服个体的意志无力。

现在的问题则是,团队是由个体组成的,既然个体很难克服意志无力,也难以建立责任意识,那么,由这样的个体组成的团队,岂不是在相互强化着个体的意志无力,又如何能期望依靠团队力量去克服个体的意志无力呢?儒家对此给出了明确的回答。虽然每个人都同时具有德性和生物性,也都会处在意志力和意志无力的纠结之中,但是,不同人的这种纠结状态又是不一样的。个体之间的差异不仅表现在体力、样貌及思言行方式上,也体现在德性和生物性、意志力和意志无力的结合方式及程度上。有的个体可能会表现出更强的意志无力状态,而有的个体则在意志力上会更强一些。例如,同为孔子的弟子,宰我的意志力便相对薄弱一些,所以孔子才会说:"朽木不可雕也,粪土之墙不可圬也。于予与何诛!"②颜回则有很强的意志力,孔子评价颜回时则说:"贤哉,回也!一箪食,一瓢饮,在陋巷,人不堪其忧,回也不改其乐。贤哉,回也!"③

正因为每个人的意志力和意志无力的结合方式及程度都不一样,在志同道合者团队中,才有可能形成彼此激励、相互学习、持续向上的良性互动机制。即便是那些意志力更强的个体,也可以借助团队互动,进一步克服自己的意志无力。毕竟意志力再强的个体,也有意志无力的时候,通过与他人的切磋交

① 张钢:《论语的管理精义》,机械工业出版社 2015 年版,第 346 页。
② 张钢:《论语的管理精义》,机械工业出版社 2015 年版,第 119—121 页。
③ 张钢:《论语的管理精义》,机械工业出版社 2015 年版,第 149—150 页。

流,则可以做到防患于未然。更重要的是,在志同道合者团队中,那些意志力更强的个体,由于被他人视为榜样,也就有了一种外在压力和内在动力,更需要持续努力,不断精进,去追求更高的德行境界,以克服自己那潜在的尚未表现出来的意志无力。这或许正是孔子赞誉颜回"吾见其进也,未见其止也"①的原因。

王阳明具有很强的意志力,自 12 岁立志,便孜孜以求,从未放弃,也少有松懈。正是在这种矢志不渝地追求和实践理想的过程中,王阳明的意志力又得到磨砺,从而走上意志力自我磨砺和提升的良性循环。人的意志力有点像体能,在短期内是一定的。例如,人们每天只能消耗一定量的体能,然后通过饮食和睡眠进行补充和恢复,很难在一天或几天时间里一下子让自己的体能得到大幅度提升。而意志力也一样,在短期内只能是消耗、恢复、再消耗、再恢复的循环,却很难期望发生根本改变。在日复一日的自发循环中,正如体能的总量一般会随年龄增长而下降一样,意志力的总量也会下降,相应地,意志无力则会明显增强。但是,若从长期来看,体能经过锻炼会增强,而意志力经过磨砺也会增强。一个养成身体锻炼习惯的人,长期坚持锻炼,每日可以消耗的体能总量当然就会增加,而且增加的体能又可以用到做不同的事情上,从而保持精力充沛。同样的道理,意志力经过长期磨砺,总量也会增加。当一个人执着地运用"心"或思维去追求"志",长期坚持磨砺"心志"时,自身的意志力便会持续提升,并且增加的意志力还可以迁移到其他方面,就像增强的体能让人们做什么都精力充沛一样。从这个意义上说,王阳明立志之后,精研兵法、书法乃至佛、道两家学说的过程,实际上也是磨砺意志力的不可分割的组成部分。

即便王阳明有很强的意志力,而且还找到了自我训练意志力的有效方法,也同样离不开志同道合者团队的强有力支持。且不说王阳明踏上职业管理之路后有像湛若水这样的终生挚友,也有像徐爱、邹守益、钱德洪、王畿等一大批志同道合的弟子,就是年少的王阳明去"格竹",也不是孤身一人,而是有钱氏学友相伴。这充分表明,王阳明之所以有很强的意志力和内在责任意识,与他一直身处志同道合者团队的良性互动之中密切相关。

---

① 张钢:《论语的管理精义》,机械工业出版社 2015 年版,第 256—257 页。

也正因为有了志同道合者团队的良性互动,管理者才更有可能超越个人的利害得失,去考虑更为广泛的责任问题。其实,管理责任包括两方面内涵:一是对结果负责,或者说是对授权者可能产生的影响负责,这可以称为管理责任的合法性方面,源于对管理权力来源的敬畏,包括对管理权力的直接来源和终极来源的敬畏,而来自对管理权力终极来源的敬畏,则是儒家所特别强调的,也是王阳明所具有的那种深沉广大的责任意识;二是对过程负责,也即对如何达成结果的方式方法及其可能的影响负责,这也可以称为管理者责任的合理性方面,源于对管理权力运用的问责意识,这是一种必须对怎样使用资源和权力进行合理性说明的责任。

管理者必须对过程负责,这也是由管理权力运用有很大的自由裁量空间所决定的。职位高、权力大,自由裁量空间自然也就大,这必然会造成授权者,尤其是终极授权者,也即组织的更广大的利益相关者,相对于管理者来说,处在信息和知识的劣势地位。在这种情况下,授权者包括直接授权者和终极授权者,虽然能观察到当下的结果,但由于达成这个当下结果的过程中存在严重信息不对称,很有可能导致不利于授权者的长期或隐性的非预期结果,这也被称为负外部性,而管理者却可能因此获得更大的私人或小群体利益。所以,团队的良性互动机制及更大范围的组织问责机制的建立,在一定程度上可以降低这种管理过程的不透明性,确保管理者以内在责任意识来主动履行对管理过程进行详细说明的责任。

由于信息传递的滞后和信息不对称,身处一线的管理者掌握着相对全面、及时、准确的信息,更加上一线的形势瞬息万变,若事事处处都等着不在一线的上级或远离一线的终极授权者做出裁决,那恐怕是不现实的。尤其是对军事管理来说,那些身处前线的将领相机行事,拥有很大的自由裁量权早已成为惯例,这才有所谓"将在外,君命有所不受"的说法。但是,事前乃至事中的自由裁量、随机应变甚至"君命有所不受",并不等于事后不对整个决策和行动过程给出详细说明,更不等于不仔细申明"君命不受"的理由及这样做所可能产生的各方面影响。事后对过程的详尽说明,恰是管理者具备过程导向的责任意识,遵循问责机制行事的集中体现。

管理者在对过程进行详细阐明时,必须做到事实清楚,绝不能刻意隐瞒真相;同时还要确保逻辑严密,也不能有意曲解信息。这样不仅能让直接授权者和终极授权者了解事实真相及其背后的逻辑,还有助于帮组织建立起一个权力运用的典型案例,从而让各级授权者能够可行地判断不同情境下权力运用的合法性和合理性。由此使管理过程真正变成一种教育过程,让终极授权者或更广大的利益相关者有机会通过这些典型案例,了解不同情境下权力的运用方式,从而提高对权力运用的合法性和合理性的鉴别、判断和评价能力。这在一定程度上也就是让更广大利益相关者有知情权。

虽然由于主客观条件限制,要让组织中所有利益相关者在事前和事中都拥有知情权的确非常困难,但是,在事后让更多的组织利益相关者拥有知情权还是可能的。若人们连事后的知情权也没有,那便会产生与组织的疏离感,久而久之,管理者与终极授权者就会彻底分割开来。这不仅会让包括组织成员在内的利益相关者失去主人翁意识和主动精神,也会让管理者淡忘对终极权力来源的敬畏和那种深沉远大的内在责任意识。当组织中管理者与包括组织成员在内的利益相关者之间的鸿沟越来越大,无论管理者如何努力,要想唤起人们对组织的认同、承诺和主动性,都将变得极其困难。一旦组织中人心散了,要再凝聚起来,虽然不能说不可能,但难度也非同一般。

组织中人心之所以会慢慢散掉,其根源往往在于管理者团队没有切实履行过程导向的责任,哪怕在事后,也没有向包括组织成员在内的广大利益相关者说清楚事实真相,更没有对已发生的事实给出逻辑一贯的合理说明。严格来说,即使那些暂时不宜说明的事实,管理者也需要解释清楚为什么暂时不宜说明,并给出大致的时间表,留待恰当的时间再给出说明。毕竟对于组织更广大的利益相关者来说,知情权是一种最基本的权利。若连知情权都无法保证,还说什么管理权力的终极来源是组织更广大的利益相关者呢? 遗憾的是,现实中很多组织在知情权的保证机制上做得并不到位,这也是让组织中人心涣散的重要原因之一。

只有让组织的更广大利益相关者拥有知情权还不够,因为管理者若只披露信息、呈现事实,而没有合理分析,人们对事实和信息的理解也很容易出现偏差。对于同样的信息,站在不同的立场、运用不同的理论逻辑进行分析,其结果很可能完全不同。这表明,管理者要肩负过程导向的责任,还必须具有鲜明的逻辑前提和明确的分析框架,而那个逻辑前提也就是组织中已经达成共识的关于"人性"的信念及由此派生出来的价值观,这便构成了管理决策的价值前提。在组织中,管理者的每次决策,实际上都涉及这个价值前提的有效应用。当管理者在对过程信息进行分析,以说明为什么会这样做的理由的时候,实际上也就是在展示这个价值前提是如何自然而然地融入管理决策之中的。当管理者这样来阐明决策理由,履行过程导向的责任时,本质上就是在昭示组织的信念和价值观是如何指导具体工作的,这无异于在展示一个非常具体的情境案例,让组织利益相关者清晰地看到管理者是怎样认同、承诺和践行组织的信念和价值观的。这再次表明,管理者每次履行过程导向的责任,其实就是在做教育和示范工作,让人们更深刻地体会到应该怎样去践行组织的信念和价值观,如何将之融入自己的日常工作之中。

当然,对过程中的事实和信息进行分析,不仅要有价值前提,同样也离不开基于专业知识的分析框架。有了价值前提和信息,并不必然能产生为人们所理解的意义,尤其不能自动表明为什么要这样做的理由。因此,管理者在履行过程导向的责任时,还必须具备专业知识和能力,能够将事实和信息的内在逻辑讲清楚。没有专业知识和能力,要找到事实背后的内在逻辑,要对管理决策过程及其结果给出令人信服的合理说明,是不可能的。管理者不断强化自己的专业知识和能力及其运用,恰恰昭示出一种敬业精神。这又会影响组织中其他成员认真履行自己的岗位职责,持续提升自己的专业知识和能力。这再次体现出儒家将管理过程也视为教育过程的深刻之处,而管理过程的教育作用,在很大程度上是通过管理者履行过程导向的责任表现出来的。

过程导向的责任和结果导向的责任是一体两面的关系,不能人为割裂。但是在现实中,管理者在责任内涵理解上走极端的情况时有发生。要么仅对结果负责,只要能达成结果,就算尽到责任,完全不考虑过程,更不管用什么样的手段;要么仅对过程负责,每一步都严格控制,事事请示汇报,却忽略了到底要达成什么样的结果。实际上,儒家之所以将管理过程也视为教育过程,就是要通过管理者的过程导向责任的履行,来培养人们履行岗位职责的综合素养,进而追求和创造更广大且长远的共同利益这个结果。若不着眼于这个终极目标及其阶段性结果的达成,教育过程的实际意义又在哪里呢?

　　理解了儒家管理责任的双重内涵,再来看王阳明组织管理实践中那些经典的尽责案例,便更能深刻体会他那种深沉广大的责任意识和兢兢业业的尽责努力。王阳明不仅勇于承担结果导向的责任,而且无不认真履行过程导向的责任。即便在南赣剿匪和平定"宁王之乱"的军事行动中,虽然前线局势瞬息万变,要在事前和事中对各项决策给予详尽说明很困难,但在事后,王阳明总是会以给朝廷上奏疏、给直接上司寄信札的形式,详细说明战略、战术及其实施过程,并对出现的各种结果及其原因加以分析解释,而且还会就长远影响做出预判,提出相应的对策建议。

　　在南赣剿匪第一阶段结束后,王阳明便上了《闽广捷音疏》《申明赏罚以励人心疏》,同时也给兵部尚书王琼寄信,不久后又给内阁重臣毛纪写信,报告战况。在这些奏疏和信札中,王阳明详细汇报了第一阶段剿匪的全过程,从战略到战术,包括用兵的每个细节,以及相关人员的贡献,都做了详尽说明,还进一步阐述了接下来行动的设想和策略。也正是在这次汇报中,王阳明通过对前几次剿匪不利的原因分析,提出了统一事权、训练民兵、整顿军备等一系列可行建议,从而为下一步剿匪乃至后来平定"宁王之乱"打下坚实基础。

　　但是,王阳明向朝廷请授总制四省地方武装的兵权是一件很敏感的事,若不能赢得朝廷的信任,那几乎是不可想象的。王阳明的直接上司虽然是兵部尚书王琼,但朝廷还有阁臣,更有皇帝本人,他们对剿匪前线信息的了解以及对王阳明的认可和信任,同样是不可或缺的。试想,王阳明若没能很好地履行过程导向的责任,只是报告初战成果,而没有对全过程及其来龙去脉的详细陈述和分析,让朝廷各位关键决策者认识到改授兵权是下一步剿匪成功的关键,就贸然向朝廷索要兵权,其结果会怎样? 值得一提的是,即便是王阳明的直接上司兵部尚书王琼,也与王阳明从未谋面①,那么,上下级的信任关系又是如何建立起来的呢? 这便是儒家所强调的源自信念和价值观的内在责任意识和切实尽责行为将不同管理者紧密联系在一起。这也是一种非人格化的信任机制。

　　或许兵部尚书王琼举荐王阳明去南赣剿匪带有一定的偶然性,但是,一旦

---

① 〔日〕冈田武彦著,杨田、冯莹莹、袁斌译:《王阳明大传》(中),重庆出版社 2015 年版,第 186 页。

王阳明承担起这份责任,并在整个过程中切实尽到了过程导向的责任,让处于庙堂之上的王琼和其他朝廷决策者认识到王阳明的责任意识和尽责努力,那种举荐时的偶然性,也就会变成一种历史的必然性。王琼举荐王阳明时的首信任或初步信任,在随着王阳明对过程导向责任方面的出色担当,便不断得到强化,以至于达到心心相印、深信不疑的程度。这不能不说是王阳明的管理尽责行为使然。据后来王琼的弟子回忆,在南赣剿匪期间,王琼每每看到王阳明的奏报之详尽、完整、周全,都会赞不绝口,同时也对王阳明关于战略战术和利害得失的分析之透彻,深为钦佩,甚至会说"生子当如王守仁"。①

在《王阳明全集》中,奏疏有 81 篇之多,其中尤以南赣剿匪和平定"宁王之乱"期间的奏疏最多、最长,其内容之详尽、陈述之清晰、说理之严密、材料之详实、对策之具体、逻辑之谨严,堪称管理报告的典范,而这种全过程、全景式、全方位的管理报告,从深层次来看,恰是管理者履行过程导向责任的集中体现。虽然管理者对结果导向责任的履行看似更直接、更明确,这也是通常所说的管理责任的重要方面,但是,仅有结果是远远不够的,做管理绝不是一锤子买卖,管理者也不可能只为授权者完成一次任务。在管理者的整个职业生涯中,来自授权者的信任,都是管理者持续取得结果的重要保证,而这种信任的建立,不仅需要管理者切实履行结果导向的责任,更需要让授权者认识到,管理者一直是怎样达成这种结果的。这实际上意味着过程往往是指向管理者本人的,而结果则很有可能是由环境条件带来的,只不过是一种偶然的运气罢了。

最后还需要特别说明的是,儒家管理者所具有的内在责任意识,不一定非要受岗位职权的限制。虽然管理权力总是与岗位责任对等的,但是,管理者的内在责任意识完全可以超越资源和权力的边界,因为这种内在责任意识是一种源自信念和价值观的意愿态度,管理者一旦有了这种意愿态度,便可以超越当下的资源和权力束缚,尽心尽责地去追求和创造更广大的共同利益,正像孔子当年"知其不可而为之"②一样。其实,这也正是儒家管理者的创业精神的集中体现。

---

① [日]冈田武彦著,杨田、冯莹莹、袁斌译:《王阳明大传》(中),重庆出版社 2015 年版,第 187 页。
② 张钢:《论语的管理精义》,机械工业出版社 2015 年版,第 424—425 页。

　　孟子曾讲："君子创业垂统，为可继也。若夫成功，则天也。"①这意味着，儒家管理者的创业精神，关键在于形成关于"人性"德性的坚定信念和价值观，进而迸发出一种"舍我其谁"②的强烈责任感。也恰是这种超越于当下资源和岗位职权限制的内在责任意识，让儒家管理者去尽心尽力地把握一切机会，甚至创造机会以实现理想。这正是孔子"欲居九夷"③的内在动机，也是王阳明将自己在贵州龙场时的居所命名为"何陋轩"的用意所在。

　　王阳明在《何陋轩记》中写道："夷之民方若未琢之璞、未绳之木，虽粗砺顽梗，而椎斧尚有施也，安可以陋之？斯孔子所为欲居也欤？虽然，典章文物，则亦胡可以无讲！今夷之俗，崇巫而事鬼，渎礼而任情，不中不节，卒未免于陋之名，则亦不讲于是耳。然此无损于其质也。诚有君子而居焉，其化之也盖易。"④王阳明在这里实际上是提醒自己，不要只看到眼前的资源和权力，而要从内心的明德出发，创造条件去肩负更广大的责任。这是贯穿于王阳明管理实践之中的永恒责任主题。

　　王阳明是儒家管理者明德、尽责的典范。明德，即确立起"人性"的德性内涵及其向善倾向性，这是儒家管理者的坚定信念。以此为前提，儒家管理者必然要在各种管理实践中尽责，而明德、尽责的最终目标，则是追求和创造更广大且长远的共同利益，即"求善"。"求善"是儒家做管理的根本宗旨，也是衡量一切管理有效性的终极尺度。

---

　　①　张钢：《孟子的管理解析》，机械工业出版社 2019 年版，第 75—76 页。
　　②　张钢：《孟子的管理解析》，机械工业出版社 2019 年版，第 152—154 页。
　　③　张钢：《论语的管理精义》，机械工业出版社 2015 年版，第 250—251 页。
　　④　［明］王守仁撰，吴光、钱明、董平、姚延福编校：《王阳明全集》，上海古籍出版社 2011 年版，卷二十三，第 982 页。

第七章　求　善

对于组织管理,不能没有评价,而要做出评价,就离不开标准。评价组织管理的标准,总是与目标连在一起。尤其是终极目标,既是组织管理的根本宗旨,也是评价一切管理工作的最终尺度。终极目标作为评价标准,与战略目标、运作目标及其所派生出来的评价标准有着本质区别。如果说战略目标、运作目标及其所派生出来的评价标准往往具有外在强制性,且比较明确、具体、可测量、有时效性的话,那么,终极目标作为评价标准,却具有内在自发性,是内置于管理者心中的价值准则,由内而外地影响着管理者对战略目标、运作目标的追求,也从根本上决定着组织的战略目标、运作目标及其相关评价标准的制订和运用。因此,严格来说,管理者不断实现组织的运作目标和战略目标,以满足各项具体评价标准的要求,都应该是持续追求终极目标的自然结果。特别是对于那些身处快速变化环境中的管理者来说,当面对各种例外情况,在各项具体评价标准的空白处,恰是内置于心中的终极目标和内在价值准则主导着管理决策的方向和风格。

儒家做管理的终极目标,是追求更广大且长远的共同利益,即"止于至善",或简称"求善"。这个终极目标并不存在于物化的环境之中,更不存在于冥冥的神秘之处,也不能用明确具体可测量的指标加以强制规定,而是深深地根植于儒家管理者的心中,是由儒家管理者对"人性"德性内涵的坚定信念自动产生的内在追求,也即"仁义礼智四端"的自然倾向性。

孟子在解释"人性本善"时早就明确指出:"乃若其情,则可以为善矣,乃所谓善也。若夫为不善,非才之罪也。恻隐之心,人皆有之。羞恶之心,人皆有之。恭敬之心,人皆有之。是非之心,人皆有之。恻隐之心,仁也。羞恶之心,义也。恭敬之心,礼也。是非之心,智也。仁、义、礼、智,非由外铄我也,我固有之也,弗思耳矣。故曰:求则得之,舍则失之。"①

孟子这里所说的"情""才",并非指"情绪""感情""才能",是指一种先天的本然状态。意思是说,从先天的本然状态来看,"人性"中原本就具有追求共同利益或"向善"的倾向性;正是这种"向善"的倾向性,充分体现出"人性"的德性与社会性的统一;而且,也只有将"人性"的德性、社会性和"向善"的倾向性有机融合在一起,才能更准确地理解和把握人之为人的根本所在。至于人们在后天的行为中没有表现出追求共同利益或"向善",那并非先天"人性"的缘故,而是环境条件使然。也就是说,人们在后天行为上追求共同利益或不追求共同利益,是由后天环境条件与先天"人性"潜质共同决定的,两者的匹配及良性互动,是"人性"潜质得以充分发展的前提。在后天环境营造过程中,管理者起到了非常重要的作用。若管理者能够首先向内追求和阐明"仁义礼智四端",并将之昭示出来,让"求善"变成组织的终极目标,那么,一个能够与"人性"德性内涵良性互动的社会环境就会被营造出来,从而引领大家一起追求和创造更广大且长远的共同利益。

《中庸》引用孔子的话说:"舜其大知也与! 舜好问而好察迩言,隐恶而扬善,执其两端,用其中于民,其斯以为舜乎!"②这里说舜"用其中于民",指的是舜能坚守住内在的德性之"中",并由内而外地营造出"求善"的良性环境氛围。舜是儒家管理者的理想化身之一,以舜为例,意在表明,做管理,若以"求善"为宗旨,便能产生出广泛而持久的影响力。如果再联系孟子对舜的评价,也就更容易理解儒家管理以"求善"为最终评价尺度的意义所在。孟子说:"舜有大焉:善与人同,舍己从人,乐取于人以为善;自耕稼、陶、渔,以至为帝,无非取于人者。取诸人以为善,是与人为善者也,故君子莫大乎与人为善。"③

在孟子看来,舜不仅乐于听取别人的意见和建议,更擅于将这些意见和建议转化为创造共同利益的行动,即"为善"。舜不仅在种地、做陶工、打渔时,即便后来做了最高管理者,也都能做到"善与人同,舍己从人,乐取于人以为善"。这恰是管理者在"做人"和做管理上所应该具备的内在信念和价值观坚守的一

---

① 张钢:《孟子的管理解析》,机械工业出版社 2019 年版,第 387—390 页。
② 张钢:《大学·中庸的管理释义》,机械工业出版社 2017 年版,第 97—99 页。
③ 张钢:《孟子的管理解析》,机械工业出版社 2019 年版,第 118—120 页。

致性,因为管理者的最终目标,便是要协调、引导和激励人们一起追求和创造共同利益,即"求善"。在组织中,不仅最高管理者要像舜那样由内而外地"求善",而且其他各级管理者也都应以"求善"为最终尺度,不应该将资源、权力和具体指标放在首位。这便是孟子说"古之贤王好善而忘势,古之贤士何独不然"①的深意所在。

当年鲁国想聘请孟子的弟子乐正子做管理者,孟子听说后喜不能寐。

孟子的另一位弟子公孙丑便问孟子:"乐正子强乎?"

孟子说:"否。"

公孙丑又问:"有知虑乎?"

孟子又说:"否。"

公孙丑再问:"多闻识乎?"

孟子还是说:"否。"

公孙丑便有些纳闷了,说:"然则奚为喜而不寐?"

孟子说:"其为人也好善。"

公孙丑问:"好善足乎?"

孟子说:"好善优于天下,而况鲁国乎? 夫苟好善,则四海之内,皆将轻千里而来告之以善。夫苟不好善,则人将曰:'訑訑,予既已知之矣。'訑訑之声音颜色,距人于千里之外。士止于千里之外,则谗谄面谀之人至矣。与谗谄面谀之人居,国欲治,可得乎?"②

这表明,儒家管理者以"求善"为最终价值尺度,不仅是要让各项具体管理决策建立在正确的观念和价值前提之上,以确保管理行为的合法性;更重要的是,管理者由内而外地"求善",能够将"人性"的德性内涵阐明和昭示出来,以营造组织的良性环境氛围,引导大家一起追求和创造更广大且长远的共同利益。这也正是孔子所讲的"道之以德,齐之以礼,有耻且格"③的儒家管理模式的核心要义。

但是,以往对儒家"求善"的理解上,明显存在三个误区,以至于阻碍甚至

---

① 张钢:《孟子的管理解析》,机械工业出版社 2019 年版,第 473—474 页。

② 张钢:《孟子的管理解析》,机械工业出版社 2019 年版,第 448—450 页。

③ 张钢:《论语的管理精义》,机械工业出版社 2015 年版,第 26—28 页。

扭曲了儒家这个最终价值尺度在现实管理决策中的运用。

第一个误区，便在于将共同利益或"善"仅仅等同于组织的整体利益，而忽略了组织成员的个体利益。儒家意义上的共同利益或"善"，是由组织成员的个体利益和组织的整体利益两部分构成的，仅是组织成员的个体利益或组织本身的整体利益，都不足以构成完整的共同利益。孟子曾用"井田制"非常形象地诠释了儒家共同利益的完整内涵。

当年滕文公派人向孟子咨询"井田制"，孟子说："夫仁政，必自经界始。经界不正，井地不均，谷禄不平。是故暴君污吏必慢其经界。经界既正，分田制禄，可坐而定也。……死徙无出乡，乡田同井，出入相友，守望相助，疾病相扶持，则百姓亲睦。方里而井，井九百亩，其中为公田。八家皆私百亩，同养公田，公事毕，然后敢治私事，所以别野人也。"①

这里需要说明的是，"井田制"所表征的只是共同利益的一种理想状态，即便在夏商周三代时期也未必完全实施过，但是，孟子之所以要用"井田制"作为隐喻，是因为"井田制"能够非常直观地表达出"善"所代表的共同利益的应有内涵。在"井田制"中，中间的公田相当于诸侯国的整体利益或者说公共利益，而国君和管理者们的利益便直接同公田所代表的整体利益联系在一起；围绕中间公田的外围八块私田，则代表的是农家的个体利益；整个"井田"，包括私田和公田在内，才代表共同利益或"善"。国君和管理者们不能只追求公田的收成及整体利益的实现；同样，农户也不能只关注私田的个体利益，若没有公田的整体利益的支撑，诸侯国也难以有效履行秩序维护和安全保卫职能。因此，无论是管理者还是民众，在"井田制"下，都能更直观地感受到追求共同利益或"善"而非单纯的私人利益和单纯的整体利益的重要性。

尤其是对于管理者来说，由于他们的私人利益往往是与由公田所代表的整体利益联系在一起的，因此，管理者经常会借口整体利益而损害民众的个体利益，这就表现为各种苛捐杂税。但是，在"井田制"下，人们更容易清楚地看到，整体利益并不能代表共同利益或"善"，而只不过占了共同利益或"善"的九分之一而已，更大的共同利益或"善"的组成部分则来自民众的私田所代表的

---

① 张钢：《孟子的管理解析》，机械工业出版社 2019 年版，第 163—170 页。

个体利益的满足。严格来说，没有了八家农户的私田所代表的个体利益的实现，就不可能有中间公田所代表的整体利益的达成。在"井田制"下，整体利益与个体利益密不可分，一起构成了共同利益或"善"。所以，孟子才会说："民事不可缓也。……民之为道也，有恒产者有恒心，无恒产者无恒心。……夫仁政，必自经界始。经界不正，井地不均，谷禄不平。是故暴君污吏必慢其经界。"①

借助"井田制"隐喻，"求善"这个儒家管理的最终价值尺度的深刻内涵，便清晰地呈现了出来，管理者要想刻意模糊共同利益与整体利益之间的关系就不那么容易了。因此，孟子在这里并不是一定要将"井田制"作为一种任何时代都要严格执行的经济制度，而是将"井田制"视为一个生动形象的例子，让人们更清楚地理解和把握儒家做管理所必须遵从的"求善"这个最终价值尺度。

但遗憾的是，在现实的组织管理中，管理者常常用组织的整体利益来代替组织的共同利益，只是让组织成员奉献于组织的整体利益，而忽略甚至无视组织成员的个体利益。由于管理者的个体利益总是直接或更紧密地关联着组织的整体利益，因而，在不断做大的组织整体利益中，一定是管理者群体从中获得了更大的份额。长此以往，用损害甚至牺牲组织成员的个体利益来做大组织的整体利益的方式，一定会严重挫伤组织成员的积极性，而且还会为管理者群体损公肥私留下更大的空间和机会。这样做的组织，若身处激烈竞争的环境中，一定会面临严重的人员流失，也不可能吸引有能力的个体加盟，到最后连组织的整体利益也无法保证。毕竟整体利益是通过个体及个体间的分工协作创造出来的，如果组织成员的个体利益都无法得到保护和激励，还有谁愿意到这个组织来创造整体利益和共同利益呢？个体之所以愿意选择某个特定组织来贡献自己的聪明才智，一定是因为在这个组织中工作要比单独工作或在其他组织中工作有更大收获，而这个收获既可以是物质利益层面的，也可以是精神利益层面的，但从长远来看，一定是两者的有机结合。只有当个体在某个特定组织中真正得到物质和精神两个层面的收获时，才会对这个组织产生认同和做出承诺，并愿意可持续地贡献出自己的聪明才智。

---

① 张钢：《孟子的管理解析》，机械工业出版社2019年版，第163—170页。

　　所以,当管理者混淆了组织的整体利益与共同利益时,恰说明管理者没有认识到甚至无视了组织共同利益的源泉,一定是包括组织一般成员在内的广大利益相关者,而不只是管理者群体;从更深层次看,这或许也表明,管理者所坚信的"人性"前提是生物性本能,完全忽视了人之为人所拥有的更大的内部动力源泉是对德性的追求。这会让管理者只把"人性"的德性作为宣传工具,要求别人都"利他"奉献,做大组织的整体利益,而自己却在拼命追求私人的物质利益,从而在根本上颠倒了"人性"的德性和生物性之间的关系。这在很大程度上又与第二个误区密切联系在一起。

　　第二个误区,就是将共同利益或"善"只等同于纯粹的物质利益,根本无视观念和精神的价值。儒家意义上的共同利益或"善",首先是一种关于物化资源及利益的观念,而并非专指物化资源及其利益本身。在儒家看来,关于物化资源及利益的观念,远比物化资源及利益本身更重要;只有先建立起关于物化资源及利益的正确观念,才能从根本上界定物化资源及利益的价值属性及其结果导向和归属,进而设计出合理的规则和规范体系,以确保日常管理得以有序且有效地开展。孔子曾明确指出:"放于利而行,多怨。"①这意味着,做管理,不能只是一味追求赤裸裸的物质利益,而《大学》则进一步强调说:"此谓国不以利为利,以义为利也。"②这里的"义",指代的便是儒家的"仁义礼智"价值观念。因此,孟子才会对梁惠王直言不讳地说:"何必曰利? 亦有仁义而已矣。"③

　　这里需要予以说明的是,儒家绝不是要抛弃"利"或物化资源及利益本身,而只是要在"利"本身和以"仁义"为核心的价值观念之间建立起优先顺序。也就是说,做管理的第一要务,在于形成以"仁义"为核心的关于"利"的正确观念,这样才能更合法、合理且可行地追求、创造、分配"利"。相反,若没有关于"利"的正确观念,而只是从纯粹的"利"本身及其给管理者自己或小群体带来所谓"好处"的角度看问题,也即坚持一种以生物性本能欲求为标准,来衡量物化资源的价值及其利益归属的观念,必将导致组织从上到下、从管理者到普通成员,都只关心个体利益和小群体利益,不顾及整体利益和共同利益,甚至相

---

①　张钢:《论语的管理精义》,机械工业出版社 2015 年版,第 93—94 页。
②　张钢:《大学·中庸的管理释义》,机械工业出版社 2017 年版,第 61—68 页。
③　张钢:《孟子的管理解析》,机械工业出版社 2019 年版,第 9—14 页。

互侵夺资源和利益,这会从根本上危及组织的存在和发展。也正是基于此,孟子才深刻地指出:"人之有道也,饱食、暖衣,逸居而无教,则近于禽兽。……分人以财谓之惠,教人以善,谓之忠。"①这意味着,管理者的重要职责便在于"教人以善",也即建立起关于物化资源及利益的正确观念,并引导大家一起去追求这种观念;只有做到了这一点,管理者才算真正地做到了尽己尽责或"忠"。

进而,孟子又用舜和春秋时期的大盗蹠做对比,把儒家意义上的共同利益或"善"与赤裸裸的物质利益明确区别开来。孟子说:"鸡鸣而起,孳孳为善者,舜之徒也。鸡鸣而起,孳孳为利者,蹠之徒也。欲知舜与蹠之分,无他,利与善之间也。"②严格来说,"利"本身无所谓好坏,但基于不同的信念和价值观,"利"会被赋予不同的意义,进而就会有不同的方式来界定和获取"利",这时便有了共同利益、整体利益、私人利益的分别,以及用私人利益去损害整体利益、共同利益的可能。因此,当孟子在这里将"善"与"利"相对时,"善"代表的是共同利益,其中既包括整体利益,也包括私人利益,但这种私人利益是在共享价值观和制度规则下被清晰界定并保护的,以不损害共同利益、整体利益和他人的个体私人利益为前提;而这里与"善"相对的"利",则专指"为利而利"意义上的纯粹物质利益,这也是一种无视规则规范的赤裸裸的私人利益,甚至可以借助强取豪夺而来,如大盗蹠之"孳孳为利"。引申开去,管理者若没有正确的观念,不追求共同利益,反而利用职权去谋求私人利益,那实际上与大盗没有什么分别。

在现实的组织管理中,当管理者眼中只有物化资源及利益本身,而无视观念和精神的价值时,管理权力往往就会转变成赤裸裸的物质利益的代名词,完全失去了对授权者尤其是终极授权者担负责任的蕴含。这样的管理权力便退化为动物群体中的强力支配,其结果可想而知。只有当人们认识到人之为人的独特性,进而确立起正确的观念体系,并以此为指导,设计规则来界定、保护、激励、分配物化资源及其利益的时候,人的组织才会与动物群体区别开来,人们也才能从强力支配中解放出来,真正成为组织的主人。人们向往美好生

---

① 张钢:《孟子的管理解析》,机械工业出版社 2019 年版,第 170—179 页。
② 张钢:《孟子的管理解析》,机械工业出版社 2019 年版,第 498—499 页。

活，但那种美好生活一定是属于人的，而不是动物的。这就需要首先确立一种关于美好生活的观念，然后才有可能一步步地创造出真正属于人的美好生活的现实。说到底，人之所以为人，关键在于要追求自己独特的观念和精神价值，而这种观念和精神价值的终极尺度并不在外部的物化资源及利益上，相反，物化资源及利益恰是因人的观念和精神价值而变得不再一样了，被赋予了属于人的意义。

儒家管理者坚信"人性"的德性内涵及其向善倾向性，由此所形成的管理观念，便直接决定着管理权力的运用、物化资源及利益的创造。当然，这绝不意味着儒家管理者完全无视物质利益，所谓"不食人间烟火"。这种将观念与利益割裂的做法，恰是对儒家管理的深深误解，也是对儒家管理的理想与现实、"圣"与"凡"之间关系的肆意曲解。

儒家管理从来都是立足于现实去追求理想，并没有否定"人性"所具有的生物性本能，也不否定人及其组织要生存和发展就离不开物化资源及利益，而关键是怎样去理解、把握及合理发挥生物性本能和物化资源及利益的价值，这才是问题的症结所在。这也正是儒家管理首先要确立起"人性"的德性与生物性、观念与利益之间的优先序的原因。在组织管理中，很多带有根本性的问题之所以会产生，往往都是因为管理者缺乏这种优先序思维。

第三个误区，则是在追求共同利益或"善"的过程中，混淆了目标与指标之间的关系，一味地向外去追求看得见的指标，反而忘记了目标，尤其是内在的终极目标。儒家意义上的共同利益或"善"，是组织和管理的终极目标，只能存在于管理者和组织成员的心中，并由内而外地体现在行为上，而不能仅停留在纸面和口头，那些过度包装的终极目标反而有流于形式、蜕变成单纯口号的危险。

当然，在组织管理中，终极目标必然要通过战略目标和运作目标体现出来，而为了衡量不同阶段的战略目标和运作目标的实现程度，也离不开绩效评价。但是，即便是就运作目标的实现来说，由于组织内部分工协作的原因，一般意义上的业务工作，很难单独贡献于目标的实现。这就像一支足球队很难单靠前锋、后卫、守门员等个体的努力，就能实现球队赢球的目标一样。要确保组织目标的实现，必须依靠组织内部分工协作之后整体努力所产生的结果，但问题是,在组织中,谁能对整体努力所产生的结果负责呢? 当然是管理者。

在组织中,只有管理者才能对各个层次上的整体努力所产生的结果负责。组织最高层次的管理者及其团队,要对整个组织所产生的整体结果负责,而各种部门或团队的管理者,则要对部门或团队的产出结果负责。这种不同层次上的产出结果对目标和子目标的实现程度,就是绩效。从这个意义上说,管理者所要担负的岗位责任,同其他专业工作者所要担负的岗位责任,有一个根本区别,那就是管理责任实际上是一种绩效责任。只有各级管理者才能对组织各个层次上的产出结果及其对目标的实现程度负责,而任何一个在分工协作基础上设立的专业工作岗位,都难以单独承担组织、部门或团队层次上的绩效责任。即便一个组织的整体绩效责任要分解下去,也只能是层层分解到管理者所在的部门或团队。绩效责任一旦分解到最基层的管理者或团队管理者那里,便达到了绩效责任不能再分解的最后节点。如果一名基层团队管理者还要把本应由自己承担的团队绩效责任再分解到每位团队成员身上,这无异于一支足球队的主教练试图把赢球的责任分解到每位场上队员,以便来考核每位球员在场上的绩效贡献,试想其结果会怎样? 这恰说明主教练不是在承担责任,而是在推卸责任。这是非常典型的用绩效考核代替团队管理的做法。考核之所以不能代替管理,不仅是因为管理责任是一种不能推卸的绩效责任,而且还缘于绩效责任的可分解性是有限度的,这便涉及目标的指标化问题。

既然绩效是结果对目标的实现程度,那么,绩效通常来说由两个侧面构成:一是达成结果本身的效率问题,即投入了多少,产出了多少,投入和产出的比较;二是已达成的结果对目标的实现程度,也即实际的产出结果和目标中所设定的预期产出结果的比较。绩效的这两个侧面不可分割,而且,正是后者决定了前者的合理性。也就是说,效率本身并不必然等于绩效,有效率而没绩效的现象比比皆是。当人们忘记了目标,或错误地理解了目标的时候,若只是高效率地追求看得见的产出结果,甚至会导致南辕北辙。

既然结果对目标的实现程度才是绩效内涵中具有决定性的侧面,那么,如何才能有效地判断结果对目标的实现程度呢? 尤其是对于具有整体性、复杂性、长远性的终极目标和战略目标而言,又如何来判断对这样的目标的实现程度呢? 在组织管理中,习惯的做法是,将终极目标转化为阶段性的战略目标,再将战略目标分解为具体的运作目标,最后把运作目标又转化为一系列可测量的指标,而所谓指标,其实就是对目标进行测量的具体方法或手段,是为判断结果对目标的实现程度服务的,也即为目标服务。正因为如此,指标也被称为绩效指标,而绩效从根本上说便是如何取得结果以及结果对目标的实现程度。

或许正是由于组织管理中的习惯做法是将目标分解为一系列可测量的指标,又将这一系列指标称为绩效指标,以至于管理者往往只看到了指标与结果的关系,而忘记了指标与目标的关系。在现实中,指标之于目标,并不一定是一一对应的关系,而只不过是一种大致上的代理表征关系。这就容易造成指标与目标之间的关系变得模糊,而且,既然指标已成为一种对结果进行测量的方法或手段,也就容易对组织各级管理者产生直接的激励作用。随着时间推移、环境变化,在指标体系的不断演变中,指标反而可能离开原来的目标越来越远,变成一种脱离目标的纯粹意义上的管理工具。更严重的是,在这种纯粹管理工具意义上的指标体系的引导和激励下,管理者已不再去关心目标本身,尤其是不再思考心中的终极目标和价值问题,而只关注任期内的指标达成问题,甚至为了达成指标,又将自己所承担的指标层层分解下去。久而久之,便会形成这样的组织氛围,即大家都只关心指标,甚至认为管理就是制定指标、分解指标、测量指标,用指标去实施管理,管理就是指标工具的运用,或者更简单地说,管理就是考核。当组织管理者已习惯了用考核代替管理之后,管理就被彻底工具化了,毕竟指标原本就是一种测量工具;而一旦管理被彻底工具化了,即便最基层的管理者面对的是已不能再分解的任务和指标,也要千方百计甚至荒唐地进行分解,最终给每个团队成员都制定出一套指标。这样一来,管理看上去的确变得极其简单了,完全消解在一系列指标之中,以至于都可以用高级的智能化机器来代替人完成指标,所谓"机器换人"的说法也就应运而生。但问题是,这样的组织还是人的组织吗?各种任务和指标真的能无限分解吗?这就好比一支足球队的比赛任务和赢球目标要被一直分解到每个场上球员的行为乃至动作一样荒唐。

但是,在现实的组织中,这种指标化管理的倾向的确存在,而习惯于这种指标化管理的管理者,早已经淡忘了指标所反映的目标,更不要说还能牢记心中的终极目标了。在指标无所不在的组织中，组织成员似乎都变成了指标下行动的"智能机器"，而指标也很像是驱动"智能机器"运转的算法和代码。人在指标下行动，就像"智能机器"在算法和代码下运转一样。追根溯源，造成这种局面的深层次原因，还是在于管理的"人性"前提，也即管理者所坚信的人之为人的本质特征到底是什么。正是由此出发，才有了组织和管理的终极目标，也才能派生出战略目标和运作目标，进而才会形成一系列关于运作目标的测量指标。但是，如果管理者忘记了终极目标，甚至将终极目标设置在不恰当的"人性"前提之上，自然就会割裂指标和目标，错把手段当目标，以至于完全无视管理决策的价值前提。这恰是《大学》专门要强调"国不以利为利，以义为利也"①的深刻原因。

上述有关儒家管理"求善"的理解上的三个误区，从根本上说，都是因为没有将"求善"视为儒家管理者内在的信念和终极价值尺度，而只是向外过分关注了那些与个体或小群体相关的资源、利益和指标。对于儒家管理者而言，只有建立起"求善"这个内在价值尺度，才能由内而外地赋予资源、利益和指标以意义，也才能在各种管理情境中更有效地做出关于人和事的决策。孔子说："唯仁者，能好人，能恶人。"②孟子则更明确地指出："权，然后知轻重；度，然后知长短。物皆然，心为甚。"③这说的都是儒家管理者必须首先在心中建立起基于"人性"德性内涵的终极价值尺度，进而才能在管理实践中真正做到"亲亲而仁民，仁民而爱物"。④

秉持孔子和孟子的"求善"宗旨，王阳明曾说："至善者，明德、亲民之极则也。……至善之发见，是而是焉，非而非焉，轻重厚薄，随感随应，变动不居，而亦莫不自有天然之中，是乃民彝物则之极，而不容少有议拟增损于其间也。"进而又指出："明明德、亲民，犹修己安百姓。明德、亲民无他，惟在止于至善，尽其心之本体，谓之止至善。"⑤王阳明做管理，始终致力于追求"至善"，并将之作

---

①　张钢：《大学·中庸的管理释义》，机械工业出版社 2017 年版，第 61—68 页。

②　张钢：《论语的管理精义》，机械工业出版社 2015 年版，第 84—85 页。

③　张钢：《孟子的管理解析》，机械工业出版社 2019 年版，第 27—37 页。

④　张钢：《孟子的管理解析》，机械工业出版社 2019 年版，第 526—528 页。

⑤　［明］王守仁撰，吴光、钱明、董平、姚延福编校：《王阳明全集》，上海古籍出版社 2011 年版，卷二十六，第 1067；卷三十二，第 1316 页。

为内心的终极价值尺度,用他的话说即"至善只是此心纯乎天理之极便是"①。基于此,作为管理者的王阳明,在做各种管理决策时,都会有内在的一定之规,而不会被眼前外部的资源、利益和指标迷住眼睛,牵着鼻子走。最能反映王阳明"求善"管理实践的典型案例,莫过于他在平定"宁王之乱"后,对极为错综复杂管理局面的出色应对。

正德十四年(1519)七月二十七日,王阳明全歼宁王朱宸濠叛军余部,彻底平定了"宁王之乱"。七月三十日,王阳明即向朝廷上《擒获宸濠捷音疏》,同时还上了《旱灾疏》,通报江西省正面临的严重旱灾。八月十六日,王阳明又接到朝廷新的任命,以提督军务兼任江西巡抚,负责江西战后重建工作。② 这说明武宗皇帝和朝廷大臣们已经接到王阳明的奏疏,也知道叛乱已平定,战事已结束,但不可思议的是,武宗皇帝竟还要御驾亲征,并自封为"总督军务威武大将军总兵官后军都督府太师镇国公",又任命安边伯许泰为总督军务,平虏伯江彬为提督,左都督刘翚为总兵官,太监张忠为提督军务,太监张永为提督,太监魏彬为提督,兵部侍郎王宪为督理粮饷,率大军赶赴江西征讨叛贼。③

王阳明得到这个消息后,旋即于八月十七日上《请止亲征疏》,再次说明叛贼已被擒获,余党均已扫荡,力劝武宗不必劳师扰民亲征,而且,还请求朝廷允许自己押解宁王朱宸濠等一杆逆贼上京。但是,武宗皇帝主意已定,任何人的劝阻也再难起作用。八月二十二日,武宗皇帝亲率征讨大军,浩浩荡荡离京南下。

面对武宗皇帝如此荒唐的决策,王阳明并没有从自身的利害得失去考虑问题,而是从心中"求善"这个终极价值尺度出发,首先想到的是江西刚罢兵祸,又遭旱灾,民众的生活已极度穷苦,若再加上皇帝亲征大军的骚扰,那可要比雪上加霜不知悲惨几多。接下来,王阳明不顾个人安危,想尽一切办法,要阻止武宗皇帝南下江西,其动机皆源于儒家管理"求善"这个根本价值准则。其实,还早在宁王朱宸濠叛乱之初,王阳明在上《奏闻宸濠伪造檄榜疏》时,就

---

① [明]王守仁撰,吴光、钱明、董平、姚延福编校:《王阳明全集》,上海古籍出版社 2011 年版,卷一,第 3 页。
② 束景南:《王阳明年谱长编》,上海古籍出版社 2017 年版,第 1177 页。
③ 束景南:《王阳明年谱长编》,上海古籍出版社 2017 年版,第 1179 页。

曾在奏疏中借"宁王之乱",直言劝谏武宗皇帝。王阳明写道：

> 臣闻多难兴邦，殷忧启圣。陛下在位一十四年，屡经变难，民心骚动，尚尔巡游不已，致宗室谋动干戈，冀窃大宝。且今天下之觊觎，岂特一宁王；天下之奸雄，岂特在宗室。言念及此，懔骨寒心。昔汉武帝有轮台之悔，而天下向治；唐德宗下奉天之诏，而士民感泣。伏望皇上痛自刻责，易辙改弦，罢出奸谀以回天下豪杰之心，绝迹巡游以杜天下奸雄之望，定立国本，励精求治，则太平尚有可图，群臣不胜幸甚。①

但令人遗憾的是，王阳明的劝谏并没有让武宗皇帝警醒，反而他还想借"亲征"再来一次南下"巡游"。王阳明没有放弃劝阻武宗皇帝南下的努力，到九月十一日，便按照八月十七日《请止亲征疏》中的承诺，从南昌出发，北上献俘。② 此前，武宗皇帝曾多次命令王阳明停止献俘，等候圣驾，而王阳明则为江西民众考虑，仍按原计划用献俘来阻止武宗皇帝南下江西。

十月初，王阳明一行到达杭州。十月九日在杭州，王阳明将宁王朱宸濠等俘虏移交给奉命前来的太监张永，并向张永详述了江西现状，请张永代为劝阻武宗皇帝南下。王阳明由于身体原因暂留杭州养病。

王阳明执意献俘，极力阻止皇帝亲征大军南下，不仅让武宗皇帝大为不满，更让武宗皇帝身边的宠臣如许泰、张忠、江彬等怀恨在心，他们率先头部队万余人在十月中旬便抵达南昌。③ 京军涌入，让本已脆弱的南昌城不堪重负。更有甚者，许泰等还借着搜捕反叛余孽的名义，滥杀平民，冒充军功，激起严重的军民对立情绪。到十一月中旬王阳明返回南昌时，城里的局面已危如累卵。许泰、张忠等假皇帝之威，祸害当地民众，对比"宁王之乱"，有过之而无不及。他们竟然还散布谣言，说王阳明原是宁王朱宸濠的同谋，因见朝廷出兵，不得已才将宁王抓获。面对如此凶险局势，王阳明平心静气，沉着应对。十一月十五日，王阳明发布《告谕军民》，其中写道：

---

① ［明］王守仁撰，吴光、钱明、董平、姚延福编校：《王阳明全集》，上海古籍出版社 2011 年版，卷十二，第 439 页。

② 束景南：《王阳明年谱长编》，上海古籍出版社 2017 年版，第 1189 页。

③ 束景南：《王阳明年谱长编》，上海古籍出版社 2017 年版，第 1211 页。

　　告谕军民人等，尔等困苦已极，本院才短知穷，坐视而不能救，徒含羞负愧，言之实切痛心。今京边官军，驱驰道路，万里远来，皆无非为朝廷之事，抛父母，弃妻子，被风霜，冒寒暑，颠顿道路，经年不得一顾其家，其为疾苦，殆有不忍言者，岂其心之乐居于此哉？况南方卑湿之地，尤非北人所宜，今春气渐动，瘴疫将兴，久客思归，情怀益有不堪。尔等居民，念自己不得安宁之苦，即须念诸官军久离乡土，抛弃家室之苦，务敦主客之情，勿怀怨恨之意，亮事宁之后，凡遭兵困之民，朝廷必有优恤。今军马塞城，有司供应，日不暇给；一应争斗等项词讼，俱宜含忍止息；勿辄告扰，各安受尔命，宁奈尔心。本院心有余而力不足，聊布此苦切之情于尔百姓，其各体悉无怨。①

　　王阳明写此告谕，立足于共同利益或"善"，以建立各方共同理解为目标，心地坦荡，言辞恳切，晓之以理，动之以情。这样的告谕确实能深入人心，不愧是儒家管理公告的经典范本。

　　与此同时，王阳明还安排基层管理人员遍告南昌居民，若有可能，尽量暂时避居乡间，以免被京军骚扰，城里只需留下老弱看门即可。对于京军官兵，王阳明同样是关心体恤，"每出，遇北军丧，必停车问故，厚与之槥，嗟叹乃去。久之，北军咸服"②。

　　转眼便到是年十一月二十二日冬至，王阳明提前预告居民，冬至日全城祭奠亡灵。时值"宁王之乱"后的第一个冬至，整个南昌城"哭亡酹酒者声闻不绝。北军无不思家，泣下求归"③。王阳明同时还发布了《济幽榜文》，其中写有这样的话："木有根，水有源，谁念门中之宗主；阳为神，阴为鬼，孰怜境上之孤魂？三年两不收，倾沟壑岂无饿殍；十去九不回，溺江湖亦有英雄。并山川草木之精灵，及贫穷鳏寡之孤独，仓惶凄惨，寂寞萧条。几个黄昏几个夜，吊祭有

---

　　① ［明］王守仁撰，吴光、钱明、董平、姚延福编校：《王阳明全集》，上海古籍出版社2011年版，卷十七，第656页。

　　② ［明］王守仁撰，吴光、钱明、董平、姚延福编校：《王阳明全集》，上海古籍出版社2011年版，卷三十四，第1401页。

　　③ ［明］王守仁撰，吴光、钱明、董平、姚延福编校：《王阳明全集》，上海古籍出版社2011年版，卷三十四，第1401页。

谁；一番风雨一番沙，超生无路。"①读后无不令人动容。

　　许泰、张忠等见王阳明大得人心，尤其是京军官兵也开始敬服王阳明，深感不安，便想找机会让王阳明难堪出丑。他们自以为来自北方，身高马大擅骑射，而王阳明是南方人，虽也带兵，但毕竟是文官，射箭水平一定很差，于是以校场演武之名，提出与王阳明比试射箭。王阳明再三推辞不过，便请他们先各射三箭。许泰、张忠、刘翚每人三箭，结果射出的九箭之中，许泰的一箭射到靶子上方，张忠的一箭射进靶子角落，而其余七箭均脱靶。三人尴尬至极，只好寄希望于王阳明的成绩更差。王阳明气定神闲，连发三箭，皆中靶心。校场官兵齐声欢呼喝彩，这让许泰、张忠、刘翚三人更是无地自容。② 此后不久，许泰等便领京军离开南昌北归。

　　许泰、张忠、江彬到达南京后，向时在南京的武宗皇帝进谗言，诬陷王阳明与宁王朱宸濠本有勾结，看形势不利，才反戈一击，现在手握重兵，恐有谋反之心。他们还建议武宗皇帝召王阳明来南京觐见，说王阳明必不敢来。武宗皇帝遂于十二月二十七日下诏，要王阳明来南京觐见。正德十五年（1520）正月初一，武宗皇帝的使者到达南昌，王阳明当日便与来使一道启程赶赴南京。正月初八，王阳明到达芜湖，而江彬、张忠则派人来芜湖，阻止王阳明前往南京。王阳明不得已退入九华山，隐居了半个月。

　　到正月二十三日，武宗皇帝派锦衣卫到九华山窥探王阳明，发现并无反状，便再下诏让王阳明去南京觐见，而当王阳明将至南京时，武宗皇帝又下旨让王阳明返回江西，安定军民。③ 王阳明终究还是没能面见武宗皇帝。但是，这年二月，在武宗皇帝命令张永、张忠、许泰等审问宁王朱宸濠时，朱宸濠却反诬王阳明，参与审问的监察御史也诬奏王阳明与宁王朱宸濠有勾结，王阳明的处境岌岌可危。幸有参与审问的纪功兵科给事中齐之鸾④秉公直言，七次上疏替王阳明申辩，诬告一事才不了了之。⑤ 可见，对于王阳明来说，庙堂之上较之

---

　　① 束景南：《王阳明年谱长编》，上海古籍出版社 2017 年版，第 1215—1216 页。

　　② ［日］冈田武彦著，袁斌、孙逢译：《王阳明大传》（下），重庆出版社 2015 年版，第 83—85 页。

　　③ 束景南：《王阳明年谱长编》，上海古籍出版社 2017 年版，第 1222—1230 页。

　　④ 齐之鸾（1483—1534），字瑞卿，号蓉川，安徽桐城人，正德六年（1511）进士，入选翰林院庶吉士，曾任刑部主事中，南京刑部郎中，陕西宁夏佥事，河南提学副使、按察使等，是明朝著名直臣。

　　⑤ 束景南：《王阳明年谱长编》，上海古籍出版社 2017 年版，第 1247—1249 页。

于战场之上,局势要险恶得多。

即便面对如此险恶局势,王阳明也泰然处之,早已将个人荣辱得失置之度外。秉持儒家"求善"宗旨,王阳明一回南昌,便全身心地投入江西的战后重建之中。是年二月,王阳明先在东乡、安仁、余干等县推行《十家牌法》,稳定社会治安,实施地方治理;三月又上《乞宽免税粮急救民困以弥灾变疏》,报告江西旱灾加兵乱,财源枯竭,困顿已极,恳请豁免江西粮税之征;五月再上《计处地方疏》,拟将收缴的宁王朱宸濠田产变卖后,替民众缴税,以尽最大努力减轻民众负担。王阳明在这封奏疏的开篇即写道:"臣惟财者民之心也,财散则民聚;民者邦之本也,本固则邦宁。故文帝以赐租致富乐之效,太宗以裕民成给足之风。君民一体,古今同符。"①由此不难窥见王阳明的良苦用心,既为当地民众生计着想,又要考虑朝廷的税费收入,总是千方百计寻找能实现一举多得的解决方案。

这年六月,王阳明来到赣州,一方面视察军队,操练阵法,加强地方武装力量,以维持长期安定;另一方面则大兴社学,复原书院,大力发展教育事业,以实现移风易俗。亦武亦文,双管齐下。王阳明的一切管理措施,都是立足于儒家"求善"这个终极价值尺度,完全从江西长治久安出发考虑问题,丝毫不计个人得失。在赣州发生的一件事,便很能说明问题。六月下旬,王阳明在赣州练兵时,江彬特派人前来察看,而此时关于王阳明有谋反之心的构陷尚未彻底消除,因此,王阳明练兵的举动就显得格外显眼和敏感。人们纷纷劝王阳明返回省城南昌,不必再招猜忌。王阳明却泰然自若地说:"公等何不讲学,吾昔在省城,处权竖,祸在目前,吾亦帖然;纵有大变,亦避不得。吾所以不轻动者,亦有深虑焉耳。"②王阳明还特地作了一首《啾啾吟》,以表达一位真正的儒家管理者在当时境遇下所应有的心态:

---

① [明]王守仁撰,吴光、钱明、董平、姚延福编校:《王阳明全集》,上海古籍出版社 2011 年版,卷十三,第 476 页。

② [明]王守仁撰,吴光、钱明、董平、姚延福编校:《王阳明全集》,上海古籍出版社 2011 年版,卷三十四,第 1406 页。

知者不惑仁不忧，君胡戚戚眉双愁？

信步行来皆坦道，凭天判下非人谋。

用之则行舍即休，此身浩荡浮虚舟。

丈夫落落掀天地，岂顾束缚如穷囚！

千金之珠弹鸟雀，掘土何烦用镉镂？

君不见东家老翁防虎患，虎夜入室衔其头？

西家儿童不识虎，执杆驱虎如驱牛。

痴人惩噎遂废食，愚者畏溺先自投。

人生达命自洒落，忧谗避毁徒啾啾！①

　　在这首诗里，王阳明开篇便引用孔子的话"知者不惑，仁者不忧，勇者不惧"②，而"知""仁""勇"则被称为儒家的"三达德"③，以此奠定了这首诗的基调；接着又引用孔子对颜回的评价"用之则行，舍之则藏，惟我与尔有是夫"④，进一步阐明儒家管理者超越个人得失，执着追求内心之"道"或"良知"的坚定意志。这恰是王阳明在面对危局时真实心态的生动写照。

　　从正德十四年（1519）七月王阳明平定"宁王之乱"，到正德十五年（1520）七月，整整一年过去了，武宗皇帝和他的亲征大军仍滞留南京，原因是找不到适当理由来彰显亲征功绩，皇帝的颜面如何放得下？为此，武宗皇帝以"大将军钧帖"的形式给王阳明下命令，让他重上"捷音"奏疏。王阳明于七月十七日奉命上奏《重上江西捷音疏》，其中突出了"总督军务威武大将军总兵官后军都督府太师镇国公"也即武宗皇帝的领导之功，也加上了张永、张忠、许泰、江彬、刘翚等领兵征剿的内容。⑤ 收到王阳明这份新上的奏疏后，武宗皇帝开始考虑北返的事，直到闰八月中旬，才从南京动身，至十二月十日返回北京。在到达北京前的十二月五日，宁王朱宸濠被赐死。至此，"宁王之乱"暂告一段落。

---

　　① ［明］王守仁撰，吴光、钱明、董平、姚延福编校：《王阳明全集》，上海古籍出版社 2011 年版，卷二十，第 863 页。

　　② 张钢：《论语的管理精义》，机械工业出版社 2015 年版，第 263—264 页。

　　③ 张钢：《大学·中庸的管理释义》，机械工业出版社 2017 年版，第 134—142 页。

　　④ 张钢：《论语的管理精义》，机械工业出版社 2015 年版，第 182—183 页。

　　⑤ ［明］王守仁撰，吴光、钱明、董平、姚延福编校：《王阳明全集》，上海古籍出版社 2011 年版，卷十三，第 480—484 页。

　　到这个时候，距离王阳明擒获宁王朱宸濠，差不多一年半的时间已经过去了。这期间王阳明先是竭力阻止武宗皇帝南下"亲征"，后又千方百计促使武宗皇帝返回北京，可谓殚精竭虑，受尽屈辱，却又始终不渝，哪怕违心地重上"捷音"奏疏，也在所不辞。因为王阳明心中的根本价值尺度是更广大且长远的共同利益，在儒家的"求善"宗旨下，个人荣辱又能算得了什么；而且，此种经历，恰是儒家管理者"事上磨练"的机会，正可由此磨砺自我的"真吾"本体。王阳明曾说："居常无所见，惟当利害，经变故，遭屈辱，平时愤怒者到此能不愤怒，忧惶失措者到此能不忧惶失措，始是能有得力处，亦便是用力处。天下事虽万变，吾所以应之，不出乎喜怒哀乐四者。此为学之要，而为政亦在其中矣。"①这或许正是为什么王阳明自平定"宁王之乱"后便专讲"致良知"的深刻原因。王阳明后来曾明确地说："某于'良知'之说，从百死千难中得来，非是容易见得到此。"②

　　虽然武宗皇帝归京后，扰动天下不得安宁的"亲征"总算结束，但是，武宗皇帝的一班宠臣并未善罢甘休。张忠、许泰、江彬等仍在想尽办法罗织罪名，诬陷王阳明，为此还将王阳明的弟子冀元亨③下狱，严刑拷问。直到正德十六年（1521）三月武宗皇帝驾崩，不久江彬等佞臣被抓，四月世宗皇帝继位，冀元亨冤案昭雪，形势才稍有好转，但不幸的是，冀元亨在出狱前五天病逝狱中。新皇帝登基，杨廷和④为辅政大臣。杨廷和素与兵部尚书王琼不和，不久，王琼竟被罢官下狱。当年王琼力荐王阳明南赣剿匪，并一路支持王阳明，结果在新皇帝和他的辅政大臣面前，王阳明又因王琼而再次陷入困境和磨难之中，以至于平定"宁王之乱"的功绩迟迟得不到认可，而杨廷和也成功地阻止了新皇帝

　　①　［明］王守仁撰，吴光、钱明、董平、姚延福编校：《王阳明全集》，上海古籍出版社 2011 年版，卷四，第 173－174 页。

　　②　［明］王守仁撰，吴光、钱明、董平、姚延福编校：《王阳明全集》，上海古籍出版社 2011 年版，卷四十一，第 1747 页。

　　③　冀元亨（1482—1521），字惟乾，湖广武陵（今湖南常德）人，正德十一年（1516）中举人，是王阳明弟子。王阳明在南赣剿匪期间，宁王朱宸濠曾派人向王阳明问学，王阳明遂安排冀元亨去宁王朱宸濠处讲学，后来这成为张忠、许泰诬陷王阳明与宁王朱宸濠私下勾结的重要证据，冀元亨也因此被捕下狱，受尽折磨，但冀元亨始终没有屈服。

　　④　杨廷和（1459—1529），字介夫，号石斋，四川成都人，成化十四年（1478）进士，选翰林院庶吉士，曾任翰林检讨、行人司司正、湖广提学佥事、詹事府少詹事、南京吏部左侍郎、南京户部尚书、吏部尚书、内阁首辅等。

对王阳明的召见。

一直要等到正德十六年（1521）十二月十九日，王阳明才在家乡归省期间接到朝廷封赏的圣旨，王阳明受封新建伯，进光禄大夫、柱国，兼南京兵部尚书。这迟到了整整两年半的封赏，还多有不实，不仅王阳明本人的封赏并未完全兑现，更严重的是，其他追随王阳明平叛的各级管理者大多没有得到奖励，不少还被明升暗降。接到受封的圣旨后，王阳明随即于嘉靖元年（1522）正月初十，上《辞封爵普恩赏以彰国典疏》。王阳明在这封奏疏中写道：

> 人臣之事君也，先其事而后其食，食且不可，而况于封爵乎？且臣之所以不敢受爵，其说有四，然亦不敢不为陛下一陈其实矣：

> 宁藩不轨之谋，积之十数年矣，持满应机而发，不旬月而败，此非人力所及也。上天之意，厌乱思治，将启陛下之神圣，以中兴太平之业，故蹶其谋而夺之魄。斯固上天之为之也，而臣欲冒之，是叨天之功矣。其不敢受者一也。

> 先宁藩之未变，朝廷固已阴觉其谋，故改臣以提督之任，假臣以便宜之权，使据上游以制其势。故臣虽仓卒遇难，而得以从宜调兵，与之从事。当时帷幄谋议之臣，则有若大学士杨廷和等，该部调度之臣，则有若尚书王琼等，是皆有先事御备之谋，所谓发纵指示之功也。今诸臣未蒙显褒，而臣独冒膺重赏，是掩人之善矣。其不敢受者二也。

> 变之初起，势焰熻炽，人心疑惧退沮。当时首从义师，自伍文定、邢珣、徐琏、戴德孺诸人之外，又有知府陈槐、曾玙、胡尧元等，知县刘源清、马津、傅南乔、李美、李楫及杨材、王冕、顾似、刘守绪、王轼等，乡官都御史王懋中，编修邹守益，御史张鳌山、伍希儒、谢源等，诸人臣今不能悉数，其间或摧锋陷阵，或遮邀伏击，或赞划谋议，监录经纪。虽其平日人品，或有清浊高下，然就兹一事而言，固亦咸有捐躯效死之忠，勤力勤王之绩，所谓同功一体者也。……复有举人冀元亨者，为臣劝说宁濠，反为奸党构陷，竟死狱中。……夫倡义调兵，虽起于臣，然犹有先事者为之指措。而勤力成功，必赖于众，则非臣一人之所能独济也。乃今诸将士之赏尚多未称，而臣独蒙冒重爵，是袭下之能矣。其不敢受者三也。

> ……且臣近年以来，忧病相仍，神昏志散，目眩耳聋，无复可用于世。

兼之亲族颠危，命在朝夕。又不度德量分，自知止足，乃冒昧贪进，据非其有，是忘己之耻矣。其不敢受者四也。

夫殃莫大于叨天之功，罪莫甚于掩人之善，恶莫深于袭下之能，辱莫重于忘己之耻。四者备而祸全，故臣之不敢受爵，非敢以辞荣也，避祸焉尔已。①

王阳明在上这封奏疏的同时，还给内阁辅臣寄书一封，一方面是再次阐明自己辞封爵理由，另一方面更要紧的是，专门对阁臣们改造删削纪功册，致使大多数有功人员得不到奖励的做法进行抗辩。但遗憾的是，王阳明的奏疏和书信都没有得到回复。至十月三十日，王阳明再上《再辞封爵普恩赏以彰国典疏》。在这封奏疏中，王阳明进一步阐述了上封奏疏中的第三个理由，即"乃今诸将士之赏多未称，而臣独蒙冒重爵，是袭下之能矣"。王阳明说：

朝廷爵赏，本以公于天下，而臣以一身掠众美而独承之，是臣拥闭朝廷之大泽，而使天下有不均之望也，罪不滋重已乎？……古者赏不逾时，欲人速得为善报也。今效忠赴义之士延颈而待，已三年矣。……窃惟宸濠之变，实起仓卒，其气势张皇，积威凌劫，虽在数千里外，无不震骇失措，而况江西诸郡县近切剥床，触目皆贼兵，随处有贼党。当此之时，臣以逆旅孤身，举事其间，虽仰仗威灵以号召远近，然而未受巡抚之命，则各官非统属也；未奉讨贼之旨，其事乃义倡也；若使其时郡县各官果怀畏死偷生之心，但以未有成命，各保土地为辞，则臣亦可何如哉？然而闻臣之调即皆感激奋励，或提兵而至，或挺身而来，是非真有捐躯赴难之义，勠力报主之忠，孰肯甘粉齑之祸，从赤族之诛，蹈必死之地，以希万一难冀之功乎？然则凡在与臣共事者，皆有忠义之诚者也。夫均秉忠义之诚以同赴国难，而功成行赏，臣独当之，人将不食其余矣。此臣所为不敢受也。……

人于平居无事，扼腕抵掌而谈，孰不曰我能临大节，死大难。及当小小利害，未必至于死也，而或有仓皇失措者有矣。又况矢石之下，剑刃之间，前有必死之形，而后有夷灭之祸，人亦何不设以身处其地而少亮之乎？

---

① ［明］王守仁撰，吴光、钱明、董平、姚延福编校：《王阳明全集》，上海古籍出版社 2011 年版，卷十三，第 502—505 页。

夫考课之典,军旅之政,固并行而不相悖;然亦不可以混而施之。今人方有可录之功,吾且遂行其赏可矣。纵有既往之怨,亦得以今而赎。但据其显然可见者,毋深求其隐然不可见者赏行矣。而其人之过犹未改也,则从而行其黜谪。人将曰:昔以功而赏,今以罪而黜,功罪显而劝惩彰矣。今也将明军旅之赏,而阴以考课之意行于其间,人但见其赏未施而罚已及,功不录而罪有加,不能创奸警恶,而徒以阻忠义之气,快谗嫉之心。……

臣始遇变于丰城也,盖举事于仓卒茫昧之中,其时岂能逆睹其功之必就,谓有今日爵赏之荣而为哉? 徒以事关宗社,是以不计成败利钝,捐身家,弃九族,但以输忠愤而死节,是臣之初心也。……今臣受殊赏而众有未逮,是臣以虚言罔诱其下,竭众人之死而共成之,掩众人之美而独取之,见利忘信,始之以忠信,终之以贪鄙,外以欺其下,而内失其初心,亦何颜面以视其人乎? 故臣之不敢独当殊赏者,非不知封爵之为荣也,所谓有重于封爵者,故不为苟得耳。①

王阳明的这封奏疏送达朝廷后,世宗皇帝有口谕:"卿剿平祸乱,功在社稷。朝廷特加封爵,义不容辞。余下所司议行之。"②此后也就自然没有了下文,追随王阳明平定"宁王之乱"的诸多有功之臣仍未得到应有的奖励。但是,透过王阳明这两封请辞封爵的奏疏,不难体察到王阳明心中那个坚定而又明确的儒家"求善"价值尺度,以及建基于这个根本价值尺度的深邃而又务实的儒家管理思想。王阳明的这两封奏疏,也是他平定"宁王之乱"的心路历程的回顾和总结。

面对"宁王之乱",王阳明之所以能临危自命,勇于担当,主动平叛,其动机绝非日后封爵或建立什么不朽功业,而完全是来自内心的儒家信念和价值观,是立足于"求善"这个根本价值尺度的必然选择。这也就是王阳明在第二封辞爵奏疏里说的"初心"。也正因为有了这样的"初心",王阳明才会形成"所谓有

---

① [明]王守仁撰,吴光、钱明、董平、姚延福编校:《王阳明全集》,上海古籍出版社 2011 年版,卷十三,第 505—510 页。

② 束景南:《王阳明年谱长编》,上海古籍出版社 2017 年版,第 1500 页。

重于封爵者,故不为苟得耳"的选择优先序。王阳明曾明确地说:"毁誉荣辱之来,非独不以动其心,且资之以为切磋砥砺之地。故君子无入而不自得,正以其无入而非学也。若夫闻誉而喜,闻毁而戚,则将惶惶于外,惟日之不足矣,其何以为君子!……君子不求天下之信己也,自信而已。吾方求以自信之不暇,而暇求人之信己乎?"①

王阳明这里所说的"自信",指的是相信心中那个"真吾"本体,即"良知",也就是"初心"及其固有的"求善"价值尺度。若能建立起这种儒家意义上的"自信",那么,又何愁天下之不信己呢?正所谓"人同此心,心同此理",人人皆有"良知"在,"自信"也就是他信。王阳明在平定"宁王之乱"时,之所以能做到振臂一呼,应者云集,勠力同心,共赴危难,其根本原因恰在于此。可以说,王阳明的平叛之路与他的思想之路并行不悖。更重要的是,王阳明并没有因为平叛之后所遭受的屈辱和磨难而改变"初心",也从来没有放弃"求善"这个根本价值尺度,仍然一如既往,在"致良知"的道路上勇猛精进,哪怕到了生命的最后一刻。

嘉靖六年(1527)九月八日,56岁的王阳明从家乡启程,去广西思恩、田州平乱。这是王阳明第三次也是最后一次承担军事管理职责。第一次是南赣剿匪,第二次是平定"宁王之乱",而这次则要远赴广西边陲,必将面临更大的不确定性挑战。

自明朝初年,广西思恩、田州便由当地土著岑氏管理。弘治末年,因岑氏内讧,朝廷推行"改土归流"政策,即思恩、田州地方长官改由朝廷任命而非土著世袭,原田州知府岑猛降为福建平海卫千户。岑猛心中不满,拒不赴任,并开始积蓄力量,企图重回田州知府的位子。到嘉靖四年(1525),岑猛已兵强马壮,此前还攻泗城,陷州府,号称要夺回祖业。于是地方官上疏朝廷,告岑猛谋反,请求发兵征讨。嘉靖五年(1526)四月,右都御史提督军务姚镆②率八万大军前去征讨,旋即捕杀岑猛父子。姚镆遂上捷报,并请改田州为"流官"制,得

---

① [明]王守仁撰,吴光、钱明、董平、姚延福编校:《王阳明全集》,上海古籍出版社2011年版,卷六,第231页。

② 姚镆(1465—1538),字英之,浙江慈溪人,弘治六年(1493)进士,曾任礼部主事、员外郎、广西提学金事、贵州按察使、右副都御史、工部右侍郎、右都御史提督两广军务兼巡抚等。

到批准。但是,嘉靖六年(1527)五月,田州土目卢苏与思恩土目王受相约起兵,力图恢复田州和思恩的"土官"制。卢苏和王受各率数万之众,攻下田州和思恩府城。姚镆虽兵败,但还想要再调集四省重兵前来围剿。① 正是在这样的背景下,朝廷决定罢免姚镆,任命王阳明为提督两广及江西、湖广等地方军务。

嘉靖六年(1527)十一月二十日,王阳明抵达广西梧州府,随即正式着手处理思恩、田州事务。其实,还在赴广西途中,王阳明就已经开始详细了解思恩、田州的各方面情况,并为平乱进行了必要的军事和后勤准备。这从他沿途给各地发布的公文命令即可窥见一斑。王阳明在赴广西途中,先后发布了《牌行江西都司操阅军马》《牌行江西布政司备办钱粮》《牌行江西按察司监视行罚》《湖兵进止事宜》《行南韶二府招集民兵牌》《案仰广东岭东岭南岭西海南海北及广西桂林苍梧左江右江等道行十家牌法》等。

到达梧州后,王阳明又对思恩、田州的历史和现状进行了详尽考察,尤其是对卢苏和王受的反叛背景及二人是否真有投诚之意进行了深入探访,最终形成了解决问题的基本思路,并于十二月一日上《赴任谢恩遂陈肤见疏》。在这封奏疏中,王阳明详细介绍了查访到的广西思恩、田州事件的来龙去脉,并对之做出深入剖析,最后给出两条解决问题的建议:

第一,开释卢苏、王受之罪,实施招抚策略。卢苏和王受的诉求仅是要恢复当地的"土官"制而非要谋反。若一定要调集四省重兵加以围剿,虽或可成功,"然此必多调军兵,多伤士卒,多杀无罪,多费粮饷,又不足以振扬威武,信服诸夷,仅能取快于二酋之愤,而忘其遗患于两省之民,但知邀功于目前,而不知投艰于日后。此人臣喜事者之利,非国家之福,生民之庇,臣所不忍也"。

第二,放弃"改土归流"政策,在思恩、田州恢复"土官"制,这样才可能从根本上保证当地的长治久安。或许人们会说,朝廷刚实施"流官"制,又马上改回去,似有政策多变之嫌,恐招非议,但这种观点无异于"宁使一方之民久罹涂炭,而不敢明为朝廷一言,宁负朝廷而不敢犯众议。甚哉! 人臣之不忠也。苟利于国而庇于民,死且为之矣,而何人言物议之足计乎?"②

---

① 董平:《王阳明的生活世界》,商务印书馆 2018 年版,第 298—301 页。
② [明]王守仁撰,吴光、钱明、董平、姚延福编校:《王阳明全集》,上海古籍出版社 2011 年版,卷十四,第 513—518 页。

王阳明上奏疏的第二天,即十二月二日,朝廷又追加任命王阳明兼两广巡抚。十二月三日,王阳明即启程赴南宁,在途经平南时,与已卸任的右都御史姚镆办理交接手续,并与当地主要文武官员商讨解决思恩、田州之乱的方案,最终决定实施招抚而非武力征剿。

十二月二十六日,王阳明抵达南宁,着手安排对卢苏、王受的招抚事宜,将原已集结各处准备参与征剿的军队解散,几日内便解散数万人。消息传出,本无谋反之意的卢苏、王受看到了希望,遂于嘉靖七年(1528)正月初七日派手下黄富等人来南宁府向王阳明表达投诚意愿。王阳明抚慰黄富等人,并要他们转告卢苏、王受,限二十日内率部投降,否则便进兵剿灭。正月二十六日,卢苏率四万余人,王受率三万余人,前来南宁府归降。二月八日,卢苏、王受率部回到原驻地,恢复正常生产和生活。至此,王阳明未动一兵一卒,便平息了思恩、田州之乱。

二月十三日,王阳明上《奏报田州思恩平复疏》,其中,不仅详细汇报了招抚始末,而且还提出了安抚边疆地区的政策措施,进一步阐明了设立"土官"制的合理性,最后则总结道:"是以班师不待七旬,而顽夷即尔来格,不折一矢,不戮一卒,而全活数万生灵,是所谓'绥之斯来,动之斯和'者也。"[①]王阳明在平息思恩、田州之乱过程中,自始至终秉持着儒家"求善"的内在价值尺度,以谋求更广大且长远的共同利益为宗旨,来制定和实施各项管理措施,这集中体现在奏疏最后所引用的"绥之斯来,动之斯和"这句话中。

这句话是当年子贡对孔子表达的缅怀和敬仰之情,原话是:"夫子之得邦家者,所谓立之斯立,道之斯行,绥之斯来,动之斯和。其生也荣,其死也哀。如之何其可及也!"[②]意思是说,孔子若有机会做管理,一定会建立理想的管理体制和管理公德,也会用社会规范引导人们的行为,既能让人们安居乐业,又能让人们和睦共处。其中,"绥之斯来,动之斯和"体现的正是儒家管理模式"道之以德""齐之以礼"所达到的状态,而真正达到了民众安居乐业、和谐共处的状态,儒家"有耻且格"的管理目标自然也就实现了。这正是王阳明在平息

---

① [明]王守仁撰,吴光、钱明、董平、姚延福编校:《王阳明全集》,上海古籍出版社 2011 年版,卷十四,第 529 页。

② 张钢:《论语的管理精义》,机械工业出版社 2015 年版,第 548—549 页。

思恩、田州之乱时所要致力于追求的目标。

为此,王阳明于二月十五日上《地方紧急用人疏》,四月六日又上《处置平复地方以图久安疏》,七月六日再上《边方缺官荐才赞理疏》。这一系列奏疏都是从当地长治久安的角度提出的具有长远眼光、又切实可行的各种管理建议。另外,王阳明还颁发了《牌行灵山县延师设教》《牌行委官陈逅设教灵山》《牌行南宁府延师设教》《牌行委官季本设教南宁》等公文,在各地兴学校、施教化,以实现移风易俗,彻底根除未来发生变乱的可能性。也正是为当地长治久安计,王阳明于三月二十三日正式下令,进剿八寨、断藤峡匪寇。

八寨位于广西柳州上林县北部,与忻城县隔都泥江相望,江两岸悬崖高耸,其间散布八个寨子,故称八寨。沿都泥江东去,黔江两岸即断藤峡。^① 当地居民以瑶族、壮族为主,自明初开始,八寨、断藤峡便成为盗匪据点,他们不仅四处侵扰居民村落,还攻打县城州府,气焰颇为嚣张。明成化元年(1465),左金都御史韩雍^②曾率十六万大军进剿断藤峡,攻破三百二十四座山寨,赢得了二十年安定时光。正德五年(1510)以后,匪患复起,而嘉靖五年(1526)伴随思恩、田州之乱,八寨、断藤峡的匪患愈演愈烈,其声势远超既往,各府县不断有关于两处顽匪相互勾结、滋扰地方的呈报。^③ 因此,在王阳明成功平息思恩、田州之乱后,八寨、断藤峡的匪患便成为当地最大的不安定因素,直接威胁着民众的生产、生活及地方的和谐发展。

按理说,王阳明招抚卢苏、王受,思恩、田州之乱平息,朝廷交给王阳明的任务便告完成,而恢复"土官"制、兴办学校书院等,实际上已超出此次任务范围,更不要说进剿八寨、断藤峡这样的用兵之举,完全不在这次广西之行的任务之列,而且,这样做还有不待君命、擅自用兵之嫌。但是,王阳明立足于儒家"求善"这个根本价值尺度,从当地民众更广大且长远的共同利益出发,再次毅然地做出决策,要彻底剿灭危害当地数十年的八寨、断藤峡顽匪。实际上,还在二月思恩、田州之乱刚刚平息的时候,王阳明便开始秘密策划剿匪之事,并

① [日]冈田武彦著,袁斌、孙逢明译:《王阳明大传》(下),重庆出版社2015年版,第256页。
② 韩雍(1422—1478),字永熙,南直隶苏州府长洲县(今江苏苏州)人,正统七年(1442)进士,曾任御史、右金都御史、巡抚江西、大理寺少卿、兵部右侍郎、左金都御史、左都御史、提督两广军务等。
③ 董平:《王阳明的生活世界》,商务印书馆2018年版,第320—321页。

派出暗探前往八寨、断藤峡侦察,同时也开始对包括卢苏、王受所部在内的军队进行暗中部署,为剿匪做好了充分准备。①

清剿断藤峡、八寨之战开始于四月二日,四月十日破断藤峡,四月二十三日破八寨,随后又连破其他诸匪巢,将逃窜的余寇追至横水江彻底消灭,于六月中旬班师。② 前后不过两个半月,王阳明便彻底干净、不留后患地剿灭了凭借天险危害当地数十年的顽匪。

七月十日,王阳明上《八寨断藤峡捷音疏》,详述清剿全过程,并为各有功人员请求奖励。七月十二日,王阳明又上《处置八寨断藤峡以图永安疏》,提出确保当地长期和平安宁的治理措施,包括安全防御、垦荒兴农、添改县治等。王阳明在上疏朝廷之后,整个八月份都在自己力所能及的范围内,努力恢复当地民众的生产和生活,出台了一系列政策措施,也发布了相关公文和告谕,如《行左江道赈济牌》《批右江道议筑思恩府城垣呈》《奖劳剿贼各官牌》《告谕新民》等。

九月八日,朝廷使者至,携圣旨表彰王阳明平乱之功,圣旨曰:"王守仁受命提督军务,莅任未久,乃能开诚布恩,处置得宜,致令叛夷畏服,率众归降,罢兵息民,其功可嘉。写敕差行人赍去奖励,还赏银五十两,纻丝四表里,布政司买办羊酒送用。"③值得一提的是,前来颁旨的使者冯恩④借此机会执弟子礼,拜王阳明为师,成为王阳明的关门弟子。王阳明于九月二十日上《奖励赏赍谢恩疏》,奏疏中提到患病已久,卧床也有一个多月,请求回乡养病。⑤

事实上,王阳明是以带病之躯接受广西平乱任务的。在赴广西时,王阳明曾带着一位医生同行,一路都在服药调理,但因为路途遥远且艰辛,医生走到半道便借故回去了。到广西后,因水土不服,王阳明原本就有的肺疾更为严

---

① 董平:《王阳明的生活世界》,商务印书馆 2018 年版,第 322 页。

② 〔明〕王守仁撰,吴光、钱明、董平、姚延福编校:《王阳明全集》,上海古籍出版社 2011 年版,卷十五,第 555—566 页。

③ 〔明〕王守仁撰,吴光、钱明、董平、姚延福编校:《王阳明全集》,上海古籍出版社 2011 年版,卷十五,第 579 页。

④ 冯恩(1496—1576),字子仁,号南江,南直隶松江府华亭县(今上海松江)人,嘉靖五年(1526)进士,曾任南京御史、大理寺丞等。

⑤ 〔明〕王守仁撰,吴光、钱明、董平、姚延福编校:《王阳明全集》,上海古籍出版社 2011 年版,卷十五,第 579 页。

重,加之征剿八寨、断藤峡时天气炎热,深山密林间瘴气严重,这对王阳明的身体造成极大伤害,病情日渐加剧。在这种情况下,王阳明才不得不离开南宁,到广州治病,并待圣旨,以回故乡。在前往广州途中,舟行至湍急的乌蛮滩时,船夫说前面就是祭祀伏波将军马援的伏波庙,王阳明大吃一惊,仿佛回到四十年前梦见马援将军并做《梦中绝句》的情景。王阳明上岸拜谒了伏波庙,并作两首诗,其中第一首与四十年前的《梦中绝句》相呼应:

> 四十年前梦里诗,此行天定岂人为!
>
> 徂征敢倚风云阵,所过须同时雨师。
>
> 尚喜远人知向望,却惭无术救疮痍。
>
> 从来胜算归廊庙,耻说兵戈定四夷。①

到十一月一日,由于久等君命不至,而病情又日日加剧,王阳明遂上最后一封《乞骸骨疏》,并举荐林富②代自己巡抚两广,提督军务,"然后舁榇北行"③。十一月二十一日,翻越大庾岭,二十五日到达南安,二十八日晚舟停青龙铺,二十九日午时病逝于南安青龙铺。

据记载,王阳明乘船行至南安时,时任南安推官的王阳明弟子周积来见,"先生起坐,咳喘不已。徐言曰:'近来进学如何?'积以政对。遂问道体无恙。先生曰:'病势危亟,所未死者,元气耳。'积退而迎医诊药。二十八日晚泊,问:'何地?'侍者曰:'青龙铺。'明日,先生召积入。久之,开目视曰:'吾去矣!'积泣下,问:'何遗言?'先生微哂曰:'此心光明,亦复何言?'顷之,瞑目而逝。"④

王阳明用自己的一生,昭示和践行了儒家的德性信念及"求善"的内在价值准则,真正实现了由内圣而外王,完全符合子贡对孔子的敬仰之辞——"所

---

① [明]王守仁撰,吴光、钱明、董平、姚延福编校:《王阳明全集》,上海古籍出版社2011年版,卷二十,第878页。

② 林富(1475—1540),字守仁,号省吾,福建莆田人,弘治十五年(1502)进士,历任大理寺评事,袁州府同知,宁波府知府,广西参政,广东右布政使,兵部右侍郎兼右佥都御史,巡抚两广等,曾因忤刘瑾下狱,和王阳明是狱友,一起在狱中研读《周易》。

③ 束景南:《王阳明年谱长编》,上海古籍出版社2017年版,第2046页。

④ [明]王守仁撰,吴光、钱明、董平、姚延福编校:《王阳明全集》,上海古籍出版社2011年版,卷三十五,第1463页。

谓立之斯立，道之斯行，绥之斯来，动之斯和。其生也荣，其死也哀。"①

　　儒家管理的终极目标和根本价值尺度是"求善"，而"善"作为共同利益，既包括共同的物质利益，又包括共同的精神利益。正是这种意义上的共同利益，引领人们共同开创未来。未来并不是纯粹的时间概念，也不是等待人们进入的一种状态。未来是由人们共同创造出来的。人们不可能等着进入未来，而只能开创未来。不同组织的未来是不一样的，甚至每个人的未来也会有所不同。人们要共同开创未来，固然离不开物质资源，但物质资源之于未来的意义却是由人赋予的。人们之所以愿意结成共同体，首先是人们想象中的未来有交集，这就是共同的理想、共同的终极目标和愿景，以此为基础，人们才能赋予物质资源以共同的意义，进而共同开创未来。这充分表明，作为共同利益的"善"，其中的共同精神利益，早已蕴含着一种内在的信念和价值尺度。这种内在的信念和价值尺度，恰是儒家关于"真"的信念及由此派生出来的是非标准。

　　"真"有两种含义，也即存在两种意义上的"真"：一是规律之真，二是伦理之真。规律之真，指的是从"物"的视角来理解自然及生物意义上的"人"所得到的"真相""真理"。这是一种不依赖于人的主观愿望的事实存在性及其背后的原理，能够回答关于"物"的是什么和为什么类问题。正是规律之真，让人们理解了自然之"物"的存在和发展的合理性，并以此为基础，来更好地运用"物"，以创造更广大且长远的共同利益。人们对规律之真的执着追求、探索和利用，便集中体现在科学技术工程之中。虽然古代的科学技术工程远不如今天发达，但是，若没有人类自始至终对规律之真的追求、探索和利用及持续积累，也不会有今天的成就。更重要的是，不同文明传统虽然早期的科学技术工程发展各有特色，但都拥有一种共同的信念，即"物"是可认识和可理解的，一定存在着不依赖于人的主观意愿的事实及其原理。这就是一种关于规律之真的坚定信念及相应的问题意识：通过追问是什么，来努力还原真相；通过追问为什么，来执着蕲求真理。正是基于此，不管哪个文明传统，都会尊重事实、尊重真理。当人们说"事实胜于雄辩""有理走遍天下，无理寸步难行"时，所要表达的恰是对事实和真理的尊重，更是对规律之真的敬畏。

---

①　张钢：《论语的管理精义》，机械工业出版社 2015 年版，第 548—549 页。

　　但是,规律之真是从"物"的角度来看待"人",体现的是"人"与"物"的相通性,而没有立足于人之为人区别于"物"的特殊性。更进一步,关于"物"的是什么和为什么的回答,并不能自动得出人之为人应该如何的伦理诉求;而伦理则是指在人与人之间的互动关系中,人之为人所应该遵循的准则。这种人之为人所特有的伦理准则,即孔子说的"道",孟子称为"理",王阳明叫作"天理""良知",决定了人们在特定文化传统下应该如何思言行,也决定了人们应该怎样运用规律之真,以便有效使用物质资源来追求和创造更广大且长远的共同利益。这种本质上带有鲜明文化传统特色的、不依赖于个体或小群体的意愿而为人们所共同接受的人与人之间的关系准则,也就是伦理之真。正是这种伦理之真及其与规律之真的结合,让儒家管理的"求善"价值尺度有了更为坚实的基础。

　　与规律之真相比,伦理之真具有更为鲜明的文化传统根植性。也就是说,不同文化传统下的伦理之真会具有一定的独特性。虽然不同文化传统下的伦理之真在内容上往往也有交叉和重叠,但在来源及保证机制上,又有着鲜明特色;而且,伦理之真也会随着文化传统的发展以及不同文化传统之间的交互影响而发生改变。相对于自然界的演化来说,文化传统的变迁会更快,也更具有随机涌现的特征。

　　从深层次来看,伦理之真源于人们对人之为人的独特性的坚定信念。儒家坚信人的独特性在于德性,也就是孟子所说的"仁义礼智四端"及其向善的倾向性,由此派生出相应的社会规范及其对共同利益或"善"的追求。这样一来,儒家要培养的管理者,必然要以"求善"为内在价值尺度。但是,作为共同利益的"善",不仅意味着超越个体利益之上的组织整体利益,更意味着每个组织成员所应得的个体利益。对儒家管理者而言,"求善"不仅是要创造组织的整体利益,同时还要让每个组织成员都有获得感和幸福感,使共同利益切实惠及每位组织成员及利益相关者,而这便是儒家管理对"美"的追求。

　　儒家意义上的"美",并非纯粹的感官体验,而是带有更深层次的幸福内涵。幸福本质上是个体化的,它既包括物质层面的获得感,又具有精神层面的超越性,这与作为共同利益的"善"同时具有"物""心"两面含义是一致的。可以这样说,在儒家看来,"善"彰显的是"物""心"两面的共同利益,而"美"突出的则是"物""心"两面的个体利益。共同利益离不开个体利益,没有个体利益,也就没有共同利益;同时,共同利益也是个体利益的重要保证,只有不断创造出共同利益,个体利益才能得以更好实现。从这个意义上说,"善"和"美"是不可分离的;"尽善",才能"尽美",而"尽美",才能更好地"尽善"。这或许正是儒家管理致力于追求"尽善尽美"的根本原因。

但问题是,管理者如何才能将"善"与"美"统一起来呢?这便取决于管理者如何使用资源和权力。管理者对资源和权力的使用,集中体现在分配中,而分配又离不开为组织成员及利益相关者所认同的公平标准。管理者只有恪守公平标准进行分配,"善"与"美"才能真正融为一体,并实现良性循环。

儒家管理者严格按照公平标准进行分配,便是"义",正所谓"君子喻于义"①。正是"善""美""义"三者的有机结合,构成了儒家"求善"价值尺度的完整内涵,而"善""美""义"三者有机结合的前提,则是儒家的伦理之真,也即王阳明所说的"天理""良知"。没有"天理""良知"这个前提,就不会有儒家管理的"善""美""义"三者有机结合。这充分表明,儒家之"真"即伦理之真,儒家之"善"是共同精神价值和物质利益的结合,儒家之"美"乃个体"物""心"两方面的幸福,儒家之"义"则是按照公平标准的分配。如此一来,儒家管理便有了自己独特的"真""善""美""义"含义。

王阳明以"求善"为内在价值尺度的管理思想和实践,恰是儒家管理"真""善""美""义"的集中体现。王阳明在经历了平定"宁王之乱"后种种意想不到的管理磨难,极力倡导"致良知",便有着深刻寓意。"良知"既是儒家伦理之真,又内秉"向善"倾向性,因此,"良知"已将儒家"真""善"合二为一了,是儒家做管理的内在根据,而"致良知",则是将"良知"渗透于各种各样的管理实践之中。以此为基础,一位儒家管理者在履行管理职责时,才能由内而外地以广大、深沉的责任意识,去时刻关心民众切身利益,通过合法、合理且有效地使用资源和权力,即"义",来使民众获得"物""心"两方面的幸福,即"美"。可以说,王阳明的"致良知",恰是儒家由内而外地认识"人性"、理解他人的管理路径的简明概括。

---

① 张钢:《论语的管理精义》,机械工业出版社 2015 年版,第 97—99 页。

在现实中,很多管理者总是迷信向外求,试图通过阅人无数来认识和理解他人,以达到管理之"美"的境界。但管理实践一再表明,这条向外求的路径并不容易走得通。原因或许是:一方面,管理者个人的时间和精力是有限的,要想做到阅人无数,几近不可能;即便要努力接触更多人,恐怕也只能是浅尝辄止,虽有数量,却难以保证对深层"人性"独特之质的理解和把握。另一方面,任何人所能表现出来的只是言语和行为,而且,在不同情境、不同人面前,一个人的言语和行为表现又会有很大不同,因此,若要想真正理解一个人的内心,进而上升到对"人性"的洞察,就必须用时间积累和不同言语行为线索的交叉印证,正所谓"日久见人心"。对一个人的理解尚且如此,更奢谈阅人无数了。

与此不同,以王阳明为代表的儒家管理者,则是要走一条由内而外的路径,也即由自我管理走向组织管理。王阳明的"立志""修诚""格物",本质上是自我管理,也即向内求,首先通过自我的思言行,认知和彰显"人性"的德性内涵及其向善倾向性;然后,立足于"人性",理解他人,与他人一起追求和创造共同利益,毕竟"人同此心,心同此理",立足于共同之"理",才能更好地理解他人之"心",这便是王阳明的"明德""尽责""求善",也即组织管理。借自我管理这条内部路径来认知和理解"人性",进而由己及人,"己欲立而立人""己所不欲勿施于人"①。这样理解他人也就变得可行了,做组织管理才会有根基。与其花大量时间和精力去向外追求所谓阅人无数,还不如全力以赴向内解剖自己这个典型案例,彻查自我的思言行,擦亮"良知"之镜,让"真吾"本体成为自我的主宰。这样才会有一颗真正与他人相通的"心",以此"心"来做组织管理,自然能够与组织成员心心相印,从而公平合理地分配资源和收益,在根本上保证组织成员及利益相关者"物""心"两方面的幸福。由此,儒家管理的"真""善""美""义"一体化才有可能变成现实。

儒家由内而外的管理路径,在强调管理者以身作则、率先垂范的同时,也非常尊重被管理者或一般组织成员的切身利益,绝不以损害组织成员的个人利益来达成组织的整体利益和共同利益。孟子一方面明确指出,"无恒产而有恒心者,惟士为能";另一方面又特别强调,"民事不可缓也。……民之为道也,

---

① 张钢:《论语的管理精义》,机械工业出版社 2015 年版,第 169—170、319—320 页。

有恒产者有恒心,无恒产者无恒心"①。

这意味着,管理者要和组织成员一起追求共同利益,则必须首先关心组织成员的个体利益,并让他们将个体利益诉求充分表达出来。基于利益对话,管理者与组织成员才能在个体利益、整体利益和共同利益上达成共识,从而确立起关于组织资源的使用及利益分配的规则体系,而这个规则体系首先应该是组织成员的权利界定和保护体系。当然,有权利,就会有义务。组织成员的义务体现在必须贡献于组织的整体利益。组织之所以能实现可持续发展,一定离不开相应的制度基础设施和物质基础设施,也离不开对组织秩序的维护。这就不能没有担负这些职能的管理岗位和管理者群体,而这些在组织中带有公共性的设施和活动及其作用发挥,便属于组织的整体利益。离开了整体利益的支撑作用,任何组织都不可能实现可持续发展。组织的整体利益不可能凭空实现,一定离不开组织成员的贡献,而组织成员之所以愿意加入某个组织,或许正是因为在这个组织中所能获取的个体利益,远超过在这个组织以外所能获得的个体利益。既然组织给其成员带来了个体利益的增值效应,那么,组织成员当然也应该用自己的努力不断贡献于这个组织的可持续发展,从而实现双赢。因此,为组织的整体利益做出贡献,也就成了组织成员应尽的义务。

每位组织成员在组织中必然拥有权利,也必须承担义务,这两方面相辅相成,密不可分,共同构成组织成员在组织中所拥有的成员身份。在儒家的组织身份认同中,包含着"求善"的价值认同及由内而外的行动。只有建立起这种组织身份认同,组织成员才有可能全身心地融入组织之中,而组织也才有可能成为一个追求和创造更广大且长远共同利益的有机整体,而不是一盘散沙、乌合之众。根据儒家观点,对于普通组织成员而言,权利和义务在组织身份认同中虽密不可分,但也有着"先权利后义务"的优先序。也就是说,组织只有界定和保护了组织成员的权利,才有可能去要求组织成员履行义务;而且,由于专业分工不同,一般组织成员贡献于组织整体利益的方式也是不一样的,不可能做出完全一刀切的要求。

---

①　张钢:《孟子的管理解析》,机械工业出版社 2019 年版,第 27—37、163—170 页。

　　管理者虽然同样具有基于权利和义务的组织身份认同,但儒家认为,在管理者的身份认同中,权利和义务的优先序与一般组织成员不一样。如果说一般组织成员是"先权利后义务"的话,那么,管理者则是"先义务后权利"。这首先是因为管理者的个体利益总是与组织整体利益联系在一起,管理者只有创造和维护了组织的整体利益,才能从中获得自己的个体利益。严格来说,没有整体利益,就不可能有管理者的个体利益,相比于一般组织成员的岗位而言,管理岗位更依赖于组织的整体利益而存在;管理必须以组织为前提,没有组织,就没有管理和管理者。从这个意义上说,管理者必须首先贡献于组织的整体利益,履行自己的义务,才有可能实现自己的权利。

　　另外,也许更重要的是,组织中管理岗位的设计,决定了管理者会拥有相应的公共权力,可以在一定范围内支配相应的资源及利益,这也是一般组织成员并不具有的岗位优势。在这种情况下,若管理者优先考虑以个体利益为基础的权利,那就会有所谓"近水楼台先得月"的机会。这意味着,管理者要比一般组织成员更容易实现个人权利。如此一来,便很难分辨管理者运用公共资源和权力,到底是贡献于组织整体利益还是个体利益;更糟糕的情况可能是,管理者会打着追求组织整体利益的旗号,无视组织成员的个体利益,而肆无忌惮地谋求个体利益和小群体利益。所以,对于在组织中拥有公共资源和权力的管理者来说,必须明确其组织身份认同中的义务优先性而不是权利优先性,也即"先义务后权利"。在儒家看来,管理者既然选择了做管理,就要将"先义务后权利"的理念贯穿于组织管理的全过程之中。

　　的确,有权利,便会有义务;有权力,就要担责任。但是,作为儒家管理者的杰出代表,王阳明做组织管理,永远将自己所应该承担的义务放在首位,时刻想着的是自己所必须履行的责任。在任何时候,面对任何情境,王阳明总是立足于"求善",去切实关心和实现民众利益及地方可持续发展的整体利益。这在王阳明平定"宁王之乱"后应对各种复杂局面及在处理广西思恩、田州之乱中都表现得再清楚不过了。王阳明之所以在"宁王之乱"突发时能够临危自命,又在阻止武宗皇帝南下时敢于犯颜直谏,而在招抚卢苏、王受上勇于力排众议,最后在征剿八寨、断藤峡时不惜以身犯险,都是因为他切实做到了义务优先、责任担当。

　　当然，儒家要管理者必须做到义务优先，也不只是依赖于管理者的自我管理和自我修养，同样有制度设计的保证。若仅靠管理者的自我管理和自我修养，甚至要求管理者不断做出自我牺牲，那么，这种义务优先的管理意识一定是不可持续的。管理者同样拥有权利，也应该有正当的个体利益诉求。虽然管理者的个体利益绝不能通过运用组织中的公共资源和权力去谋求，但是，组织在进行管理岗位设计时，必须同步将管理者的个体利益考虑在内。

　　在组织中，管理总是与资源和权力联系在一起。如果组织只是要求管理者必须具备义务优先的管理意识，却没有明确的制度设计以保证管理者的权利，解除管理者的后顾之忧，也没有相应的制度设计以防止管理权力的滥用，那么，其结果必将是，那些切实做到义务优先的管理者，虽在为组织奉献和牺牲，却连基本权利都没有保障，而其他管理者看到这个局面，自然会面临三种选择：其一，明哲保身，得过且过，既不去主动承担义务和责任，也不去过分谋求个体利益，落得个平平静静、安安稳稳；其二，滥用权力，谋求私利，时刻将利益和权力放在第一位，根本无视义务和责任；其三，阳奉阴违、表里不一，只是将义务和责任放在口头纸面，实际上运用资源和权力的唯一准绳便是个体及小群体利益。

　　一旦组织中没有良好的制度保证，而只是悬空地大讲特讲义务优先的管理意识，最有可能出现的就是上述第三种结果。要在组织中避免这种阳奉阴违、表里不一的情况出现，只是就观念而论观念是不行的，必须将观念与利益结合在一起，而这就不能没有制度设计。

　　在做组织管理时，很多管理者的确热衷于就观念而论观念，甚至只是从修辞和表达上去评论观念，经常会说某某观念提炼得真好、真到位，这几个词华丽、响亮，很能打动人。关于观念的思考和表达固然是管理的重要方面，但管理是一种实践导向的活动，再好的观念，再动人的表达，若不能付诸实践，实现不了观念所蕴含的目标和价值，也无法产生正向效果，甚至还可能与观念的初衷背道而驰。这样的例子在现实中不胜枚举。

　　儒家历来强调做管理一定要观念先行，没有正确的观念，做管理便失去了价值前提这个内在一定之规；但是，做管理要观念先行的关键，在于"行观念"而非"说观念"，是要让观念变成管理者的行动，而不能仅是停留在语言层面。

王阳明"龙场悟道"后反复讲"知行合一",到后来又专提"致良知",其核心要义便在于此。

在组织管理中,要做到"知行合一""致良知",当然要先从管理者个体做起,但是,仅靠管理者个体的"知行合一""致良知",要做好组织管理工作,赢得组织的和谐可持续发展,还远远不够。组织管理是要将更多人有机整合在一起,创造出整体大于部分之和的增益效果,而要实现这样的增益效果,观念就不能仅停留在管理者个人那里,必须通过制度设计及执行体现出来,最终进入每位组织成员的心中。对组织管理工作而言,观念与制度设计及执行融为一体,也就成为"知行合一""致良知"的题中应有之义。或者说,王阳明的"知行合一""致良知",若用到组织管理上,便体现为观念、制度、做事的三位一体。毕竟组织做事不同于个人做事,组织做事必须通过制度来实现。

王阳明做组织管理,无论是在庐陵任知县,还是后来做军事管理,都会从当地民众的"物""心"两方面利益出发,在自己的职权范围之内,设计相应的制度,如"十家牌法"、军队组织体系、盐税制度、教育制度、新县体制等,以努力将儒家观念融入制度设计及执行中,从而实现组织管理中的观念、制度、做事三位一体,也即组织层次上的"知行合一""致良知"。

要做到组织层次上的"知行合一""致良知",就必须让组织管理深深扎根在具体情境之中。严格来说,管理是一种情境导向的实践,不理解情境,只是就事论事,那一定是做不好管理的。任何情境无外乎由两个维度构成:一是历史维度,二是现实维度,而现实维度既包括自然环境维度,又包括社会环境维度。由于管理首先要面向人,在现实维度中,社会环境维度则更为重要,而且,社会环境维度又与历史维度密切联系在一起。因此,要做好管理,管理者就必须首先从历史维度和社会环境维度去理解并把握情境,这才有可能将观念、制度和做事真正融入情境之中,以便从根本上确保管理观念和组织行为的一体化,也才能因地制宜、灵活多变地做好组织管理。这正是儒家做管理的权变智慧,也即原则性与灵活性相结合、具体问题具体分析,而要做到管理中的权变,不深入情境,不理解和把握情境,是不可能的。

王阳明做管理,每到一个地方,必先了解当地的历史发展和民生现状。即便是带兵打仗,实施军事管理,王阳明也要先了解和研究所在地区的历史与现实,而只有在这种历史与现实相结合的探索中,才能真正把握住做管理的情境基础。王阳明之所以总能恰到好处地解决各种棘手问题而又能确保产生广泛且长远的正向效果,原因恰在于此。深入具体情境、灵活多变地解决问题,也是王阳明奇正相间的管理艺术的集中体现。

第八章　奇与正

　　要实现组织目标,就不能没有策略性手段的选择和运用。由于情境的特殊性,策略性手段不可能千篇一律。尤其是考虑到组织内部和外部情境的巨大反差,即便是同样的策略性手段,运用起来也会有很大不同。更不要说还要依赖情境特点,有针对性地创造出全新的策略性手段了。因此,在组织管理中,当涉及策略性手段的选择和运用时,也就有了奇与正的说法。

　　"奇"字,本义指特殊的、罕见的,即殊异,多用来表达出人意料的、变幻莫测的、难以想象的含义。① 在组织管理中,"奇"既可以是针对特定情境的各种专有方法和工具(即策略性手段)的创造及运用,也可以指现有的策略性手段在特定情境中的反常规运用。"奇"总是与情境结合在一起,正因为情境具有特殊性,而管理又是嵌入情境的实践,当面对特定情境中的特殊问题和挑战时,管理者就不能不出"奇"制胜。但是,组织管理中的"奇",又并非不择手段,为"奇"而"奇"。作为新策略性手段的创造或已有策略性手段的反常规运用,"奇"总是为实现特定目标服务的。特别是终极目标,更是"奇"赖以产生和运用的根本价值尺度。离开了终极目标这个根本价值尺度,"奇"也就失去了管理意义。所以,"奇"总是以"正"为前提。

　　"正"字,本义指远行,后来这个本义以"征"字代替,而"正"则被假借用来表示直对或垂直,不偏不斜。② 由此,可以引申出"正"在组织管理中的两重含义:一是指根本价值尺度或原则,也即用以判断是否"正"或不偏不斜的标准;二是策略性手段的常规运用,也就是说,每种管理的策略性手段都有使用条件

---

① 《古代汉语字典》,商务印书馆 2005 年版,第 619 页。
② 《古代汉语字典》,商务印书馆 2005 年版,第 1048 页。

和方法,这就像每类工具都有使用说明书一样,而按照规定的条件和方法来使用策略性手段,就是常规使用,也可以说是一种"正确"使用。当然,"正"的两重含义都涉及标准问题,但这两重含义中的标准是不同层次上的标准。在第一重含义中,"正"作为标准,指的是根本价值尺度,属于原则性标准,是一种内在的根本指导原则;在第二重含义中,"正"作为标准,则是具体策略性手段的使用标准,属于操作性标准,是一种外在的使用方法说明。很明显,第二重含义中的操作性标准要严格依赖于第一重含义中的原则性标准。正因为有了原则性标准,各类策略性手段的运用也才有了一定之规,这便是从根本上判断"正"与"不正"的价值尺度。

在奇与正的关系上,有两种说法:一是守正出奇,二是奇正相间。当说守正出奇时,其中的"正",是在第一重含义中的原则型标准意义上讲的,即管理者必须立足于根本价值尺度,来创造全新的策略性手段或对已有的策略性手段进行反常规的创造性运用,而不能为奇而奇,不择手段。当说奇正相间时,其中的"正",又是在第二重含义中的操作型标准意义上讲的,即管理者在运用策略性手段的时候,既要考虑现有的使用条件和方法,又不拘泥于现有的使用条件和方法,要在继承和创造、不变与变之间做出权衡,随着情境的变化而灵活多变地运用各种策略性手段,奇中有正,正中有奇,循环交织,以至变化无穷。

做组织管理,由于内部和外部情境的复杂多变,管理者不可能寄希望于找到一种所谓万能灵药来解决一切问题,而必须学会针对特定情境,守正出奇、奇正相间。实际上,守正出奇,也就是常说的原则性与灵活性相结合,"正"即原则性,而"奇"则代表灵活性;奇正相间,也就是常说的具体问题具体分析,针对某个具体问题,在具体方法和工具的选择及运用上,应遵从的方法论原则是法无定法、灵活多变、奇中有正、正中有奇。

但是,考虑到组织内外有别,特别是当组织身处激烈竞争的环境之中,内部管理的策略性手段的选择及运用方式,与外部竞争的策略性手段的选择及运用方式,必然有所不同。如果说无论组织的内部管理还是外部竞争都必须守正出奇的话,那么,在奇正相间上,内部管理与外部竞争的侧重点则有很大不同。在组织的内部管理中,应更多地立足于"正",即便选择"奇",也是为了更好地做到"正"，因为管理的职能在于维护组织的秩序和确保组织的平稳可持续运行，离开了秩序，去谈论所谓创造和创新，很可能是管理者为不负责任寻找的一种借口。相反，在组织的外部竞争中，则往往要立足于"奇"，即便是"正"，也通常是为"奇"创造机会，正所谓出奇制胜，而最为激烈的竞争莫过于战场上的两军交战，因此，《孙子兵法》讲："凡战者，以正合，以奇胜。故善出奇者，无穷如天地，不竭如江河。"①《老子》也曾说："以正治国，以奇用兵。"②这里所说的"国"，可以广义地理解为一般意义上的组织，而"治国"则可以视为组织内部管理；相应地，"兵"和"用兵"便是指组织外部竞争而言。《老子》这里强调的便是，奇正相间必有组织内外的不同侧重，既不能不分内外地讲出奇制胜，也不能不分内外地一味求正。

儒家管理的权变原则，非常注重深入具体情境的原则性与灵活性相结合、具体问题具体分析。这实际上也就是在强调管理者要学会守正出奇、奇正相间。儒家意义上的"正"，首先立足于"人性"的德性内涵及其向善倾向性的坚定信念，由此确立起追求"至善"这个终极目标的根本价值尺度，然后才有可能在各种策略性手段的选择及运用中形成合法、合理而又切实可行的操作标准。有了儒家意义上的"正"，儒家管理者才能在不同情境的管理实践中真正做到守正出奇、奇正相间，以达到管理权变的要求。因此，在儒家管理者的具体管理实践中，首先必须确立起"正"，尤其是作为根本价值尺度的"正"。这也是儒家管理的本质特征。

孔子在回答季康子问政时，就曾明确指出："政者，正也。子帅以正，孰敢不正。"③这里的"政"，即做管理的意思。这句话意在表明，做管理的本质，在于确立起根本的价值尺度，并据此建立一整套关于资源和权力如何正确使用的规则体系，进而按照规则来公正地使用资源和权力；管理者若能如此做管理，组织自然会有方向、有准则、有秩序地实现可持续发展。儒家的根本价值尺度也就是组织和管理所要追求的终极目标，即作为共同利益的"善"；以此为基础，作为组织中权力运用的集中体现，资源及利益的分配，即"义"，才会有内在

---

①　杨万里、曹志彪编：《活用孙子兵法与三十六计》，上海大学出版社 2005 年版，第 82 页。
②　陈鼓应注译：《老子今注今译》，商务印书馆 2003 年版，第 280 页。
③　张钢：《论语的管理精义》，机械工业出版社 2015 年版，第 337—338 页。

准则。这实际上就是儒家意义上的"正义"观,即立足于"善"这个根本价值尺度,确保组织中资源及利益的公正分配。

由于儒家坚信"人性"的"仁义礼智四端"及其向善的倾向性,而"仁"既是儒家管理的第一价值观,也是儒家德性内涵的集中体现,因此,"仁"与"善"就具有了内在相通性。"仁"蕴含着"善",而"善"也必然体现着"仁"。这就是滕文公来见孟子时,"孟子道性善,言必称尧、舜"的原因,也是孟子对梁惠王说"何必曰利?亦有仁义而已"①的用意所在。如果考虑到滕文公和梁惠王都是诸侯国的最高管理者,那么便容易理解,孟子是在向他们阐述儒家管理的"正义"观,这才是做管理的本质所在,只有立足于"善"或"仁"来正确使用资源和权力,进行广义的公正分配,即"义",才能让组织走上和谐可持续发展的道路。否则,失去了"正义",仅凭口号,徒有政令,难以产生预期效果。当孔子说"其身正,不令而行;其身不正,虽令不从"②时,其含义即在于此。

当然,儒家管理的"正义"观,不仅限于组织内部的管理活动,即便是组织之间的竞争关系,也不能无视"正义",更不能走上不择手段、极端用"奇"的道路。孟子之所以说"《春秋》无义战",并严厉批评那些一味地"为君辟土地,充府库""为君约与国,战必克"③的管理者,原因便在于,这些诸侯国组织的管理者只是为了争夺赤裸裸的物质利益,去攻城略地、杀人盈野,完全无视"正义"这个根本的价值尺度,甚至还要"假王以霸",打着"正义"的旗号,选择的却是极其残酷的扩张策略。

需要指出的是,儒家并不反对组织间竞争,而是强调组织间竞争必须遵从超越个别组织之上的更高层次的正义原则,哪怕是像战争这种最惨烈的竞争也有正义和非正义之分。组织只有立足于更为广大且长远的共同利益,即"至善",遵从正义原则,才能获取可持续竞争优势。这恰是孟子反复讲"仁者无敌"的原因。孟子曾指出:"得道者多助,失道者寡助。寡助之至,亲戚畔之;多助之至,天下顺之。以天下之所顺攻亲戚之所畔,故君子有不战,战必胜矣。"④

---

① 张钢:《孟子的管理解析》,机械工业出版社 2019 年版,第 157—159、9—14 页。

② 张钢:《论语的管理精义》,机械工业出版社 2015 年版,第 354—355 页。

③ 张钢:《孟子的管理解析》,机械工业出版社 2019 年版,第 531—532、442—443 页。

④ 张钢:《孟子的管理解析》,机械工业出版社 2019 年版,第 123—125 页。

孟子这里所说的"君子",即指管理者而言;"得道",则是指管理者从"人性"的德性内涵出发,致力于追求更广大且长远的共同利益,遵从正义原则,去参与组织间竞争,自然会赢得更广大利益相关者的信任和支持,竞争取胜也就自不待言了。但问题是,这样的管理者在具体竞争情境中,应该选择什么样的策略呢?

对于这类具体操作问题,也即在特定情境下如何做到守正出奇、奇正相间,孟子用学手艺做类比,给出了极其形象而又深刻的说明。孟子说:"梓匠轮舆,能与人规矩,不能使人巧。"①这里的"梓匠"即木匠,"轮舆"指造车的工匠。正如各类工匠师傅只能教给徒弟各种做事的规矩,却不能保证徒弟一定都掌握了如何运用规矩恰当做事的技巧一样,管理者遵从正义原则,在不同情境下做管理的具体策略性手段的选择及运用,也是一种管理艺术和技巧,只能由管理者自己经由管理实践去体会、感悟和把握,而不可能有所谓灵丹妙药可用于解决所有情境中的管理问题。若真有这样普遍适用的方法和工具,那管理也就不再是艺术和技巧,完全可以用算法、代码和程序去实现了。这时还需要管理者吗?

或许正因为如此,在孔子和孟子的管理思想中,几乎找不到关于策略性手段选择及运用的内容。儒家管理固然强调"权",但作为原则性与灵活性相结合、具体问题具体分析的"权",其中能够讲清楚,并要求管理者恪守的只有"原则",至于"灵活"以及那些不同情境中具体问题赖以产生的具体条件,则会因时因地因人而变,很难预先给出一成不变的具体方法和工具。这恰是管理艺术性的集中体现,也是管理实践的永恒魅力所在。

儒家经典中很少讲"奇"和灵活,或许还有另外一个非常重要的原因,那便是儒家更侧重于组织内部的管理。虽然并不排除组织间竞争的策略选择及运用,但儒家坚持认为,要做好组织间关系管理,包括竞争与合作的权衡,关键是要先解决好自己组织内部的管理问题。管理者必须由内而外,从自我管理到组织管理,再到组织间关系管理,才能一以贯之地立足于内在价值尺度,追求和创造更广大且长远的共同利益。这正是《大学》所确立的"格物""致知""诚

① 张钢:《孟子的管理解析》,机械工业出版社 2019 年版,第 536—537 页。

意""正心""修身""齐家""治国""平天下"的基本管理路径以及"所谓平天下在治其国者,上老老而民兴孝,上长长而民兴弟,上恤孤而民不倍"①的组织管理原则。联系春秋战国时期的环境条件,便不难理解,当时的管理问题,从根本上说是出在诸侯国组织的内部管理上,尤其是组织最高管理者的观念上,因此,儒家若要致力于从根本处入手解决问题,就必然以明确"人性"的德性内涵为前提,建立起管理的内在价值尺度和主导原则,以寻求诸侯国组织内部管理的根本改变,进而才有可能建立和谐的诸侯国组织间关系,实现"平治天下"的理想。

　　具体地说,儒家做管理必须"亲民"。这在儒家经典中早已反复强调过,也是王阳明阐明《大学》宗旨并作《亲民堂记》的初衷;而"亲民"对管理者的基本要求便是"正直"。当然,儒家的"正直"要求,并非仅指管理者的个体化行为表现,而是必须落实到管理权力的运用上。一旦涉及管理权力的运用,便必然同组织的资源配置和利益分配联系在一起。这时管理者就不能仅凭个人意愿,随心所欲地使用资源、分配利益。管理者必须遵循价值准则和规则体系来行使权力。规则作为一种知识,原本就是用来规避乃至排除组织内部的人为不确定性的,但是,如果这种规则类知识被管理者任意解释和操纵,反倒可能成为组织内部不确定性的最大来源。组织内部的人为不确定性,大多来自管理权力的滥用,也就是由管理者的任意行为造成的。儒家之所以如此强调管理者的自我管理和自我修养,之所以要建立内在价值准则及相应的行为规范,原因便在于要由内而外地减少乃至排除组织内部的人为不确定性,让每位组织成员都无后顾之忧,也不需要焦虑和忐忑,能够平心静气地面向未来,开创未来。

　　儒家管理之"正",不仅指管理权力运用上的"正",更指管理观念、原则和规则之"正",而且,管理权力运用上的"正",恰是由观念、原则和规则之"正"来保证的。虽然儒家非常注重管理者内在修养之"诚"对权力运用上的"正"的基础作用,但是,如果失去了规则之"正",还是会让管理权力运用存在过度个体化所可能产生的巨大风险。无论是孔子、孟子还是王阳明,之所以如此看重管

---

　　① 张钢:《大学·中庸的管理释义》,机械工业出版社 2017 年版,第 51—53 页。

理者的"德"及"诚"对于做管理的重要性,完全是针对当时历史条件下的突出问题所下的对症之药。当时的组织管理并非没有规则,也不是规则太少,而是这些规则完全是为组织的管理者,尤其是最高管理者的一时一事之需服务的,既没有正确观念和价值准则贯穿其中,也缺少为人们所认可和接受的正确流程来制订规则,以至于规则完全成了管理者可以任意解释和操纵的、对组织成员实施控制的工具。正是在这样的背景下,儒家才要大力倡导从管理者尤其是最高管理者自身做起,用孔子回答季康子问政的话说就是"子帅以正,孰敢不正"①,孟子也说"君正,莫不正。一正君而国定矣"②。这些都是针对当时组织管理的现实问题有感而发。

另外,儒家所强调的观念、原则和规则之"正",也是管理者与组织成员及利益相关者之间牢固信任关系的载体。相反,如果规则只是管理者用以控制组织成员及利益相关者的策略性手段,那么,这样的规则恰是管理者与组织成员及利益相关者之间互不信任的集中体现。管理者对组织成员及利益相关者越是不信任,便越要用烦琐复杂的规则限制其行为,而这种规则限制越多,人们就越是要想方设法绕过规则或钻规则的空子,尤其是当观察到管理者及那些与管理者亲近的人总能不受规则限制时,人们也就更有动机去突破规则,其结果必然导致双方更大程度的不信任,规则便要进一步增加,如此便径直走上恶性循环的轨道。组织中的规则越来越多,而信任程度却越来越低,以至于最终导致组织解体,这也是组织之所以具有兴衰周期的内在原因。

儒家意义上的规则之所以能够成为组织信任的载体,关键还在于管理者执行规则中的"直",也即执行规则真正做到一视同仁。如果说儒家做管理的"正",更多强调的是规则在信念和价值观基础上的公平公正制订的话,那么,儒家做管理的"直",则主要指规则执行中必须做到信息透明,一视同仁,不能暗箱操作,随意操纵。

组织中有公平公正的规则是一回事,恰当地执行规则又是另一回事。要想让规则的制订和执行保持一致,则必须具有更高层次的信念和价值观,也即

① 张钢:《论语的管理精义》,机械工业出版社 2015 年版,第 337－338 页。
② 张钢:《孟子的管理解析》,机械工业出版社 2019 年版,第 254－256 页。

指导原则。组织只有建立起更高层次的指导原则,并将之内化为各级管理者的内在准则,才能在规则执行中一视同仁,而其中的"仁",便是儒家信念和价值观的集中体现。当孔子说"唯仁者能好人,能恶人"①时,恰说明以"仁"为代表的儒家信念和价值观,已经完全内化到管理者的规则执行之中,而且即使在规则的空白处,管理者也有内在一定之规,能够让自由裁量权的使用有章可循。严格来说,管理者若没有内在准则,要想在执行规则中要做到"直",也只能是天方夜谭。

当年曾有人问孔子:"以德报怨,何如?"

孔子回答说:"何以报德? 以直报怨,以德报德。"②

这里隐含的意思是,管理者首先要明确区分私人角色和管理者角色,在私人领域,一个人完全可以选择"以德报怨",这可以由他个人的价值判断和行为风格决定,但是,当一个人担任了管理者,进入公共领域做管理,就不能仅凭个人好恶做出选择,而必须立足于共享的信念、价值观、组织规则来做出判断和选择,这便是孔子所讲的"直"。也就是说,孔子讲的"直",并非个人品行上的耿直或直率,而是从共享信念和价值观出发,秉公执行规则的意思。儒家这个意义上的"直",与规则制订上的"正"是互补的。对制订规则而言,"正"异常重要,但对于执行规则来说,就不只是一个理解和贯彻规则条文的问题,其中涉及在不同情境下对规则的灵活且恰当地运用,这便是儒家所讲的"权"。问题是,规则执行过程中的"权",到底意味着什么呢? 在儒家看来,管理者要想在执行规则中做到"权",关键在于"直",也即心中有更高层次的信念和价值观或指导原则,以此为立足点,才能超越规则条文,在不同情境中灵活运用规则,甚至在规则的空白处也能游刃有余。

在组织内部管理上,儒家非常强调观念、原则和规则之"正",其具体要求便是规则制订上的"正"和规则执行中的"直"。儒家管理者的"正直",恰是儒家"正义"观的集中体现,也是儒家"亲民"的必然要求。即便是面对组织外部的竞争管理或经营管理,儒家认为,管理者也必须恪守同样的信念和价值观,

① 张钢:《论语的管理精义》,机械工业出版社 2015 年版,第 84—85 页。
② 张钢:《论语的管理精义》,机械工业出版社 2015 年版,第 419 页。

确保高层次指导原则的内外一致，只不过是在组织间关系规则的制订和执行以及相应的方法和工具使用层面上有所不同而已。

儒家反对为"奇"而"奇"、只想着一味地标新立异，更坚决反对为私而"奇"、只想着通过阴谋诡计来谋取私利。这便是孟子为什么要说"以力假仁者霸""仲尼之徒，无道桓、文之事者，是以后世无传焉"①的原因。齐桓公、晋文公是"春秋五霸"的典型代表，他们那种"以力假仁"的做法，是儒家一贯反对的。王阳明就曾说过："世儒只讲得一个霸者的学问，所以要知得许多阴谋诡计，纯是一片功利的心，与圣人作经的意思正相反，如何思量得通？"②

实际上，无论是在组织内部管理还是在组织间竞争中，策略性手段层次上的奇与正的区别，主要体现在信息的运用上。毕竟管理就是决策，而决策总是带有互动性质。组织内部的管理决策和组织外部的竞争决策，都必然会影响他人的决策选择，如组织内部成员的行为反应或竞争对手的对策选择。另外，受内部管理决策影响的组织成员，其利益与管理者是一致的，但又处在信息相对弱势一方。在这种情况下，管理者在内部管理中努力缩小信息不对称，必将有利于建立信任，强化组织利益的一致性。这也就是组织内部管理中对"正"的更高要求。但组织间的竞争决策则有所不同，管理者与外部竞争者完全处在对等地位上，双方都没有动机去缩小原本就存在的信息不对称，甚至还会有意加大这种信息不对称，以便人为地塑造竞争优势，而那些操纵信息、刻意加大信息不对称程度的策略性手段的运用，便是用"奇"的典型表现。在极端激烈竞争的典型场景，即战场上，用"奇"便近乎常态。难怪王阳明会说："盖用兵之法，伐谋为先。"③可以说，在战场上，"奇"就是"正"，"正"反而有可能成为一种"奇"，就像诸葛亮上演的空城计，如此完全地暴露自己，对方反而不敢相信，以至于中计。

正是因为组织内部的管理决策和组织外部的竞争决策都具有互动性，才

---

① 张钢：《孟子的管理解析》，机械工业出版社 2019 年版，第 102—103、27—37 页。

② ［明］王守仁撰，吴光、钱明、董平、姚延福编校：《王阳明全集》，上海古籍出版社 2011 年版，卷一，第 10 页。

③ ［明］王守仁撰，吴光、钱明、董平、姚延福编校：《王阳明全集》，上海古籍出版社 2011 年版，卷十八，第 720 页。

需要从互动双方在决策价值前提上的共识程度来考量决策信息的运用问题，也需要从更长期的系列互动决策的角度来审视奇与正的关系。这意味着，任何管理决策都处在一个决策系统之中，必须超越某一次单独决策，来考虑奇与正的复杂转换。

当组织确立起信念、价值观和终极目标之后，也就意味着做管理有了最高的指导原则，这便是管理者守正的基本前提；但是，在实现目标的具体路径选择上，特别是在某个局部的具体策略性手段的选择和运用上，都并不意味着一定要直接朝向这个目标。实现目标的路径迂回曲折是不可避免的，尤其是在激烈竞争的环境中，曲折前行更是常见的事。只要方向明确、信念坚定，总归还是要回到正道上来，那时因经历过曲折，反而会有更强的意志和能力来迎接更大的挑战。

从这个意义上说，局部总是服从于整体，而"奇"同样终要归于"正"。在现实组织管理中，"正"才是常态，"奇"不过是不得已偶尔为之罢了。究其原因，无论是组织内部管理还是组织间关系管理，在大多数情况下都处在常规的和平状态中，非常规的极端竞争乃至战争，不过是特殊情况而已。由此便不难理解，管理者若脱离"正"，一味地用"奇"，将操纵信息、使用伎俩视为常态，那样的话，无论是组织内部管理还是组织间关系管理，都难以确保和谐与秩序，最终只能走上人人自危、互相猜忌的恶性循环。

儒家管理者不热衷于用"奇"，并不等于不会用"奇"。当面对外部竞争对手频繁使用策略性手段时，管理者用"奇"也在所难免。但是，管理者用"奇"，不能没有内在的一定之规，用"奇"必须守"正"。因此，不能简单地将用"奇"等同于阴谋诡计，关键看管理者恪守怎样的信念和价值观或指导原则来用"奇"。

儒家既然确立起了"求善"这个内在价值尺度，便自然要从更广泛和长远的视角来看待奇与正的关系。如果从长期视角来看奇与正，那便更容易理解，"奇"只不过是短期内的策略性手段的选择和运用，没有一个组织及其管理者可以在长时间里一直用"奇"。因为要用"奇"，在很多时候都离不开信息操纵或人为地制造信息不对称，但信息可以操纵于一时一地，却很难在更大范围和更长时间内奏效，要想在大范围和长时期操纵信息，也只会由于成本太高而丧失合理性。对于任何组织及其管理者而言，若没有关于"正"的长期定位，只图眼前一个接一个地用"奇"，到头来，这一系列"奇"或许会把当事人也给迷惑了，以至于都不知道如此用奇到底想要干什么。奇与正的关系并非平列的，更不是各占一半的硬性组合，而是以信念和价值观为根本尺度，先守"正"，再针对特定情境有针对性地用"奇"，而且，即便在用"奇"时，也要同时考虑策略性手段的常规使用，要在策略性手段的使用上做到奇正相间。

对于儒家管理的守正出奇、奇正相间的权变思想，王阳明基于自己的丰富管理实践，有着深刻领悟。王阳明曾说：

> 故君子之致权也有道，本之至诚以立其德，植之善类以多其辅；示之以无不容之量，以安其情；扩之以无所竞之心，以平其气；昭之以不可夺之节，以端其向；神之以不可测之机，以摄其奸；形之以必可赖之智，以收其望。坦然为之，下以上之；退然为之，后以先之。是以功盖天下而莫之嫉，善利万物而莫与争。①

值得注意的是，王阳明这里讲的是"致权之道"而非"致权之术"。也就是说，王阳明所要讲的仍然是原则性与灵活性相结合中的原则性，而不是灵活性。真正的灵活性乃"神之以不可测之机"，既然"不可测"，又如何能给出应该怎样做的具体方法呢？《中庸》虽然说"至诚如神"②，但是，人们也只能恪守"修诚"的原则，至于如何达到"如神"，那是不同情境、不同问题、不同管理者的不同做法下所产生的自然结果，并没有固定的方法和工具可用。所以，王阳明在这里才要讲"本之至诚以立其德"，这恰是管理中一切灵活性的真正前提，也是各种策略性手段的千变万化般"不可测"运用背后的不变之"宗"。

王阳明也曾用他那著名的"明镜"隐喻，来阐述儒家管理的权变原则。王阳明指出："只怕镜不明，不怕物来不能照。讲求事变，亦是照时事，然学者却须先有个明的工夫。学者惟患此心之未能明，不患事变之不能尽。"③王阳明的大弟子徐爱对"明镜"隐喻有着深刻理解，他进一步解释说："心犹镜也。圣人

---

① ［明］王守仁撰，吴光、钱明、董平、姚延福编校：《王阳明全集》，上海古籍出版社2011年版，卷二十一，第904页。
② 张钢：《大学·中庸的管理释义》，机械工业出版社2017年版，第160—161页。
③ ［明］王守仁撰，吴光、钱明、董平、姚延福编校：《王阳明全集》，上海古籍出版社2011年版，卷一，第14页。

心如明镜,肖人心如昏镜。近世格物之说,如以镜照物,照上用功,不知镜尚昏在,何能照?先生之格物,如磨镜而使之明,磨上用功,明了后亦未尝废照。"①

在徐爱看来,每个人的心中都有一面镜子,那便是人之为人的德性本质,也即王阳明所说的"天理""良知"。这正是儒家做管理的最高原则,也是一切权衡变化的根本价值尺度。但问题是,并非每个人心中的镜子都是"明镜",由于自我管理和自我修养的程度不同,也即立志、修诚、格物的努力程度不同,有的人心中是"明镜",即原则明确或原则性强,而有的人心中是"昏镜",即原则不明确或原则性弱,当然更多人则处于昏暗程度不同的中间状态。这时人们若不能眼睛向内,在擦拭或磨镜上面下功夫,让心镜明亮起来,让原则明确起来,而只是想着向外去寻求各种应对事物变化的策略性手段,其结果反而会愈加被外部的纷繁变化蒙住眼睛,让心镜愈发昏暗,到头来不仅会迷失自我,还有可能完全堕入策略性圈套而不自知。这正是《中庸》引用孔子的话所讲的"人皆曰'予知',驱而纳诸罟擭陷阱之中,而莫之知辟也。人皆曰'予知',择乎中庸,而不能期月守也。"②

其实,"中庸"便是儒家管理的权变原则的简明概括。"中"即人之为人的独特本性,也就是"人性"的德性内涵及其向善倾向性,而"庸"则是平常的意思,也即各和日常的具体行为情境。"中庸"便是用"中"于"平常",在日常行为情境中见真性,随时随处自然而然地运用"中"的原则解决各种具体问题。这不正是儒家意义上的原则性与灵活性相结合、具体问题具体分析吗?王阳明在解答弟子陆澄关于"中"的疑惑时,再次用"明镜"隐喻将"中"的内涵清晰表达了出来。

> 陆澄问:"澄于'中'字之义尚未明。"
>
> 王阳明说:"此须自心体认出来,非言语所能喻。中只是天理。"
>
> 陆澄还问:"何者为天理?"
>
> 王阳明说:"去得人欲,便识天理。"

---

① [明]王守仁撰,吴光、钱明、董平、姚延福编校:《王阳明全集》,上海古籍出版社 2011 年版,卷一,第 23 页。

② 张钢:《大学·中庸的管理释义》,机械工业出版社 2017 年版,第 99—101 页。

陆澄又问："天理何以谓之中？"

王阳明说："无所偏倚。"

陆澄再问："无所偏倚是何等气象？"

王阳明回答："如明镜然，全体莹彻，略无纤尘染着。"①

这充分说明，儒家之"中"便是"天理"，也是"做人"和做管理的最高原则，而要达到守正出奇、奇正相间的管理权变原则要求，则必须首先明确内心之"中"这个根本价值尺度，也即擦亮心镜，然后才能在各种行为情境中做到"物来必照"，还原其本来面目，自然就能游刃有余地应对。否则，硬要向外求，想要找到应对不同行为情境的所谓普遍适用的策略性手段及其使用方法，反而会教条僵化，竟至于无所适从。

王阳明在解释孟子关于"执中无权，犹执一也"②的观点时，也说："中只有天理，只是易，随时变易，如何执得？须是因时制宜，难预先定一个规矩在。如后世儒者要将道理一一说得无罅漏，立定个格式，此正是执一。"③

也正因为如此，儒家在讲"中庸"，讲"权"，讲原则性与灵活性相结合、具体问题具体分析时，更多讲的是"正"、是原则，而很少讲"奇"、讲灵活。实际上，正因为儒家经典中很少讲有关"奇"、有关灵活的各种具体方法和工具，恰让儒家管理者在不同行为情境中立足于"正"、从原则出发，自由发挥，灵活创造，有了更大空间和可能，也才有可能涌现出像王阳明这样在各种行为情境中都能挥洒自如，却又万变不离其宗的管理者。这正是儒家管理思想的博大精深之处。

王阳明做管理时守正出奇、奇正相间的经典案例，主要集中在他的三次著名军事管理实践活动中。

正德十二年(1517)正月十三日，正在奔赴赣州、开启南赣剿匪征程的王阳明，舟行至江西万安附近时，"遇群盗千余，截江焚掠，烟焰障天"，情势十分险

---

① ［明］王守仁撰，吴光、钱明、董平、姚延福编校：《王阳明全集》，上海古籍出版社 2011 年版，卷一，第 26—27 页。

② 张钢：《孟子的管理解析》，机械工业出版社 2019 年版，第 499—501 页。

③ ［明］王守仁撰，吴光、钱明、董平、姚延福编校：《王阳明全集》，上海古籍出版社 2011 年版，卷一，第 21—22 页。

恶。当时王阳明并未带兵马,只有家属和仆从随行。危急关头,"地方吏民及舟中人,亦皆力阻,谓不可前",但王阳明认为,"我舟骤至,贼人当未能知虚实,若久顿不进,必反为彼所窥"。① 接下来,王阳明巧用疑兵之计,联络江中商船,假扮官军,利用信息不对称和流寇心虚的弱点,不仅轻松化解危机,还对流寇进行了训谕,告诫他们"各安生理,毋作非为,自取戮灭"②,也为南赣剿匪做了预告,可谓一举多得。王阳明这次面对流寇、出奇制胜的小插曲,不经意间,为他后续军事管理生涯中一系列出奇制胜的精彩篇章拉开了序幕。

王阳明南赣剿匪期间守正出奇、奇正相间的经典杰作,便是剿匪第三阶段智取浰头大匪首池仲容。正德十二年(1517)九月,为了确保第二阶段针对横水、桶冈的谢志珊、蓝天凤等匪部的征剿万无一失,王阳明使用安抚策略,先稳住了浰头大匪首池仲容所部,同时也招降了卢珂、黄金巢等。但是,与其他几大匪首不同,浰头大匪首池仲容既顽劣凶残,又有一定谋略,而且还建立起比较完整的组织管理体系,大有图谋割据一方之势。用王阳明后来所上《浰头捷音疏》中的话说,即"至于浰头诸贼,虽亦剽劫虏掠是资,而实怀僭拟割据之志。故其招致四方无籍,隐匿远近妖邪;日夜规图,渐成奸计。兼之贼首池仲容、池仲安等,又皆力搏猛虎,捷竞飞猱;凶恶之名久已著闻,四方贼党素所向服;是以负固恃顽,屡征益炽"③。这或许也是王阳明将这股顽匪放在最后剿灭,而且还在实施第二阶段剿匪前,先对其进行安抚的原因。

当王阳明大破横水匪巢之后,池仲容始感惊恐,担心王阳明对其用兵之日不远,于是加强备战,同时竟安派弟弟池仲安率老弱匪众两百余人,向王阳明投诚,并要求随官军攻打桶冈以立功赎罪,实则想一探官军虚实,为负隅顽抗做准备,甚至还有将来可以里应外合的预谋。王阳明洞悉池仲容的意图,将计就计,接受池仲安投诚,并在桶冈之战中分派给他们布防拦截任务,但与此同时,王阳明一方面做出安排,对池仲安降部严加防范;另一方面则派出密探,更

---

① 束景南:《王阳明年谱长编》,上海古籍出版社 2017 年版,第 927—928 页。

② [明]王守仁撰,吴光、钱明、董平、姚延福编校:《王阳明全集》,上海古籍出版社 2011 年版,卷三十三,第 1366 页。

③ [明]王守仁撰,吴光、钱明、董平、姚延福编校:《王阳明全集》,上海古籍出版社 2011 年版,卷十一,第 406 页。

全面地搜集池仲容及其所部的各方面信息。汇总各方面信息表明："此贼狡诈凶悍,非比他贼,其出劫行剽,皆有深谋,人不能测。自知恶极罪大,国法难容,故其所以扦拒之备,亦极险谲。"①鉴于此,王阳明还在第二阶段剿匪进程中,便根据池仲容的新动向,开始为剿灭浰头顽匪进行筹划准备,在浰头周边各要隘密布人手,以备策应。

到正德十二年(1517)十一月,王阳明第二阶段剿匪大获全胜,池仲容得知消息,愈加紧张,拼命备战。王阳明探查到这种情况后,遂派人专程上浰头山寨送礼慰问,同时也观其动静。池仲容在来使面前无法掩盖山寨加紧备战的事实,只能向使者辩称,他加强备战不是针对官军,而是得到消息,龙川县的卢珂等要来袭击山寨,不得不预先防备。卢珂虽已投诚,但仍驻扎在龙川县,手下有三千余人。卢珂与池仲容素有积怨,这才成为池仲容掩饰备战的托辞。

王阳明了解情况后,再次将计就计,公开宣称卢珂等擅自用兵报私仇,罪莫大焉,命令龙川县彻查此事。与此同时,王阳明还传话给池仲容,要他做好准备,官军将借道浰头,前往龙川征讨卢珂。池仲容获得这个消息,可谓喜忧参半,喜的是若王阳明所言属实,那么,自己便可保一时无虞,而忧的是万一王阳明是用计,上演一出假道伐虢,则浰头危矣。

正在池仲容忐忑不安之际,王阳明于十二月十五日班师回赣州路过南康县,卢珂前来状告池仲容,说他"僭号设官,今已点集兵众,号召远近各巢贼首,授以'总兵''都督'等伪官,使候三省夹攻之兵一至,即同时并举,行其不轨之谋"②。对此,王阳明早已清楚,却佯装大怒,呵斥卢珂擅兵仇杀在前,诬陷诽谤在后,两罪并罚,即令绑缚羁押。当时,池仲容的弟弟池仲安及其所部都在军营,先是听说卢珂来告池仲容,已是胆战心惊,后看到卢珂被绑了出去,又大喜过望,竟向王阳明反告卢珂各种罪状。王阳明让人一一记录在案,并告诉池仲安,待案件审理完毕,要将卢珂一伙斩首示众。私下里,王阳明派人向卢珂讲明原委,要他先安排人回龙川传令备战,等正式进兵命令一到,即刻发兵策应,

---

① ［明］王守仁撰,吴光、钱明、董平、姚延福编校:《王阳明全集》,上海古籍出版社2011年版,卷十一,第400页。

② ［明］王守仁撰,吴光、钱明、董平、姚延福编校:《王阳明全集》,上海古籍出版社2011年版,卷十一,第401页。

协助剿灭浰头顽匪。

十二月二十日，王阳明回到赣州。在犒赏官兵的同时，颁布命令说，横水、桶冈众匪已被剿灭，浰头山寨又将改邪归正，南赣剿匪任务即将完成，各地征调的民兵要解散归农，池仲安所部速回浰头协助池仲容加强防守，以备龙川卢珂手下前来侵扰。看到这样的命令，池仲安等大喜，回到浰头后向池仲容报告了王阳明的一系列罢战休兵的举措。池仲容也信以为真，浰头的备战遂松懈下来。

不久，王阳明又派人专程到浰头，对池仲容再行安抚，还特意告诫他防守不可松懈，要时刻提防卢珂手下来袭击。池仲容等竟深信不疑。随后，王阳明再次派人来对池仲容说：官府待你们不薄，数次礼遇有加，何不亲自前往答谢，也可当面指认卢珂罪状，以便早日将之正法，免得夜长梦多。池仲容觉得有些道理，便对手下人说："若要伸，先用屈。赣州伎俩，亦须亲往勘破。"①

池仲容便亲自带着几十个彪悍随从，于闰十二月二十三日来到赣州。其实，等池仲容一离开浰头，王阳明就立刻调集军队，分派十哨人马秘密进入各军事要地，对浰头大小匪寨实施严密控制；而且，在池仲容来到赣州的当晚，王阳明便悄悄放了卢珂等，让他们速回龙川，做好协助攻击浰头的准备。池仲容一行到赣州后，王阳明安排属下每日设宴款待他们，一直等到正德十三年（1518）正月初三，王阳明预计卢珂已到龙川，一切准备就绪，遂以亲自宴请池仲容为名，请他们前来。池仲容等一进大堂，便被伏兵擒获。

王阳明巧用连环之计，擒贼先擒王，让号称最凶悍的浰头顽匪一下子便成了无头的苍蝇，这为接下来的征讨扫清了最大障碍。正月七日，征剿浰头之战正式打响，王阳明的军队以摧枯拉朽之势，仅用两个月，便完全彻底地清除了浰头的三十八处大小匪寨。

作为南赣剿匪的收官之战，清除浰头顽匪的全过程，可以视为王阳明立足儒家信念和价值观，因时、因地、因对象而恰当使用策略性手段的一个典型案例。实际上，王阳明守正出奇、奇正相间达到出神入化境界，则集中体现在他

---

① ［明］王守仁撰，吴光、钱明、董平、姚延福编校：《王阳明全集》，上海古籍出版社 2011 年版，卷十一，第 402 页。

以少胜多、以弱胜强，旬日便平定"宁王之乱"的过程中。

在正德十四年（1519）六月十五日，始闻宁王朱宸濠叛乱，要速回赣州调兵平叛的途中，王阳明便已确立了平叛的基本战略思路，即拖住宁王朱宸濠，让他不能攻取北京和南京。当时王阳明身边并无一兵一卒，如何才能实现这样的战略构想呢？恐怕也只能使用计策，正所谓"上兵伐谋"。在抵达吉安府调集各地民兵之前，王阳明尚在行船上，就已经开始用计平叛。他假托朝廷早已知晓宁王朱宸濠谋反的事实，先派右副都御史进行探查，后又秘密安排两广都御史征调四十八万大军前来平叛，那时官军已抵达江西。王阳明派人四处散布这些信息，宁王朱宸濠听到后，果然极为担心南昌安危，便滞留南昌加紧备战。

六月十八日到达吉安府后，王阳明继续使用计谋，先是假写迎接朝廷官军的"机密文书"，说奉圣旨，兵部已派多路官军夹攻南昌，其中还专门写道："若宁王坚守南昌，拥兵不出，京边官军远来，天时、地利，两皆不便，一时恐亦难图。须是按兵徐行，或分兵先守南都，候宁王已离江西，然后或遮其前，或击其后，使之首尾不救，破之必矣。"另外，这份"机密文书"中也特地提道，"今宁王主谋李士实、刘养正等各有书密寄本职，其贼凌十一、闵廿四亦各密差心腹前来本职递状，皆要反戈立功报效。可见宁王已是众叛亲离之人，其败必不久矣"①。王阳明故意让这一"机密文书"落入宁王朱宸濠之手，扰动其心绪，离间其与谋士的信任关系。

紧接着，王阳明又分别给宁王朱宸濠的谋士李士实、刘养正假装写了回信，说"承手教密示，足见老先生精忠报国之本心，始知近日之事迫于势不得已而然，身虽陷于罗网，乃心罔不在王室也。所喻密谋，非老先生断不能及此。……况今兵势四路已合，只待此公一出，便可下手，但恐未肯轻出耳"②。同时，王阳明还派人前往吉安府安福县，将刘养正的妻女请到县城，好生款待，并让她们将这个消息传递给刘养正。王阳明也安排人去拜访李士实家，让其

---

① ［明］王守仁撰，吴光、钱明、董平、姚延福编校：《王阳明全集》，上海古籍出版社 2011 年版，卷三十九，第 1627－1628 页。

② ［明］王守仁撰，吴光、钱明、董平、姚延福编校：《王阳明全集》，上海古籍出版社 2011 年版，卷三十九，第 1628－1629 页。

家人向李士实传递与王阳明来往的信息。如此一来，宁王朱宸濠与他最重要的两位谋士李士实、刘养正之间便有了嫌隙。这不仅表现在宁王朱宸濠没有听从李士实的建议直取北京或南京，而是固守南昌十七天，错失了良机。更明显的表现则是，当后来宁王朱宸濠得知王阳明准备攻打南昌时，马上要从安庆回救南昌，李士实、刘养正则建议，事已至此，应舍弃南昌直攻南京，而宁王朱宸濠不仅不予采纳，反怒斥道："汝家属受王守仁供养，欲以南昌奉之耶？"①这充分说明，王阳明的一系列离间之计已经发挥出累积效应。正是通过这一系列奇谋妙计，王阳明才能在仓促之间赢得宝贵的备战时间，并瓦解敌方军心和士气，从而为用最小的代价取得平叛胜利创造了机会。还有一个典型案例也颇能说明这一点。

正德十四年（1519）七月二十日攻下南昌后，王阳明"忽传令造免死木牌数十万，莫知所用。及发兵迎击宸濠于湖上，取木牌顺流放下。时贼兵既闻省城已破，协从之众俱欲逃窜无路，见水浮木牌，一时争取，散去不计其数。二十五日，贼势尚锐，值风不便，我兵少挫。夫子急令斩取先却者头。知府伍文定等立于锐炮之间，方奋督各兵，殊死抵战。贼兵忽见一大牌书：'宁王已擒，我军毋得纵杀！'一时惊扰，遂大溃。"②

由此或许不难理解，王阳明以临时召集的地方民兵，临阵官兵也不过一万四千二百四十三人，面对准备了近十年，号称十万之众的宁王朱宸濠叛军，前后只用了短短十四天时间，便以阵亡六十八人③的微小代价取得了全胜。这个军事管理上的奇迹，是王阳明运用一系列奇谋妙计创造的，而王阳明出奇制胜的背后，又是他能守得儒家之"正"，让"良知"这面心镜保持洁净明亮，真正做到了随物感应、来物必照，还其本来面目，自然就能应对自如。据记载：

先生入城，日坐都察院，开中门，令可见前后。对士友论学不辍。报至，即登堂遣之。有言伍焚须状，暂如侧席，遣牌斩之。还坐，众咸色怖惊

---

① ［日］冈田武彦著，袁斌、孙逢明译：《王阳明大传》（下），重庆出版社 2015 年版，第 51 页。

② ［明］王守仁撰，吴光、钱明、董平、姚延福编校：《王阳明全集》，上海古籍出版社 2011 年版，卷三十九，第 1631 页。

③ ［明］王守仁撰，吴光、钱明、董平、姚延福编校：《王阳明全集》，上海古籍出版社 2011 年版，卷三十一，第 1267 页。

问。先生曰："适闻对敌小却,此兵家常事,不足介意。"后闻濠已擒,问故行赏讫,还坐,咸色喜惊问。先生曰："适闻宁王已擒,想不伪,但伤死者众耳。"理前语如常。傍观者服其学。①

王阳明临阵能如此气定神闲,不仅是因具备军事知识和能力而产生的专业自信,更是因早已确立起儒家根本价值尺度,修养到了让"良知"这个"真吾"本体成为自我的主宰,完全将个人荣辱得失置之度外,这才形成了一种超然的心胸和气度,真正做到守正出奇、奇正相间,游刃有余。正如王阳明所说:"今之用兵者,只为求名避罪一个念头先横胸臆,所以地形在目而不知趋避,敌情我献而不为觉察,若果'进不求名,退不避罪',单留一片报国丹心,将苟利国家,生死以之,又何愁不能'计险阸远近',而'料敌制胜'乎?……故善用兵者之于三军,'携手若使一人',且如出一心,使人人常有'投之无所往'之心,则战未有不出死力者,有不战,战必胜矣。"②

由此可见,只有具备了这种根本价值尺度上的"正",才能在具体策略性手段的选择和运用上真正做到奇正相间、变化无穷。对此,王阳明更是深有体会,他曾说:

> 谈兵皆曰:"兵,诡道也,全以阴谋取胜。"不知阴非我能谋人不见,人目不能窥见我谋也,盖有握算于未战者矣。孙子开口便说"校之以计而索其情",此中校量计划,有多少神明妙用在,所谓"因利制权""可不先传"者也。……"奇正相生,如环无端"者,兵之势也。任势即不战而气已吞,故曰以"正合""奇胜"。……苏老泉③云:"有形势,便有虚实。"盖能为校计索情者,乃能知虚实;能知虚实者,乃能避实击虚,因敌取胜。④

在王阳明看来,一旦明确了根本价值尺度之"正",要在策略性手段选择和

---

① ［明］王守仁撰,吴光、钱明、董平、姚延福编校:《王阳明全集》,上海古籍出版社2011年版,卷三十四,第1398页。
② ［明］王守仁撰,吴光、钱明、董平、姚延福编校:《王阳明全集》,上海古籍出版社2011年版,卷三十二,第1309—1310页。
③ 苏老泉即苏洵(1009—1066),字明允,自号老泉,四川眉山人,北宋文学家,喜谈兵,与子苏轼、苏辙并称"三苏",均被列入"唐宋八大家"。
④ ［明］王守仁撰,吴光、钱明、董平、姚延福编校:《王阳明全集》,上海古籍出版社2011年版,卷三十二,第1307—1308页。

运用上做到奇正相间、出奇制胜，关键在于信息和谋划。离开了准确、及时、全面的信息，一切谋划和用"奇"都成了纸上谈兵，而在尽量充分占有信息的基础上，又能有针对性地操纵信息，人为地制造敌我双方的信息不对称，这本身就是谋划的一部分；以此为基础，才有可能既知敌之虚实，又掩己之虚实，从而做到"避实击虚，因敌取胜"。当然，王阳明所说的"因敌取胜"，也不一定非要在战场上致敌于死地，更高层次的胜利则是"不战而屈人之兵"。王阳明以攻心取胜的经典案例，便是他平息广西思恩、田州之乱时成功招抚卢苏、王受叛军。

王阳明于嘉靖六年（1527）九月八日从家乡启程赴广西，到十一月二十日抵达梧州开府办公，在将近两个半月的行程中，王阳明详细搜集、分析、研讨了卢苏、王受叛乱的背景信息，在做好充分军事和后勤准备的同时，也酝酿了招抚策略的雏形。到达梧州后，王阳明又对思恩、田州之乱始末进行了详细探访，于十二月一日上书朝廷，明确提出招抚卢苏、王受的建议。王阳明的这一策略选择，大出时人所料，包括重要阁臣在内的很多朝廷官员都对此持保留态度。这或许是因为朝廷对远在边陲的少数民族情况并不了解，不愿意放弃刚实行不久的"改土归流"政策，加之姚镆大军刚受挫于卢苏、王受，敌势正盛，也不相信他们会接受招抚。因此，朝廷迟迟拿不定主意，一直到第二年三月方才做出决定，否决了王阳明的招抚之议。① 但王阳明未等朝廷命下，便在十二月二十二日赴南宁途中拟定了招抚的具体策略，并在来年正月二十七日成功招抚卢苏、王受所部七万余众。王阳明自作主张实施对叛军的招抚，这不能不说是一招险棋，万一招抚不成功，后果不堪设想。

王阳明不仅兵不血刃、出人意料地招降了卢苏、王受，而且还借卢苏、王受降军与湖广返程之军的通力协作，出奇制胜，一举荡平了危害当地数十年的八寨、断藤峡匪寇。这无不表明，王阳明因地制宜、审时度势地运用守正出奇、奇正相间，几近化境。但是，这一切的背后，则是王阳明一以贯之的儒家信念和价值观之"正"在起着根本的定向作用，这才会使他的用"奇"，既"从心所欲"，又能"不逾矩"。王阳明在大破八寨、断藤峡诸匪巢之后所下的命令《绥柔流贼》中，这样写道：

---

① 束景南：《王阳明年谱长编》，上海古籍出版社 2017 年版，第 1923—1927 页。

盖用兵之法，伐谋为先；处夷之道，攻心为上；今各瑶征剿之后，有司即宜诚心抚恤，以安其心；若不服其心，而徒欲久留湖兵，多调狼卒，凭藉兵力以威劫把持，谓为可久之计，则亦末矣。殊不知远来客兵，怨愤不肯为用，一也。供馈之需，稍不满意，求索詈罟，将无抵极，二也。就居民间，骚扰浊乱，易生仇隙，三也。困顿日久，资财耗竭，适以自弊，四也。欲借此以卫民，而反为民增一苦；欲借此防贼，而反为吾招一寇；各官之意，岂不虞各贼乘间突出，故欲振扬兵威，以苟幸目前之无事，抑亦不睹其害矣。前岁湖兵之调，既已大拂其情，乃今复欲留之，其可行乎？

夫刑赏之用当，而后善有所劝，恶有所惩；劝惩之道明，而后政得其安。今稔恶各瑶，举兵征剿，刑既加于有罪矣；然破败奔窜之余，即欲招抚，彼亦未必能信。必须先从其傍良善各巢，加厚抚恤，使为善者益知所劝，而不肯与之相连相比，则党恶自孤，而其势自定。使良善各巢传道引谕，使各贼咸有回心向化之机，然后吾之招抚可得而行，而凡绥怀御制之道，可以次而举矣。

夫柔远人而抚戎狄，谓之柔与抚者，岂专恃兵甲之盛，威力之强而已乎？古之人能以天地万物为一体，故能通天下之志。凡举大事，必顺其情而使之，因其势而导之，乘其机而动之，及其时而兴之；是以为之但见其易，而成之不见其难，此天下之民所以阴受其庇，而莫知其功之所自也。今皆反之，岂所见若是其相远乎？亦由无忠诚恻怛之心以爱其民；不肯身任地方利害为久远之图；凡所施为，不本于精神心术，而惟事补苴掇拾，支吾粉饰于其外，以苟幸吾身之无事，此盖今时之通弊也。①

正因为王阳明是以儒家"求善"为根本价值尺度，真正具有"忠诚恻怛之心以爱其民"，切实做到"身任地方利害为久远之图"，才能超越各种错综复杂的情境，在一个更高的思维立足点上，对各种信息线索进行合理的分析、判断和选择，从而在剿与抚的策略组合运用上达到出神入化的境界。王阳明的挚友湛若水，在《阳明先生墓志铭》中，对平息思恩、田州之乱赞叹道："人知杀伐之

---

① ［明］王守仁撰，吴光、钱明、董平、姚延福编校：《王阳明全集》，上海古籍出版社2011年版，卷十八，第720—721页。

为功,而不知神武不杀者,功之上也,仁义两全之道也。……抚而不戮,夷情晏然。武文兼资,仁义并行,神武不杀,是称天兵。"[1]

"神武不杀",出自《周易·系辞上》,原文为:"圣人以此洗心,退藏于密,吉凶与民同患。神以知来,知以藏往,其孰能与此哉? 古之聪明睿知,神武而不杀者夫。"[2]这段话的大意是,历史上的伟大管理者们,用《周易》所揭示的道理来磨砺自己的思维,探索隐藏于过往经验之中的内在法则,以此来理解环境发展变化的趋势,并与大家同甘共苦;这不仅需要洞悉、把握乃至开创未来,还必须吸收、借鉴并且积累各种经验,有谁能做到这一点呢? 只有古代那些聪明睿智、神明英武而又不喜欢杀虐的管理者才能达到如此境界。

对于"神武不杀",王阳明当之无愧,而且,这应该不仅是对王阳明出征广西的评价,其实,他一生的三次征剿,无不体现着"神武不杀"的精神气质。纵观王阳明三次军事管理实践中一系列出奇制胜的经典案例,不难发现其中始终贯穿着儒家管理的明德、尽责、求善宗旨。

儒家管理的守正出奇、奇正相间,也就是常说的原则性与灵活性相结合、具体问题具体分析。要做到这一点,首先要有原则,而且,这个根本价值尺度意义上的原则,并不是一朝一夕形成的,更不是单纯从外部就能获得的。真正的原则,都是内心所认同、承诺和践行的准则,也即信念和价值观,与立志密切联系在一起。没有坚定的信念,便不可能形成内在价值观,也就难以有明确的原则。

一般来说,那些没有明确原则或只是表面上说着某种原则的组织和管理者,往往又都具有一种本能的、不自觉的、有时还非常强烈的"原则",那就是来自生物性本能欲求的强烈冲动。这种所谓"原则",也被概括为"趋乐避苦"的本能,即通常所说的功利主义原则。

在儒家看来,这种源于"趋乐避苦"本能的功利主义原则,实际上就是"人性"的浅表层生物性内涵。如果真的让"人性"的生物性内涵成为自我的主宰,那么,人就很难在根本上与动物区别开来。当这种"趋乐避苦"的本能成为管

---

① ［明］王守仁撰、吴光、钱明、董平、姚延福编校:《王阳明全集》,上海古籍出版社 2011 年版,卷三十八,第 1542—1543 页。

② 杨天才译:《周易》,中华书局 2014 年版,第 274—275 页。

理者所信奉的根本"原则"时,由于管理权力所必然造成的资源、利益和信息的非对称,其结果将会怎样,不是再清楚不过了吗?这或许正是为什么孟子对梁惠王、齐宣王等诸侯国国君反复强调要"与民同乐"①的原因。孟子的意思是,管理者即便自己要"趋乐避苦",也要将心比心,同时去想想他人是否也愿意"趋乐避苦"呢?组织之所以存在,并不只是因为有少数管理者;人的组织之所以不同于动物群体,关键就在于人们能够分享信念和价值观,而不只是资源及利益。虽然人和组织确实不能脱离资源及利益而存在,但是,人和组织若要存在得更好,发展得更持久,却又必须超越单纯的资源及利益,建立起更高层次的、专属于人的信念和价值观,而其内在根源便是儒家一再强调的"人性"的德性内涵及其向善倾向性。

王阳明立志"成圣",也就是确立起对"人性"德性内涵及其向善倾向性的坚定信念,进而通过修诚、格物、明德、尽责、求善,在人生道路和职业生涯中持续彰显和弘扬德性的力量,并以此为根本价值尺度,来决定各种复杂行为情境中的判断和选择。这样才有可能让儒家管理的原则性与灵活性相结合、具体问题具体分析,真正落到实处。只有坚信"人性"的德性内涵及其向善倾向性,并由内而外地在各种行为情境中践行,才能具备一种跨情境的思言行一致的内在根据,恰如孟子所言:"我善养吾浩然之气。……其为气也,至大至刚,以直养而无害,则塞于天地之间。其为气也,配义与道;无是,馁也。是集义所生者,非义袭而取之也。"②孟子这里说的"气",便是一致性,尤其指"心"或思维的内在一致性。要培养这种"浩然之气",关键在于"集义",也即在儒家"正义"原则指导下,集中全副精力做应该做的事。只有在不同行为情境下的具体做事过程中,才能慢慢培养起这种内在一致性。

王阳明对孟子的"集义"说,曾有过专门阐述。王阳明说:

> 君子之学终身只是"集义"一事。义者,宜也。心得其宜之谓义。能致良知,则心得其宜矣,故"集义"亦只是致良知。君子之酬酢万变,当行则行,当止则止,当生则生,当死则死,斟酌调停,无非是致其良知,以求自

慊而已。故"君子素其位而行""思不出其位",凡谋其力之所不及而强其知之所不能者,皆不得为致良知;而凡"劳其筋骨,饿其体肤,空乏其身,行拂乱其所为,动心忍性以曾益其所不能"者,皆所以致其良知也。……凡学问之功,一则诚,二则伪,凡此皆是致良知之意,欠诚一真切之故。①

王阳明用"致良知"来解释孟子的"集义",并引用《中庸》的"君子素其位而行"②,《论语》中曾子所说的"君子思不出其位"③,以及孟子讲的"故天将降大任于是人也,必先苦其心志,劳其筋骨,饿其体肤,空乏其身,行拂乱其所为,所以动心忍性,曾益其所不能"④,来进一步阐述"集义"的关键,在于恪守内在"良知"这个根本定位,也即"君子素其位而行""思不出其位"的"位",这便是由"良知"所确立的人之为人的根本定位。只有首先明确了内在"良知"的根本定位,才能更好地找准特定情境中的岗位职责定位,由内而外地履行职责,真正做到"当行则行,当止则止,当生则生,当死则死,斟酌调停,无非是致其良知"。这其实就是儒家管理的"忠"的原则,也就是尽己尽责原则的集中体现。

用王阳明的话说,有了"良知"这面内心的"明镜",各种外事外物及其变化自然便能清晰地显现出其本来面目和来龙去脉。这样一来,人们灵活地应对各种问题,以做到具体问题具体分析,也就变得水到渠成了。毕竟各种问题赖以产生的那些"具体"的边界条件,只有在清楚明白的价值尺度之下,才能准确理解和把握。

实际上,正与奇的关系,也就是原则性与灵活性的关系,而其表现就是具体问题具体分析。这意味着,在各种行为情境之中,管理者必须有针对性地解决问题,而又不失终极目标追求和根本价值尺度。从王阳明的管理思想和实践来看,管理者要做到这一点,关键不在于面向外部,试图去理解和把握不同情境条件的具体特征及各种问题的边界条件,反倒是要先面向内部,确立起内在信念和价值观,尤其是关于"人性"的德性内涵及其向善倾向性的信念,这是

① ［明］王守仁撰,吴光、钱明、董平、姚延福编校:《王阳明全集》,上海古籍出版社 2011 年版,卷二,第 82—83 页。

② 张钢:《大学·中庸的管理释义》,机械工业出版社 2017 年版,第 115—119 页。

③ 张钢:《论语的管理精义》,机械工业出版社 2015 年版,第 411—412 页。

④ 张钢:《孟子的管理解析》,机械工业出版社 2019 年版,第 452—457 页。

一切内在价值尺度得以产生的真正源头。管理者只有建立起内在信念和价值观,并在"格物"上时刻修养"诚",也即擦亮"良知"这面"心镜",以此为基础,再来审视外部情境条件及其变化,便更容易做到具体问题具体分析了。

外部情境条件是千变万化的,由于时间、精力和其他资源的局限性,管理者不可能向外追逐所有情境条件及其变化,必须做出取舍,而取舍的根本标准一定在人的心中,正所谓要"以我为主"。但问题是,这个"我"意味着什么?难道只是一个生物意义上的存在,依赖于"趋乐避苦"的本能尺度进行取舍?这当然是儒家管理所坚决反对的。"以我为主"中的"我",应该是王阳明所说的"良知"这个"真吾"本体,这才是取舍的根本尺度;而且,这个"良知"尺度也不是管理者个人的,是人之为人所共通的根本价值尺度;管理者以此为基础来进行取舍、解决问题,才是儒家所致力于倡导的从根本处入手解决问题的管理思路。

王阳明在各种行为情境中之所以能做到奇正相间、游刃有余,首先在于他的"以我为主"是建立在"良知"这个"真吾"本体之上。既然是"人同此心,心同此理",那么,"良知"这个"真吾"本体自然也就成为王阳明认知和理解他人、他物的内在立足点。

其次,王阳明还具有对各种具体行为情境及问题进行分析、判断的专有知识和能力。在复杂多变的行为情境及问题面前,内在价值尺度必须与解决具体问题的专有知识、能力相结合,才能真正做到奇正相间、游刃有余。无论是"正"还是"奇",都离不开专有的知识和能力。规则之"正",要求管理者必须具备关于规则及其应用的知识和经验,而具体方法和工具的使用之"正",也要求管理者具有关于方法和工具本身的原理知识及使用技巧,更不要说"奇"了。在那些规则的空白处,或针对特定方法和工具的非常规创造性使用,管理者若没有更为丰厚的知识背景和能力基础,恐怕也只能是在空洞的想象中去用"奇"。从这个意义上说,"奇"不仅指策略性手段的使用,同时也指创造性地运用已有的知识和能力,从而产生意想不到的新知识和新能力。

王阳明对于奇与正之间关系的准确把握和灵活运用,恰是儒家关于奇与正关系的管理思想的集中体现。因为儒家首先确立起内在的根本价值尺度,才能在更高层次上来把握奇与正的关系,避免了在纯粹策略性手段使用的层次上谈论奇与正所可能出现的两个极端，即：要么为"奇"而"奇"、一味追求"奇"，要么为"正"而"正"、一概排斥"奇"。

在组织管理中，无论是"奇"还是"正"，的确都同特定信息和知识的不对称有关系。只不过"正"要求管理者必须努力减少组织中的知识和信息不对称，这才需要用教育方式、团队学习方式等，去排除知识非对称，并借知识创造，丰富和发展组织的知识基础；同时，还需要用公开透明的程序，实现信息的对称化。组织中之所以存在信息不对称，原因有二：一是信息量及其分布；二是信息解读的反差。前者与信息本身有关，而后者却与主体的知识背景有关。面对同样的信息，拥有不同知识背景的主体将会给出不同的解读，尤其是对某些关键信息，若组织中相当一部分成员都没有相应的知识背景来进行解读和分析，即便这些关键信息是公开透明的，也无济于事，照样会存在严重的信息不对称。因此，组织中的团队学习和教育过程，既是一个创造新知识以丰富和发展组织知识基础的过程，又是一个分享知识以减少知识非对称性的过程，它们本质上都是组织内部的知识配置机制。这也是儒家如此强调团队学习和管理过程即教育过程的原因。

从某种意义上说，恰是组织成员的"受教育权"（即获得组织专有知识的权利）与"知情权"（即获得组织的相关信息的权利）两者相结合，让每位组织成员都成为组织的主人，由此才能产生主人翁意识。"受教育权"让组织成员拥有专有知识，而"知情权"又让组织成员获得了信息，这样一来，组织成员才能用知识解读和分析信息，做出自己独立的判断和选择，进而自觉、自愿且有能力担负起岗位职责，并借分工协作创造出整体大于部分之和的更广大且更长远的共同利益。所以，组织管理中的"正"，恰是要从信念和价值观、制度设计和执行以及日常管理行为上，确保每一位组织成员的"受教育权"和"知情权"，从而在最大程度上减少组织内部的知识和信息不对称。

表面上看，与"正"刚好相反，"奇"恰是要利用知识和信息的不对称，甚至要人为操纵并扩大这种不对称。但实际上，如果从策略性手段选择和运用的范围来看，两者又具有一定的错位互补性。"正"主要侧重在组织内部，面对的是组织成员和直接利益相关者，而"奇"则主要关注的是组织外部，面对的是具有竞争性的对手。前者是组织内部的管理策略选择，后者是组织间竞争策略选择，两者并不能简单等同，更不能刻意混淆。另外，如果从更高层次的价值尺度或指导原则来看，即便是在组织间竞争策略的选择和运用上，也并非为"奇"而"奇"，同样有根本的价值尺度之"正"在规约着竞争策略的选择和运用。这就像王阳明即使在征剿的战场上，也不是一味地使用策略性手段去消灭对手，而是要分化、瓦解、转化、改变对手，最终让对手由匪寇转变成"新民"。

在这种情况下，"奇"与"正"之间表面上的对立便被超越，两者融为一体，"奇"亦"正"，"正"亦"奇"，无不是儒家管理之道在现实管理情境中的具体表现。管理者若只是在组织专有知识和信息的层次来审视"奇"与"正"，当然看到的就是两者的差异甚至对立，似乎"正"是立足于知识和信息的分享、透明，而"奇"则依赖于知识和信息的隔离、操纵；但是，管理者若是上升到信念和价值观层次来看待"奇"与"正"，那么，两者不过都是服务于信念和价值观的知识、信息的使用和创造的不同方式而已，而且，两者也并非泾渭分明，虽各有侧重的领域和使用条件，但也仅限于策略性手段的具体运用，而一旦回到信念和价值观层次，策略性手段的不同运用之间又是可渗透、可转换的了。

归根结底，儒家管理的守正出奇、奇正相间，一定离不开坚信儒家管理之道的管理者这个行为主体。离开了拥有信念和价值观坚守的管理者，去谈论守正出奇、奇正相间是毫无意义的。王阳明作为儒家管理者的杰出代表，正因为始终坚守着儒家的信念和价值观，让"良知"成为自我的"真吾"本体，才能在各种管理情境之中让守正出奇、奇正相间达到出神入化的境界。

立志是确立"真吾"本体的第一步。试想，若没有立志"成圣"，王阳明又如何能从不同角度、用各种方式，始终如一地致力于"明明德"，最终悟道于龙场，既接续了孔子和孟子的儒家管理思想传统，又创设出自己做管理的独特思想体系？实际上，王阳明"龙场悟道"的经历，也就是确立起自我的"真吾"本体的过程。只有确立起这个"真吾"本体，通常所说的"以我为主"，才能真正落实在人之为人的独特性之上；否则，所谓"以我为主"，不过是以生物性本能驱使下的"趋乐避苦"原则为主，那又如何能真正体现人之为人、"我"之为"我"的独特性？管理者的"以我为主"，若退化成以生物性本能之"我"为主，对组织及更广大的利益相关者而言，则害莫大焉。

王阳明针对当时历史条件下存在的各种各样的管理问题，尤其是管理者

们热衷于用"奇"的时尚,有针对性地提出了"拔本塞源"论。王阳明在《答顾东桥书》中写道:

孔、孟既没,圣学晦而邪说横。教者不复以此为教,而学者不复以此为学。霸者之徒,窃取先王之近似者,假之于外,以内济其私己之欲,天下靡然而宗之,圣人之道遂以芜塞,相仿相效,日求所以富强之说、倾诈之谋、攻伐之计,一切欺天罔人,苟一时之得,以猎取声利之术,若管、商、苏、张①之属者,至不可名数。既其久也,斗争劫夺,不胜其祸,斯人沦于禽兽夷狄,而霸术亦有所不能行矣。世之儒者,慨然悲伤,搜猎先圣王之典章法制,而掇拾修补于煨烬之余;盖其为心,良亦欲以挽回先王之道。

圣学既远,霸术之传积渍已深,虽在贤知,皆不免于习染,其所以讲明修饰,以求宣畅光复于世者,仅足以增霸者之藩篱,而圣学之门墙遂不复可睹。于是乎有训诂之学,而传之以为名;有记诵之学,而言之以为博;有词章之学,而侈之以为丽。若是者,纷纷籍籍,群起角立于天下,又不知其几家,万径千蹊,莫知所适。世之学者,如入百戏之场,谨谑跳踉,骋奇斗巧,献笑争妍者,四面而竞出,前瞻后盼,应接不遑,而耳目眩瞀,精神恍惑,日夜遨游淹息其间,如病狂丧心之人,莫自知其家业之所归。时君世主亦皆昏迷颠倒于其说,而终身从事于无用之虚文,莫自知其所谓。间有觉其空疏谬妄,支离牵滞,而卓然自奋,欲以见诸行事之实者,极其所抵,亦不过为富强功利五霸之事业而止。

圣人之学日远日晦,而功利之习愈趋愈下。其间虽尝瞽惑于佛、老,而佛、老之说卒亦未能有以胜其功利之心;虽又尝折衷于群儒,而群儒之论终亦未能有以破其功利之见。盖至于今,功利之毒沦浃于人之心髓,而习以成性也,几千年矣,相矜以知,相轧以势,相争以利,相高以技能,相取以声誉。其出而仕也,理钱谷者则欲兼夫兵刑,典礼乐者又欲与于铨轴,处郡县则思藩臬之高,居台谏则望宰执之要。故不能其事,则不得以兼其

---

① 管、商、苏、张:管即春秋时期齐国宰相管仲(约前 723—前 645);商即先秦法家代表人物商鞅(约前 395—前 338);苏即战国时期著名纵横家、合纵抗秦的倡导者苏秦(? —前 284);张即战国时期著名纵横家、首创连横策略的张仪(? —前 309)。

官；不通其说，则不可以要其誉；记诵之广，适以长其傲也；知识之多，适以行其恶也；闻见之博，适以肆其辨也；辞章之富，适以饰其伪也。是以皋、夔、稷、契^①所不能兼之事，而今之初学小生皆欲通其说，究其术。其称名僭号，未尝不曰"吾欲以共成天下之务"，而其诚心实意之所在，以为不如是则无以济其私而满其欲也。

嗚呼！以若是之积染，以若是之心志，而又讲之以若是之学术，宜其闻吾圣人之教，而视之以为赘疣枘凿，则其以良知为未足，而谓圣人之学为无所用，亦其势有所必至矣！

嗚呼！士生斯世，而尚何以求圣人之学乎！尚何以论圣人之学乎！士生斯世而欲以为学者，不亦劳苦而繁难乎？不亦拘滞而险艰乎？

嗚呼！可悲也已！所幸天理之在人心，终有所不可泯，而良知之明，万古一日，则其闻吾"拔本塞源"之论，必有恻然而悲，戚然而痛，愤然而起，沛然若决江河，而有所不可御者矣！非夫豪杰之士，无所待而兴起者，吾谁与望乎？^②

王阳明这里所说的"拔本塞源"，从字面上理解便是，拔出树根、塞住水源，意指要从根本上解决当时普遍存在的管理问题。这实际上就是儒家历来强调的从根本处入手解决问题的管理思路。在奇与正之间关系的理解上，人们之所以会存在严重割裂，只是一味地追求"奇"，而完全忘记"正"，更有甚者，则是打着守"正"的旗号，肆无忌惮地用"奇"；究其根本原因，都在于彻底迷失了"奇"与"正"的行为主体，错把那颗源自"人性"的生物性本能的功利之心，当成了"奇"与"正"的行为主体，结果自然是想尽千方百计、用尽阴谋诡计，也要去"相矜以知""相轧以势""相争以利""相高以技能""相取以声誉"。在王阳明看来，若要想解决这个现实组织管理中普遍存在的问题，就必须从根本处入手，让"良知"之心真正超越功利之心，成为"奇"与"正"的行为主体，主导着自我在守正出奇、奇正相间上的判断与选择。这样一来，"良知"便成为守"正"的内在

---

① 皋、夔、稷、契：四人均为舜时期的管理者。皋即皋陶，负责刑狱；夔负责音乐；稷即后稷，负责农业；契负责教育。

② ［明］王守仁撰，吴光、钱明、董平、姚延福编校：《王阳明全集》，上海古籍出版社 2011 年版，卷二，第 62—64 页。

原则，同时也让用"奇"有了一定之规，以此为前提，管理者自然也就能在奇正相间上游刃有余、万变不离其宗了。

在王阳明一生的管理实践之中，所谓守正出奇、奇正相间，实际上也就是在各种不同行为情境中一以贯之地"致良知"。王阳明做管理，正因为有了"良知"这个自我的"真吾"本体，才会既不失终极目标和价值原则，又灵活运用与特定情境相适应的专业知识、信息及各种策略性手段，真正做到原则性与灵活性相结合、具体问题具体分析。

结语：社会角色与决策

　　既然管理就是决策，做管理也就意味着做决策。问题是，在组织管理中，决策的主体到底是谁？答案似乎很明显，当然就是管理者。但严格来说，管理者并非仅是个体意义上的人格化存在，管理者还是一种社会角色。组织中的人际互动，本质上也是各种社会角色之间的互动，因此，西蒙才明确指出："组织是一个角色系统。"①马奇则说："角色与其相关规则互相协调并控制着组织的各项活动。"②在组织这个角色系统中，管理者是承担决策职能的重要角色。

　　组织中的管理决策，涉及公共资源和权力，而且有很大的自由裁量空间。这既让管理者的角色规范有着更为严格的规定，也对承担管理者角色的个人提出了更高的要求。一方面，"无论一个人起初是出于什么动机接受该角色，适合该角色的目标和限制条件都会变成决策程序的一部分，作为角色行为的定义存储在这个人的记忆中"③；另一方面，那些承担管理者角色的个体，也必须拥有一种超越外部角色规范的内在化价值尺度，这样才能不仅契合管理者角色的规范要求，而且还能在角色规范的空白处，不失一定之规地运用自由裁量权。后者对于管理者这种社会角色而言，更为根本。尤其是在极度不确定的环境中，内化的价值前提，才是管理决策的真正立足点，而那些与特定事实前提相联系的专业知识和能力，反倒处在次要的位置。这也正是为什么儒家管理之道突出的是"为政以德"，对管理者的要求则是"君子不器"④的原因。

---

　　①　［美］赫伯特・A.西蒙著，詹正茂译：《管理行为》，机械工业出版社2007年版，第200页。
　　②　［美］詹姆斯・G.马奇著，王元格、章爱民译：《决策是如何产生的》，机械工业出版社2007年版，第44页。
　　③　［美］赫伯特・A.西蒙著，詹正茂译：《管理行为》，机械工业出版社2007年版，第138页。
　　④　张钢：《论语的管理精义》，机械工业出版社2015年版，第24—25、37—38页。

　　这里的"器",指的是具体方法、工具、流程及相应的知识和技能。儒家管理者并非不要"器",而是不能拘泥于"器",必须超越"器",这样才能真正承担起管理者这种社会角色所赋予他的职责。王阳明就曾指出:"古之所谓大臣者,更不称他有甚知谋才略,只是一个断断无他技,休休如有容而已。"①王阳明引用的是《大学》的观点,《大学》则借用的是《尚书·周书》中《秦誓》篇的话,意在表明,管理者的职责,关键在于发现有特殊才能的人,给他们提供机会和条件,以创造更广大且长远的共同利益,倒不在于管理者自己一定要有什么特殊才能。《秦誓》上的原话是:"若有一个臣,断断兮无他技,其心休休焉,其如有容焉。人之有技,若己有之,人之彦圣,其心好之,不啻若自其口出,寔能容之,以能保我子孙黎民,尚亦有利哉!"②

　　在儒家看来,承担管理者角色的人,若没有内在化的价值尺度,而只是一味地去满足外在角色规范的要求,其结果反倒有可能严重危害共同利益这个组织赖以存在和发展的根基。王阳明曾用演戏做类比,深刻指出:"若只是那些仪节求得是当,便谓至善,即如今扮戏子,扮得许多温清奉养的仪节是当,亦可谓之至善矣。"③

　　管理者固然是一种社会角色,但是,当一个人因内在的德性和求善的价值尺度而承担管理者角色时,便不再像演员那样,为扮演角色而扮演角色。管理者的角色行为应该是一种由内而外地自发且自然的行为,正如王阳明所说的那样:"德也者,得之于其心也。君子之学,求以得之于其心,……是故心端则体正,心敬则容肃,心平则气舒,心专则视审,心通故时而理,心纯故让而恰,心宏故胜而不张、负而不弛。七者备而君子之德成。"④

　　即便到了今天,人们依然认为,正是管理者这种社会角色的特殊性,从根本上决定了管理者角色的承担者,必须符合"德才兼备,以德为先"的标准。这

---

　　①　［明］王守仁撰,吴光、钱明、董平、姚延福编校:《王阳明全集》,上海古籍出版社 2011 年版,卷六,第 245 页。

　　②　张钢:《大学·中庸的管理释义》,机械工业出版社 2017 年版,第 57—60 页。

　　③　［明］王守仁撰,吴光、钱明、董平、姚延福编校:《王阳明全集》,上海古籍出版社 2011 年版,卷一,第 4 页。

　　④　［明］王守仁撰,吴光、钱明、董平、姚延福编校:《王阳明全集》,上海古籍出版社 2011 年版,卷七,第 274—275 页。

样才能确保管理者真正发自内心地主动肩负角色职责。西蒙曾说:"个人在被动承担角色的情况下,处理事务时所表现出的个人差异通常最小,而主动选择议程上权限范围内的事件进行处理时,个人差异表现最明显。"[①]德鲁克更是立场鲜明地指出:"管理当局绝不应该委任那种重才不重德的人,这是不成熟的一种表现,而且常常是无法挽救的。如果他缺乏正直的性格,那么,无论他多么有知识、有才华、有成就,也都会造成重大损失,因为他会伤害企业中最宝贵的资源——人,会破坏组织精神,并对工作绩效产生不利影响。"[②]巴纳德也说:"组织存续时间的长短,取决于领导质量,而领导质量的基础是组织的道德,道德水平的高低决定着领导质量。"[③]

现在的问题是,如何才能判断一个人是否具有恰当的内在价值尺度? 这便涉及儒家所说的"做人"与做管理的关系问题。儒家意义上的"做人",说的是做社会人而非自然人,其立足点是德性而不是生物性,因此,"做人",也就是让人之为人的独特性——德性及其向善倾向性得以在社会互动之中彰显出来。实际上,儒家的"做人",并非抽象的,更不是在真空中完成的过程,而是根植于特定情境的社会互动之中。

从这个意义上说,儒家的"做人",本质上也就是一个习得并内化各种社会角色的过程,即从自然人到社会人的社会化过程。对于这个社会化过程,若从个体内在修养的角度来看,则是王阳明所说的"存天理,去人欲"的过程。"天理"代表的是社会人的理想状态,"人欲"便是自然人的生物性本能的集中体现,而"去"则是离开的意思。"存天理,去人欲",意指通过持续的社会学习和自我修养,逐渐脱离并超越生物性本能的束缚,不断提升德性或"天理"的社会人境界。

正是通过"做人"这个社会化过程,人们习得并内化了各种社会角色,进而处于一个内在的角色集合中,而角色集合里面的每一个角色,又会匹配于某个外在情境下的社会互动。人们内在的角色集合之所以并非杂乱无章的"角色

---

① [美]赫伯特·A.西蒙著,詹正茂译:《管理行为》,机械工业出版社2007年版,第138页。

② [美]彼得·德鲁克著,王永贵译:《管理:使命、责任、实务》(实务篇),机械工业出版社2008年版,第95页。

③ [美]切斯特·I.巴纳德著,王永贵译:《经理人员的职能》,机械工业出版社2007年版,第185页。

从"，关键在于不同角色在人生的不同阶段形成的先后顺序不一样，其重要性
也自然不同。越是在人生的早期阶段所形成的角色，就越是具有基准和根基
的作用，直接影响着后续角色意识的形成和角色职责的担负。这就是角色集
合中的角色优先序。从某种程度上说，恰是内在角色集合中不同角色的优先
序，体现了一个人内在的信念和价值观。甚至可以说，一个人的信念就直接表
现在坚信什么角色是最根本的、最重要也是其他一切角色的依据的"元角色"，
而价值观则是由此派生出来的一整套价值评判标准。

　　儒家认为，在人们的内在角色集合中，最根本的、最重要的"元角色"就是
在家庭里与父母、兄弟姐妹互动中基于亲情所形成的角色。这种基于亲情的
角色具有内生性，被儒家认为是德性和社会性相统一的人之为人的另一种本
能，即社会性本能，也就是孟子所讲的"良能""良知"。王阳明则更形象地指
出："父子兄弟之爱，便是人心生意发端处，如木之抽芽。自此而仁民，而爱物，
便是发干生枝生叶。墨氏兼爱无差等，将自家父子兄弟与途人一般看，便自没
了发端处；不抽芽便知得他无根，便不是生生不息，安得谓之仁？"①

　　这表明，儒家管理的信念和价值观正是从人在家庭里的"元角色"生发出
来的，这也是王阳明后来提出"致良知"的根据所在。"致良知"，本质上就是将
"良知"这个来自"元角色"的内在信念和价值准则，一以贯之地落实到各种具
体情境下的社会角色承担中，从而让"良知"赋予各种社会角色以内在的统一
性，也就是让王阳明所说的"真吾"本体成为自我所承担的各种社会角色的主
导者。

　　从"元角色"出发，儒家便能够立足于"做人"，来审视做管理。有子说："其
为人也孝弟，而好犯上者，鲜矣；不好犯上，而好作乱者，未之有也。君子务本，
本立而道生。孝弟也者，其为人之本与！"②这里的"为人"，即"做人"的意思。
"做人"的根本在"孝悌"，这是人之为人的"元角色"的基本行为规范，由此便可
以外推到做管理上所必须恪守的管理者角色规范。如果掌握管理权力的人在
"做人"上都不能遵循"孝悌"这个"元角色"的基本行为规范，那就极有可能在

---

　　① ［明］王守仁撰，吴光、钱明、董平、姚延福编校：《王阳明全集》，上海古籍出版社 2011 年版，卷
一，第 30 页。
　　② 张钢：《论语的管理精义》，机械工业出版社 2015 年版，第 4—5 页。

承担管理者角色时也不遵从规范,甚至于滥用权力、犯上作乱。因此,儒家管理之道一定要立足于"孝悌"这个自明且直观的"做人"之本。

《大学》则进一步指出:"所谓治国必先齐其家者,其家不可教而能教人者,无之。故君子不出家而成教于国。孝者,所以事君也;弟者,所以事长也;慈者,所以使众也。"①孟子更是直言道:"尧、舜之道,孝弟而已矣。"②这些观点都在于表明,一个人只有真正由内而外地承担起了"元角色",确立起人之为人的根本立足点,才有可能进一步肩负起管理者角色的重任。

当然,在儒家看来,无论是"做人"还是做管理,关键都在于"做",而不是"说",更不是"表演";儒家的"做",必须从内心出发,将心中固有的"人性"的德性内涵及其向善的倾向性昭示和彰显出来,这样才能由内而外地切实履行"元角色"规范和管理者角色规范。否则,就如王阳明所言:"若无真切之心,虽日日定省问安,也只与扮戏相似,却不是孝。此便见心之真切,才为天理。"③这正是孟子专门要说"大人者,不失其赤子之心者也"④的深刻原因。孟子在这里所说的"大人",即指真正的儒家管理者。

从根本上说,儒家管理者角色的承担者,并不是某个特定的人格化个体,而是王阳明所说的"良知"这个"真吾"本体,也即人之为人的德性而非生物性。从这个意义上说,儒家管理者角色同样具有非人格化特征。只不过儒家管理者角色的非人格化,并不完全是由外部制度规则和角色规范所规定,而是同时还要由内在的关于"人性"的德性或"良知"的信念和价值观认同所决定,进而才能由内而外地展现出一种基于管理者角色规范的非人格化行为。正是这种由内而外的非人格化角色行为,才能确保管理者在运用权力做管理决策时一视同仁。

因此,儒家意义上的管理决策,便不再是基于"趋乐避苦"的生物性本能的功利原则所做的"自利型决策",而是从"人性"的德性出发,立足于求善这个根

---

① 张钢:《大学·中庸的管理释义》,机械工业出版社 2017 年版,第 44—47 页。

② 张钢:《孟子的管理解析》,机械工业出版社 2019 年版,第 421—423 页。

③ [明]王守仁撰,吴光、钱明、董平、姚延福编校:《王阳明全集》,上海古籍出版社 2011 年版,卷三十二,第 1295 页。

④ 张钢:《孟子的管理解析》,机械工业出版社 2019 年版,第 282—283 页。

本价值尺度所做的"尽责型决策"。儒家管理的"尽责型决策",本质上是一种社会决策,也即服务于组织及利益相关者的更广大且长远共同利益的决策,而这种共同利益或"善",就是人之为人的德性与社会性相统一的集中体现。

虽然管理者是以个体或团队的形式在做管理决策,但是,儒家认为,管理者心中那个人之为人的"元角色"所激活的广大深沉的责任意识,以及管理者角色所赋予的明确具体的岗位职责,都要求管理者必须超越个体和小群体,在一个更高的思维立足点上,合法且合理地运用公共资源和权力,做出有效的管理决策。

王阳明形象地指出:"圣人何能拘得死格?大要出于良知同,便各为说何害?且如一园竹,只要同此枝节,便是大同。若拘定枝枝节节,都要高下大小一样,便非造化妙手矣。汝辈只要去培养良知。良知同,更不妨有异处。汝辈若不肯用功,连笋也不曾抽得,何处去论枝节?"①王阳明的意思很明显,承担管理者角色的人,只有超越了个体和小群体的利益考量,立足于人之为人的共同"良知",才能在管理决策中真正做到原则性与灵活性相统一、具体问题具体分析;如此做管理决策,便仿佛"造化妙手"一样,既合理合法,又千变万化。王阳明的管理思想和实践,恰是达到这种社会决策境界的经典案例。

由于社会决策是由管理者做出的、代表社会共同价值和共同利益的角色决策行为,这既涉及承担管理者角色的人,又离不开组织中的制度规则和角色规范,因此,为了确保这种社会决策的合法、合理且有效,承担管理者角色的人和组织的规则规范这两个方面,便不可分割,更不能偏废,必须相辅相成。正像孟子所指出的那样:"徒善不足以为政,徒法不能以自行。"②孟子这里所说的"为政",就是做管理的意思。即便组织中有了以求善为内在价值尺度的管理者,也不能没有清晰明确的规则规范,正是清晰明确的规则规范,使组织中分工协作以实现整体大于部分之和成为可能;反过来,即使组织有了清晰明确的规则规范,也不能离开以求善为内在价值尺度的管理者,正是以求善为内在价值尺度的管理者,才让组织的规则规范得以有效执行,并灵活运用于各种纷繁

---

① [明]王守仁撰,吴光、钱明、董平、姚延福编校:《王阳明全集》,上海古籍出版社2011年版,卷三,第127页。

② 张钢:《孟子的管理解析》,机械工业出版社2019年版,第215—220页。

复杂的情境中，创造出更广大且长远的共同利益。

在现实中，组织要确保管理者的社会决策合法、合理且有效，必须确立起信念和价值观优先、规则和规范保障、管理团队践行的指导原则。儒家历来强调，做管理，必须观念先行。这正是《大学》最后得出的"国不以利为利，以义为利"①的结论，也是孟子对梁惠王讲"王亦曰仁义而已矣，何必曰利"②的用意所在。一个组织，只有确立起正确的观念，即信念和价值观，才能形成内在的管理指导思想和价值准则，并主导着制度规则和角色规范的制订及管理团队的选择。但是，观念、规则和规范，都不是纸面和口头上的空洞存在，必须融入组织行为之中，尤其是首先要变成管理者的行为，才会有意义。因此，管理者角色承担者的选择及管理团队的建设，是让观念、规则、规范得以落地实施的关键所在。

若把组织中的管理岗位也视为一种资源，由于资源的稀缺性，管理者的选择必然有竞争。但是，管理岗位的竞争属于组织内部竞争，即便是要对外开放特定管理岗位，让内外部竞争者同台竞聘，这种竞争也与外部的组织间竞争有着本质区别。虽然组织间竞争和组织内竞争都源于资源稀缺，但是，组织间竞争是发生在具有不一致的目标、利益和观念的组织之间，这种竞争甚至可能进入非常惨烈的极端状态；而组织内竞争则是建立在目标、利益和观念一致基础上的竞争，这种竞争是为了节约资源、提高效率，并不是为了单纯地争夺资源。换句话说，组织内竞争是为了激励组织成员向外部去发现机会、获取资源，而不是在内部争夺机会和资源。从这个意义上说，组织管理的一个重要职责便在于：一方面必须正确把握和处理组织内外两类不同性质的竞争，既不能彼此混淆，更不能相互替代；另一方面则要维护组织内部竞争秩序，以适度的内部竞争去赢得外部竞争。因此，管理者的选择和管理团队的建设，即便不可避免地要有竞争，也必须特别注意，不能将这种内部竞争混同于外部竞争，更不能只是用外部竞争的绩效标准来衡量管理者和管理团队。

另外，也许更为重要的是，组织中的管理岗位和非管理岗位，在职责定位

---

① 张钢：《大学·中庸的管理释义》，机械工业出版社 2017 年版，第 61—68 页。
② 张钢：《孟子的管理解析》，机械工业出版社 2019 年版，第 9—14 页。

上有着根本不同。管理岗位是要给非管理岗位"赋能"的，而正是非管理岗位才直接给组织及利益相关者创造出更广大且长远的共同利益。这就是儒家用"天地"来类比组织中的管理岗位、用"万物"来比喻非管理岗位的深刻之处。《中庸》说："天地之道，可一言而尽也，其为物不贰，则其生物不测。"①这里讲的是，"天地"专一不二，不去干预"万物"，而"万物"才能生生不息。组织中的管理岗位与非管理岗位并不构成竞争关系，而是基于分工协作的有机整体，尤其是管理者角色，更应该是一种辅助被管理者发挥潜能、创造价值的社会角色才对。

但遗憾的是，现实中不乏这样的观点，认为管理者是组织成员中最优秀的人。这不仅完全无视了管理本质上是一种与其他职业并列的、基于特定专业知识和能力学习训练的职业，而且也将管理者与组织中的其他专业人员置于竞争关系之中，好像管理者是竞争中优胜者的代名词。这在有意无意之间让组织中的管理岗位成了各种不同专业岗位中更具优越性的岗位，也就自然引发了组织内部人员趋之若鹜的激烈竞争。在这种"管理竞争"中的获胜者，当然就会自认为比其他专业岗位上的组织成员更"优秀"，仍将带着竞争的心态来面对非管理岗位上的组织成员，继续把自己视为同其他组织成员竞争的人。一般组织成员所拥有的，管理者自然一定要拥有，而一般组织成员所没有的，管理者也要拥有。如此一来，管理者便成了组织中享有垄断资源和特权的小群体。这就会造成组织内部更为激烈的"管理竞争"，其本质是权力争夺，其结果则会从根本上危害组织的和谐可持续发展。

严格来说，在组织内部，正像古代的木匠与铁匠之间，今天的机械工程师与电子工程师之间，都不构成竞争关系，木匠并不想去竞聘铁匠的岗位，机械工程师也不想去竞聘电子工程师的岗位一样，木匠、铁匠、机械工程师、电子工程师与管理者之间，也不构成竞争关系，各自都是在做着不同的职业工作，管理职业并不是一种高于其他职业的特权职业，而只不过是有着不同于其他职业的专业素质要求和岗位职责定位罢了。其实，哪个职业没有自身的独特性呢？

---

① 张钢：《大学·中庸的管理释义》，机械工业出版社 2017 年版，第 165—166 页。

　　孟子早就明确指出："尧以不得舜为己忧，舜以不得禹、皋陶为己忧。夫以百亩之不易为己忧者，农夫也。分人以财谓之惠，教人以善谓之忠，为天下得人者谓之仁。是故以天下与人易，为天下得人难。"①孟子这里提到的尧、舜、禹、皋陶，都是儒家伟大管理者的典型代表人物。孟子以他们为例，说明了管理职业与非管理职业的本质区别在哪里。需要特别说明的是，孟子在这里丝毫没有贬低农业生产活动的意思，也不是说"农夫"担心自家一百亩地没有种好，就是格局小、层次低，而恰恰说明不同职业的定位及对从业者的要求是不一样的。作为农业职业的从业者，"农夫"当然必须关心土地的收成，一定要种好地才行；但是，作为管理职业的从业者，尧、舜则首先要关心的是为组织找到人才，让组织这个本质上是由人组成的共同体得以基业长青，这正是管理者的职责所在。因此，管理者"为天下得人"，才符合儒家管理的第一价值"仁"的要求。

　　当子游在武城这个地方做管理者时，孔子首先问他的问题就是："女得人焉尔乎？"②意思是说，你在武城发现人才了吗？由此可见，儒家早已有了职业管理思想，而且赋予管理职业以明确定位，即发现人的特长、激活人的潜能、实现人的协作，以追求和创造更广大且长远的共同利益。儒家管理者并非他人的竞争者，而是他人的合作者，是通过承担组织的社会决策职能来为他人"赋能"的人。

　　作为一种社会决策，组织中的管理决策必须将价值前提放在首要位置。当然，这并不意味着社会决策可以无视事实前提，甚至用价值前提来掩盖事实前提，而只是从两者各自的可替代性角度来讲的。价值前提要真正发挥作用，就必须根植于管理者和管理团队的内在认同、承诺和践行之中，是无法简化为看得见的条文和规程的。即便组织中有了关于信念和价值观的条文，也不一定能成为管理者做决策时实际发挥作用的价值前提，关键要看管理者是否以真切之心来认同和承诺于组织的信念和价值观，因此，价值前提在决策中所能发挥的作用，是无法用外在化、简单化的手段来替代的。哪怕是再高级的人工

①　张钢：《孟子的管理解析》，机械工业出版社 2019 年版，第 170—179 页。
②　张钢：《论语的管理精义》，机械工业出版社 2015 年版，第 152—153 页。

智能,恐怕也无法替代管理者和管理团队的真心认同和承诺。简单地说,决策的价值前提是不能物化、工具化和"外包"的;一旦物化和工具化,价值前提便不再是价值前提了。

与决策的价值前提不同,事实前提具有一定的可替代性。即便决策主体并不具备关于特定事实前提的知识和信息,也可以将有关事实前提的分析、判断,交给具备专业知识和信息的人甚至人工智能来完成;实在不行,最多不过是放弃这次特定的决策。其实,管理作为一门科学,其进步恰恰体现在对各类不同性质的事实前提进行分析的方法和工具有效性的持续提升。有了更多对事实前提进行分析的有效方法和工具,反而让事实前提的研判变得更加可以替代,甚至可以"外包"给专业从事相关事实前提分析和研究的组织来完成。正所谓"专业的事找专业的人来做"。但值得注意的是,这里说的是"专业的事"而非"价值"。当涉及信念和价值观这样的决策价值前提的问题时,管理者恐怕只能自己用心解决。至少到今天为止,心还是不能"外包"给他人的。

从可替代性的角度来看,价值前提在管理者的社会决策中的确更为根本。极而言之,即便一时缺少关于事实前提的知识和信息,总还可以想办法弥补,但是,若没有价值前提,也就意味着没有发自内心认同并承诺于组织的信念和价值观的管理者,组织能否存在都值得怀疑,更别说可持续发展了。所以,《中庸》才会引用孔子回答鲁哀公问政的话说:"其人存,则其政举,其人亡,则其政息。"①这里的"人",指的是认同并内化了价值前提的"组织人",尤其是管理者。这意味着,在组织管理中,价值前提总是和人融为一体的,没有"组织人",也就没有所谓价值前提,而没有价值前提,又如何培养"组织人"?因此,对于管理者而言,缺失了价值前提的社会决策是不可想象的。

一般来说,在组织中,管理者立足于价值前提所做的社会决策,大致可以分为三类:一是面向规则的决策;二是面向人的决策;三是面向具体事务的决策。

组织离不开规则,而管理者或多或少都要参与到规则制订和修改的决策之中。在组织的规则设计类决策中,正是一以贯之的价值前提或指导原则,从根本上保证了各项规则彼此衔接、互相补充,成为一个体系;否则,失却了价值

---

① 张钢:《大学·中庸的管理释义》,机械工业出版社 2017 年版,第 134—142 页。

前提,就事论事、因人而异地设计规则,一定会导致规则的杂乱无章,甚至互相冲突。严格来说,组织的规则体系应该是组织的信念和价值观的一种明确的表达。当然,在规则设计类决策中,还必须同步考虑组织的事业和业务定位及情境特征,这便构成了规则设计类决策的事实前提。对于规则设计类决策来说,价值前提通过事实前提体现出来,也就意味着,组织的信念和价值观一定是通过管理者对事业、业务和各种情境的内在规律的准确把握,而体现在特定规则的设计之中。正是通过内化了组织的信念和价值观的管理者,价值前提才能融入事实前提之中,并通过规则设计体现出来。

管理者面向人的决策,通常首先要考虑的是人职匹配问题,由于"职"已经由蕴含着价值前提的组织规则确定下来,因此,更重要的便是"人"。这里的"人",并不仅指有着岗位胜任力的个体意义上的人,更是"组织人"角色的承担者。"组织人"角色关键在于内化人之为人、组织之为组织的信念和价值观。如果说岗位胜任力体现的是"才"的问题,那么,"组织人"的角色认同和践行则体现的是"德"的问题。从这个意义上说,在面向人的决策中,价值前提与事实前提的关系,也就是"德"与"才"的关系。这两者的关系处在动态平衡之中,会因不同性质的岗位而有所不同。极端地说,对于那些任务具体、规则明确、职责清晰的岗位,个体的自由裁量空间很小,甚至小到可以用"机器"来代替人的程度,在这种情况下,价值前提或"德"的影响会变小,而事实前提或"才"的作用则会放大;相反,对于那些任务复杂、规则不明、职责模糊的岗位,个体的自由裁量空间很大,甚至要自由探索新任务、创设新规则,这时价值前提或"德"的影响就太大了,直接决定着人们会怎样运用专业知识和能力,来行使巨大的自由裁量权。在今天的很多组织中,不仅管理岗位具有任务复杂、规则不明、职责模糊的特点,而且,知识型岗位都具有类似的特点,各类不同专业领域里的知识工作者越来越成为自我管理者。这也是为什么组织管理中越来越关注价值前提及其优先性的原因。

管理者面向具体事务的决策,也即运用资源完成任务的决策,必须让价值前提渗透在对情境的不确定性、任务选择、资源使用的权衡和判断之中。在这个过程中,管理者并非独自做出决策后让组织成员去执行,而是与组织成员分工协作、相辅相成地做出关于具体事务的决策。尤其是当涉及各项知识型任务的决策时,知识工作者的决策参与程度会更高。这就让管理者所做出的面向人的决策和面向事的决策,彼此交织在一起,用人和做事,实难分割。正因为如此,组织管理过程即教育过程的意义才更加明确。这里的教育,不单纯指组织成员的专业知识和技能的培训,在这方面,由于专业化分工的深化,管理者无法成为组织成员尤其是知识工作者的培训辅导者;管理作为教育,更突出的是"组织人"的培养,这才是管理者以身作则、率先垂范,润物细无声地去影响组织成员的职责所在。其实,越是组织的高层管理者,其岗位职责就越是体现在这种价值前提的彰显、感召和引领上。

尤其是当组织面对极度不确定的情境时,无论是管理者还是组织成员,由于缺乏关于决策的事实前提的知识和信息,都难以对事实前提做出清晰明确的分析和判断。这时难道因为把握不住事实前提就放弃决策选择吗?那将错失良机。组织要发展,就不能没有创新,而创新恰是在不确定情境下通过创造新知识来排除不确定性才能完成的活动。组织关于创新的决策,大都是在极度不确定的情境下做出的。这时由于缺乏关于事实前提的知识和信息,管理者唯一可依靠的便是坚定不移的价值前提。创新决策需要一往无前的勇气,而管理者之所以能具有这种勇气,正是因为有内在价值准则的坚守。这便是孔子说"知者不惑,仁者不忧,勇者不惧"①的原因。

实际上,在极度不确定的决策情境下,事实前提不是给定的,而是由决策者主动创造出来的。这就是在价值前提的引领下,组织持续不断地探索和创造知识,进而实现创新发展的过程。尤其是在今天的时代背景下,当不确定性日益成为环境的常态时,越发突出了价值前提对于管理决策的首要性。这也是管理决策越来越体现出社会决策特征的根本原因。

令人遗憾的是,在今天的高度不确定环境下,当很多组织由于创新不足而缺乏竞争力时,管理者们首先想到的是向外去找原因,要么总觉得是环境不好,要么便认为是自己的组织缺少特殊才能的人和具有独占性的资源,而从来没有想过要眼睛向内,先审视一下自己作为管理者和管理团队是否真正承担起了管理者这种社会角色,是否做出了立足于价值前提的合法、合理且有效的

---

① 张钢:《论语的管理精义》,机械工业出版社 2015 年版,第 263—264 页。

社会决策,是否时刻牢记和关切着管理的价值维度。对于这种组织管理中的
"价值缺乏症"及其后果,王阳明早在 500 年前就已经深刻剖析过了,他说:

> 后世良知之学不明,天下之人用其私智以相比轧,是以人各有心,而
> 偏琐僻陋之见,狡伪阴邪之术,至于不可胜说;外假仁义之名,而内以行其
> 自私自利之实;诡辞以阿俗,矫行以干誉;掩人之善,而袭以为己长;讦人
> 之私,而窃以为己直;忿以相胜,而犹谓之徇义;险以相倾,而犹谓之疾恶;
> 妒贤忌能,而犹自以为公是非;恣情纵欲,而犹自以为同好恶。相陵相贼,
> 自其一家骨肉之亲,已不能无尔我胜负之意、彼此藩篱之形,而况于天下
> 之大、民物之众,又何能一体而视之? 则无怪于纷纷籍籍,而祸乱相寻于
> 无穷矣!①

解铃还须系铃人。要根治组织管理中的"价值缺乏症",还是要从管理者
入手。孟子曾深刻地指出:"行有不得者,皆反求诸己,其身正而天下归之。"②
孟子这句话的主语显然是管理者。只有当管理者,尤其是高层管理者,首先眼
睛向内,在心中明确起"人性"的德性内涵及其向善的倾向性,才能由内而外地
真心关切管理的价值维度,进而让组织管理这种社会决策具有内生的价值前
提;以此为基础,管理者也才能和大家一起共同创造知识,以转化和排除不确
定性,并通过创新来实现价值。

即便到了今天,儒家从管理者角色的价值前提出发,来解决管理问题的思
路,仍具有非常紧迫的现实意义。西蒙就曾指出:"如果说一个角色处于价值
前提和事实前提的具体规定下,那么,该角色的扮演者往往为了合理利用事实
来实现价值,不得不思考和解决问题。如果根据前提来定义角色,角色扮演者
就能在行动时留有思考的余地,并纳入他的知识、需求和情绪等元素,尽量发
挥。"③西蒙这里所说的"角色",首先是指组织中的管理者角色。

越是在今天极度不确定的环境下做管理决策,就越是凸显了价值前提的

---

① 　[明]王守仁撰,吴光、钱明、董平、姚延福编校:《王阳明全集》,上海古籍出版社 2011 年版,卷
二,第 90 页。
② 　张钢:《孟子的管理解析》,机械工业出版社 2019 年版,第 225－227 页。
③ 　[美]赫伯特·A.西蒙著,詹正茂译:《管理行为》,机械工业出版社 2007 年版,第 20 页。

首要性,也就越发昭示出儒家的职业管理思想所具有的跨时空意义。德鲁克曾经说过:"涩泽荣一①在近代日本早期所提出的'职业管理者'这一儒家理想已经成为现实。"②其实,以王阳明为代表的一大批儒家管理者,早已在自己的管理实践中实现了儒家的"职业管理者"理想。作为儒家"职业管理者"的经典管理案例,王阳明的管理思想和实践生动地诠释了管理的价值维度所应具有的丰富内涵,特别是职业管理者在不同情境下做决策时所应坚守的根本价值原则。在这一点上,中西文化传统具有内在的相通性。

德鲁克从西方文化传统出发,清晰刻画了作为一种专业化职业从业者的管理者所必须恪守的价值原则。德鲁克说:"专业人员的首要职责是什么,早在 2500 年以前就已经在希腊医师希波克拉底的誓言中明确指出了,即'绝不明知其害而为之'。不论是医生、律师,还是经理人员,没有一个专业人员能够保证他一定能为顾客带来利益。他所能做到的,只是尽力而为。但他能够保证自己知其害而不为。反过来说,顾客必须相信专业人员能够知其害而不为,否则,顾客就根本不信赖专业人员了。专业人员必须有自主权,不能由顾客来控制、监督或命令。他还必须能够独立自主地运用自己的知识和判断来做出决定。但是,他的自主权的基础,事实上是他的自主权存在的依据,即他自己'以公众利益为先'……'绝不明知其害而为之'是专业人员伦理的基本准则,是公共责任伦理的基本准则……作为领导者的管理人员,不应该明知故犯……在任何一个多元社会里,对公共利益的责任一直都是一个核心问题和主题。"③

德鲁克这里所讲的职业伦理和公共责任伦理,与儒家立足于"人性"的德性内涵及其向善倾向性所提出的管理职业准则——"忠""恕",本质上是一致

---

① 涩泽荣一(1840—1931),日本明治和大正时期的企业家,被誉为日本企业之父、日本金融之王、日本近代经济的领路人、日本资本主义之父,曾参与日本近代财政体系的创建,为日本近代经济发展做出巨大贡献。涩泽荣一将自幼便学习的《论语》融入企业管理之中,倡导"士魂商才",强调要将儒家忠恕之道与管理工具相结合,著有《论语与算盘》(范薇、孙晓艳、林卓颖译,中国友谊出版公司 2014 年版)。

② [美]彼得·德鲁克著,王永贵译:《管理:使命、责任、实务》(使命篇),机械工业出版社 2008 年版,第 6 页。

③ [美]彼得·德鲁克著,王永贵译:《管理:使命、责任、实务》(实务篇),机械工业出版社 2008 年版,第 377—383 页。

的。曾子说："夫子之道，忠恕而已矣。"①儒家意义上的"忠"，意味着尽己尽责，"恕"乃推己及人，"己所不欲，勿施于人"②。《中庸》也引用孔子的话说："忠恕违道不远，施诸己而不愿，亦勿施于人。"③王阳明则进一步指出："胜私复理，即心之良知更无障碍，得以充塞流行，便是致其知。知致则意诚。"④儒家做管理，必本于"诚"，立于"正"，达于"忠""恕"，而德鲁克所讲的"绝不明知其害而为之"，难道不正是"诚"的集中体现吗？这充分表明，儒家管理思想具有跨文化的普遍意义，因为"良知"是人之为人所共有的本质特征。恰如王阳明所言："放四海而皆准，亘古今而不穷，天下之人同此心、同此性，同此达道也。"⑤

　　如果说管理决策是一种社会决策，那就意味着管理者角色的承担者，必须立足于管理的价值维度，超越个体"趋乐避苦"的生物性本能，遵从价值前提，综合运用相关专业知识和能力，对不同情境下的事实前提进行分析、判断和选择。作为儒家管理者的杰出代表，王阳明由"内圣"开出"外王"，本质上便是以"良知"作为自我的"真吾"本体，从自我管理走向组织管理，在各种错综复杂的情境下，做出了一系列精彩纷呈而又影响深远的社会决策。王阳明的管理思想和实践清楚地表明，管理决策就是一种社会决策，它深深地植根于组织的共同信念、共享价值及由此界定的共同利益之中。正是作为一种社会决策的管理决策，既让超越那种基于个体"趋乐避苦"偏好的所谓理性决策成为可能，又让超越那种基于群体"偏好加总"计算的所谓福利决策有了可行途径。

　　① 张钢：《论语的管理精义》，机械工业出版社 2015 年版，第 96－97 页。
　　② 张钢：《论语的管理精义》，机械工业出版社 2015 年版，第 254 页。
　　③ 张钢：《大学·中庸的管理释义》，机械工业出版社 2017 年版，第 112－115 页。
　　④ ［明］王守仁撰，吴光、钱明、董平、姚延福编校：《王阳明全集》，上海古籍出版社 2011 年版，卷一，第 7 页。
　　⑤ ［明］王守仁撰，吴光、钱明、董平、姚延福编校：《王阳明全集》，上海古籍出版社 2011 年版，卷七，第 286 页。

参考文献

[1] 王守仁. 王阳明全集（上、中、下）[M]. 吴光，钱明，董平，姚延福，编校. 上海：上海古籍出版社，2011.

[2] 王阳明. 传习录[M]. 叶圣陶，点校. 北京：北京时代华文书局，2014.

[3] 朱熹. 四书集注[M]. 王浩，整理. 南京：凤凰出版社，2005.

[4] 黄宗羲. 明儒学案（修订本）（上、下）[M]. 北京：中华书局，2013.

[5] 颜元. 颜元集（上、下）[M]. 王星贤，张芥尘，郭征，点校. 北京：中华书局，2009.

[6] 慧能. 坛经校释[M]. 郭朋，校释. 北京：中华书局，2012.

[7] 梁启超. 梁启超讲阳明心学[M]. 许葆云，评注. 西安：陕西人民出版社，2014.

[8] 钱穆. 中国学术思想史论丛（七）[M]. 北京：生活·读书·新知三联书店，2009.

[9] 钱穆. 阳明学述要[M]. 北京：九州出版社，2010.

[10] 杜维明. 青年王阳明：行动中的儒家思想[M]. 朱志方，译. 北京：生活·读书·新知三联书店，2013.

[11] 秦家懿. 王阳明[M]. 北京：生活·读书·新知三联书店，2011.

[12] 董平. 传奇王阳明[M]. 北京：商务印书馆，2010.

[13] 董平. 王阳明的生活世界[M]. 北京：商务印书馆，2018.

[14] 束景南. 王阳明年谱长编（一至四卷）[M]. 上海：上海古籍出版社，2017.

[15] 束景南. 朱子大传（增订版）[M]. 上海：复旦大学出版社，2017.

[16] 束景南. 阳明大传（上、中、下）[M]. 上海：复旦大学出版社，2020.

［17］陈来. 有无之境：王阳明哲学的精神［M］. 北京：北京大学出版社，2013.

［18］陈鼓应. 老子今注今译［M］. 北京：商务印书馆，2003.

［19］陈鼓应. 庄子今注今译［M］. 北京：中华书局，2016.

［20］杨伯峻. 春秋左传注（上、下）［M］. 北京：中华书局，2018.

［21］周振甫. 周易译注［M］. 北京：中华书局，2016.

［22］杨天才. 周易［M］. 北京：中华书局，2014.

［23］杨万里，曹志彪. 活用孙子兵法与三十六计［M］. 上海：上海大学出版社，2005.

［24］张钢. 论语的管理精义［M］. 北京：机械工业出版社，2015.

［25］张钢. 大学·中庸的管理释义［M］. 北京：机械工业出版社，2017.

［26］张钢. 孟子的管理解析［M］. 北京：机械工业出版社，2019.

［27］古代汉语字典［M］. 北京：商务印书馆，2005.

［28］冈田武彦. 王阳明大传（上、中、下）［M］. 杨田，冯莹莹，袁斌，等，译. 重庆：重庆出版社，2015.

［29］高濑武次郎. 王阳明详传［M］. 赵海涛，王玉华，译. 北京：北京时代华文书局，2013.

［30］涩泽荣一. 论语与算盘［M］. 范薇，孙晓艳，林卓颖，译. 北京：中国友谊出版公司，2014.

［31］亚里士多德. 尼各马可伦理学［M］. 廖申白，译注. 北京：商务印书馆，2010.

［32］西塞罗. 论至善和至恶［M］. 石敏敏，译. 北京：中国社会科学出版社，2017.

［33］阿尔伯特·爱因斯坦. 我的世界观［M］. 方在庆，译. 北京：中信出版集团，2018.

［34］贝特兰·罗素. 哲学问题［M］. 何兆武，译. 北京：商务印书馆，2019.

［35］赫伯特·芬格莱特. 孔子：即凡而圣［M］. 彭国翔，张华，译. 南京：江苏人民出版社，2002.

［36］彼得·德鲁克. 管理:使命、责任、实务(使命篇)［M］. 王永贵,译.
北京：机械工业出版社,2008.

［37］彼得·德鲁克. 管理:使命、责任、实务(实务篇)［M］. 王永贵,译.
北京：机械工业出版社,2008.

［38］杰克·贝蒂. 大师的轨迹——探索德鲁克的世界［M］. 李田树,译.
北京：机械工业出版社,2006.

［39］赫伯特·A.西蒙. 管理行为［M］. 詹正茂,译. 北京：机械工业出版
社,2007.

［40］詹姆斯·G.马奇. 决策是如何产生的［M］. 王元歌,章爱民,译. 北
京：机械工业出版社,2007.

［41］切斯特·I.巴纳德. 经理人员的职能［M］. 王永贵,译. 北京：机械
工业出版社,2007.

［42］马丁·诺瓦克,罗杰·海菲尔德. 超级合作者［M］. 龙志勇,魏薇,
译. 杭州：浙江人民出版社,2013.

图书在版编目(CIP)数据

管理的价值维度：王阳明的管理思想与实践 / 张钢
著. —杭州：浙江大学出版社，2022.4(2025.7 重印)
ISBN 978-7-308-22436-9

Ⅰ. ①管… Ⅱ. ①张… Ⅲ. ①王守仁(1472—1528)
－哲学思想－应用－管理学－研究 Ⅳ. ①F272

中国版本图书馆 CIP 数据核字(2022)第 047212 号

管理的价值维度
——王阳明的管理思想与实践
张　钢　著

策划编辑	吴伟伟
责任编辑	杨　茜
责任校对	许艺涛　袁朝阳
封面设计	浙信文化
出版发行	浙江大学出版社
	(杭州市天目山路 148 号　邮政编码 310007)
	(网址：http://www.zjupress.com)
排　　版	浙江时代出版服务有限公司
印　　刷	杭州宏雅印刷有限公司
开　　本	710mm×1000mm　1/16
印　　张	18
字　　数	276 千
版 印 次	2022 年 4 月第 1 版　2025 年 7 月第 3 次印刷
书　　号	ISBN 978-7-308-22436-9
定　　价	68.00 元